| 光明社科文库 |

中国企业国际化研发网络构建研究

——以后发追赶为视角

何建洪　李　林　朱　浩◎著

光明日报出版社

图书在版编目（CIP）数据

中国企业国际化研发网络构建研究：以后发追赶为视角／何建洪，李林，朱浩著 . -- 北京：光明日报出版社，2021. 11

ISBN 978 - 7 - 5194 - 6096 - 9

Ⅰ . ①中… Ⅱ . ①何…②李…③朱… Ⅲ . ①企业管理—国际化—研究—中国 Ⅳ . ①F279. 23

中国版本图书馆 CIP 数据核字（2021）第 105481 号

中国企业国际化研发网络构建研究：以后发追赶为视角
ZHONGGUO QIYE GUOJIHUA YANFA WANGLUO GOUJIAN YANJIU：
YI HOUFA ZHUIGAN WEI SHIJIAO

著　　者：何建洪　李　林　朱　浩

责任编辑：郭思齐　　　　　　　　责任校对：张月月
封面设计：中联华文　　　　　　　责任印制：曹　净

出版发行：光明日报出版社

地　　址：北京市西城区永安路 106 号，100050

电　　话：010 - 63169890（咨询），010 - 63131930（邮购）

传　　真：010 - 63131930

网　　址：http：// book. gmw. cn

E - mail：gmrbcbs@ gmw. cn

法律顾问：北京市兰台律师事务所龚柳方律师

印　　刷：三河市华东印刷有限公司

装　　订：三河市华东印刷有限公司

本书如有破损、缺页、装订错误，请与本社联系调换，电话：010-63131930

开　　本：170mm×240mm

字　　数：296 千字　　　　　　　印　　张：16. 5

版　　次：2022 年 1 月第 1 版　　　印　　次：2022 年 1 月第 1 次印刷

书　　号：ISBN 978 - 7 - 5194 - 6096 - 9

定　　价：95. 00 元

目 录
CONTENTS

第一章 绪 论

1.1 研究背景

1.1.1 问题的提出

国际化研发(R&D)网络是指由特定企业主导，通过在海外设立研发机构或建立研发合作关系而形成的网络，其构建是研发国际化战略的延伸。20世纪80年代以来，为了充分利用全球知识资源、保持技术领先优势、适应全球市场竞争，越来越多的跨国公司将研发机构配置于海外。目前，全球500强公司研发海外化比率已接近40%，其中德国、英国和美国公司的这一比率分别高达66%、60%和31%，微软、西门子、三星等著名公司均建立了庞大的国际化研发网络，成为其实现自主创新战略的坚实基础。近年来，我国企业也在国际化研发网络的构建中进行了一些尝试，如联想公司通过从IBM和谷歌公司收购部分业务以获取海外技术人才和研发机构；长安公司在意大利、英国等地设立研发机构，但这些研发网络规模十分有限，致使我国企业始终处于研发国际化分工的底端，被排斥在重要的技术联盟之外，制约了其作为后发企业进行创新追赶的步伐。在此背景下，探讨如何激发我国企业设立国际化研发网络，提高研发网络中知识吸收和扩散的效率，推进自主创新战略，提升在国际研发分工体系中的地位，是十分重要而紧迫的课题。

1.1.2　国内外研究现状

（1）企业研发国际化的动因

20世纪80年代至20世纪末，企业研发国际化的动因在于扩散、转移知识和技术，以适应特定海外市场的需要。研发国际化使跨国公司可以利用全球子公司网络寻找多样化的技术研发投入和替代方案，寻求互补资源，其直接的结果就是增强企业技术/知识存量的多样性（Diversity），母公司还能将相关知识或技术扩散到其他子公司，这构成了企业研发国际化的初始动机（陈岩，2011）。类似地，Mansfield（1979）发现美国公司在国外创建R&D机构的动机是进行技术扩散；Hewitt（1980）得出了类似的结论，认为R&D国际化有利于企业适应当地市场；Patel&Vega（1999）认为跨国公司海外研发机构的功能在于为海外制造性分支机构提供技术支持。

21世纪以来，这一动机发生了重大变化，企业更倾向于通过国际化研发网络实现知识获取，进而取得技术优势。除了母国技术应用（HBE）外，跨国公司还尝试着通过国际化的研发投资促进母国技术增加（HBA）（Kuemmerle，1997），应用比较优势，低成本地培育并应用吸收能力（范兆斌，苏晓艳，2008），吸收东道国智力资本存量并将其转化为跨国公司本部具有持续性的创新能力（Pietro M et al，2011）。

对于新兴经济体或发展中国家的后发企业，研发国际化还具有更深层次的动机。例如新兴工业化国家企业借由对发达国家企业的技术寻求型并购来实现的研发国际化，其动机在于实现技术追赶和能力更新，实现战略过程中"惊险的一跃"（吴先明，苏志文，2014）；从对我国企业的经验观察来看，企业国际化研发更易受到"技术能力"和"市场动机"的双重影响，既可能推动企业的渐进式创新也可能促进颠覆式创新（钟昌标，黄远浙，刘伟，2014），意味着在既有的时空限制下，这些公司正尝试着同时实现"知识搜索利用"和"知识供给"的功能（朱琴，朱雪祎，2008）。但是，有的研究通过比较发达国家与发展中国家的跨国公司在国际化研发中获得创新竞争力的差异，发现发达国家公司在海外研发机构中更多地从事基础研究，而发展中国家公司在海外更多地从事追随性的技术研究，因此后者更难以提升技术竞争力（Awate S，Larsen M，Mudambi R，2015；JR Vollhardt，2013）。

(2)研发国际化与逆向技术溢出

研发国际化的目标在于提升企业创新竞争力，这种目标的达成在很大程度上依赖于逆向技术溢出和企业的吸收能力禀赋。发达国家跨国公司研发国际化投资的反向技术逆向溢出效应的存在性和重要性已得到充分证实（Filatotchev I, Strange R, Piesse J, Lien C. 2007；赵伟，古广东，何元庆，2006）。Braconier, Ekholm（2002）还用一个简洁的模型证实了外向研发投资中外国研发存量与母国生产率间的正相关性。有证据表明，即使是发展中国家技术滞后的企业，也可以通过海外投资带来的技术外溢获得领先者的技术（Fosfuri, Motta, 2009），但问题在于，这种逆向溢出效应并不总是存在，并不总是能达到预期效果。例如我国企业外向研发投资带来的逆向技术溢出效应与发达国家企业有着显著差异，无论是面向发达工业化经济体、新兴工业化经济体（NIEs）或发展中经济体，这种外向研发投资带来的技术逆向溢出并不一定显著（赵伟，古广东，何元庆，2006；刘明霞，王学军，2009）。

究其原因，在于各种调节性因素的存在。首先，通过逆向溢出获取技术与母国在国际贸易网络中是否具有枢纽地位密切关联（许和连，孙天阳，吴钢，2015）；其次，对于发展中国家，研发投入的强度制约着企业通过逆向溢出获取技术的努力（许和连，孙天阳，吴钢，2015；孙玉涛等，2015）；最后，母国经济体的各吸收能力因素，如人力资本存量、经济结构、金融发展水平和对外开放程度等都具有显著的逆向技术溢出效应的门槛特征（李梅，柳士昌，2012），这就要求不同规模和资源禀赋的企业应选择不同的技术研发国际化战略（陈劲，吴沧澜，景劲松，2004）。

(3)企业国际化研发网络的区位选择与空间布局

总体上看，企业国际化研发的组织模式存在着由单中心、多中心向网络型发展的趋势。1985年至2000年企业间研发跨国合作形式较松散（Alexander & Guido, 1999），但此后企业致力于构建更有组织的国际化研发组织，倾向于利用不对称信息优势在全球发布研发活动，形成复杂的分工合作网络（范兆斌，苏晓艳，2008），一个重要的原因是发达国家企业的研发活动开始向发展中国家扩散，使其地理分布分散化（Patel, Pavit, 1996），这引发了研究者们应用网络范式研究国际研发合作的兴趣（陈劲，等，2004）。

对于影响国际化研发网络空间布局的因素，部分以结果为导向的研究表明，那些具有敏锐洞察力的城市将自身定位于以研发、创新服务为主导功能的国际城市，逐渐成为产业、区域甚至全球知识生产中心、技术资本控制中心或技术交互中心，因此成为企业研发国际化投资的优先选项（刘筱，2013），因此，对企业研发国际化网络空间切入规律的分析可以通过对网络中节点城市的地理格局来展现，并借以形成识别与判定国际研发城市的核心特征指标（黄亮，盛垒，2015）。对于战略决策者而言，企业研发国际化网络节点的选择受到多重因素的共同影响，包括东道国知识要素禀赋和经济地理因素（陈健，徐康宁，2009）、东道国市场规模或者产业优势、大学和研究机构知识溢出的规模，以及投资环境的不确定性及其所带来的交易成本等（Hegde，Hicks，2008；Von Beers，et al，2008；Richards，Yang，2007）。

（4）企业国际化研发网络中的关系管理与网络治理

国际化研发投资通常以项目式合作研发、开设独立机构、组成研发联盟等方式开展，无论哪种形式都会构建出国际化研发网络，因此需要强化对合作关系的管理和对合作网络的治理。事实上，企业国际化研发网络是组织边界、地理边界和知识边界（Knowledge Boundaries）共同演化的结果（Davis，Essenhard，2011；Leiponen，Helfat，2011；Liehtenthaler，Vogt，2011；刘洋，魏江，江诗松，2013）。有的时候，国际合作关系网络以联盟的形式表现出来，此时对关系网络的治理就变成了对联盟的治理。相对于直接合资，组建国际研发联盟更能促进中国企业的突破性创新，但这种作用受到联盟既有知识池的约束，从而需要有效的联盟治理（高太山，柳卸林，2016）。

企业倾向于在国际化研发网络中采取什么样的关系管理或网络治理策略与其所受到的资源、环境约束有关。例如，当企业拥有强的技术能力优势时，在国际研发合作中倾向于采取排他性许可；东道国市场吸引力、企业技术多样性与采取排他性许可的倾向间也存在负向关系（熊磊，吴晓波，朱培忠，陈小玲，2014）；尤其是在东方新兴工业化国家和地区中，外向研发投资中关系管理决策在很大程度上取决于家族式治理结构、企业所有人风险偏好，以及人际网络基础上的商业文化（Igor Roger，Strange J，Yungchih Lien，2007），典型事例包括三星公司以组织或人员为纽带来拓展国际研发网络，华为公司以资金为纽带以实现国际技术获取（刘凤朝，马逸群，2015）。

(5)简要评述

第一，总体趋势上，新兴经济体企业研发国际化问题越来越受到关注。对于跨国公司而言，将中国、印度等纳入国际化研发网络有积极效应，有助于降低知识边际产出递减的压力（Jones，2015；Branstet al，2013；Benjamin，2009），同时，构建国际化研发网络也是后发企业创新追赶的重要手段。但不少研究表明，目前我国企业在国际化研发网络中的位置与角色制约了自主创新能力的提升（Lu，Wang，2012；Peng，2012；杨震宁，等，2010），被动地嵌入国际化研发网络使我国企业有被锁定在价值网络末端的危险，因此需要进一步探讨，在技术能力禀赋、知识基和制度体系都与发达国家存在差异的情境下，新兴经济体企业（尤其是我国企业）应当如何定位研发国际化战略，如何治理合作网络关系，才能规避对外研发合作风险，形成知识汇聚效应。

第二，对于我国企业构建国际化研发网络，部分研究给出了一些相互冲突的结论。例如，虽然不少研究都认为发展中国家跨国公司在国际化研发中应当同时寻求突破性创新和渐进性创新（吴先明，苏志文，2014；钟昌标，黄远浙，刘伟，2014），但也有研究认为发展中国家企业在海外应当更多从事追随性的技术研究，否则很难提升技术竞争力（AwateS，LarsenM，MudambiR，2015；JR Vollhardt，2013）；有研究认为转型经济体中企业在国内外开展研发活动的网络规模越大，创新绩效越高（魏江，应瑛，刘洋，2013），而另一些研究认为企业国际研发合作的地域广度与技术创新绩效之间存在非线性的倒 U 形关系（吴剑峰，杨震宁，邱永辉，2015），表明我国企业在构建国际化研发网络的研究中存在一些需要进一步验证的问题。

1.1.3 研究价值与意义

从理论上看，新兴经济体实现创新追赶必须进行研发国际合作，但其制度缺失和企业知识存量不足又使这种合作充满风险，形成了后发企业参与研发国际合作的悖论，本研究探讨了我国企业应当如何定位国际研发网络，如何激发国际研发投资的逆向技术溢出，以及如何治理合作网络关系，将在一定程度上丰富后发企业研发国际化理论、丰富我国跨国公司培育的研究。

从实践上看，建立国际化研发网络是跨国公司保持竞争力的重要手段，也是我国企业实现创新追赶的有力举措，本研究探讨了作为后发企业的我国企业构建国际化研发网络的时间切入、空间布局，分析网络中技术知识溢出、扩散的路径和效率，有利于企业规避政策及技术能力禀赋约束，形成网络关系管理的操作建议，增强国际研发合作效率，培育具有国际影响力的跨国企业。

1.2　研究方法

本研究以我国企业构建国际化研发网络的必要性、体系设计为主题，以文献研究和探索性案例形成研究前提和假设，应用计量经济分析方法建立动态回归模型、门限效应模型和二元选择模型讨论逆向技术溢出效应的存在性和约束因素，分析国际化研发网络的区位选择和空间布局；应用社会网络分析方法分析讨论我国企业国际化研发网络构建中的关系管理与治理问题，明确国际化研发网络构建对于我国企业实现创新追赶、形成具有国际影响力的跨国公司的重大意义，并提出构建网络的动机及目标选择、空间布局和软环境建设方面的政策建议。研究中的主要方法包括：

（1）文献研究法。本书在查阅相关研究文献的基础上，了解研发国际化、后发企业创新追赶、国际化研发网络内技术逆向溢出、知识吸收和扩散等理论，提出理论假设。

（2）"目的性"抽样调查。本书从我国不同行业中抽取有研发国际合作的企业数据，分析其构建国际化研发网络的动机、模式选择，并评价其成效。

（3）探索性案例研究。本书选取微软、三星、华为等成功构建国际研发网络的国际企业，应用文本分析与扎根方法提炼数据，对结果进行竞争性解释，系统分析其研发网络的结构特征、知识吸收和扩散路径。

（4）计量经济模型分析。本书构建动态回归模型、门限效应模型和二元选择模型讨论逆向技术溢出效应的存在性和约束因素，分析国际化研发网络的区位选择和空间布局。

（5）博弈分析。本书构建国际化研发网络各特征值与技术获取间的关系模型，讨论我国企业应选择什么样的合作方式，构建什么规模的合作网络，以及应用市场纽带、资金纽带还是人员纽带维系合作研发关系等问题。

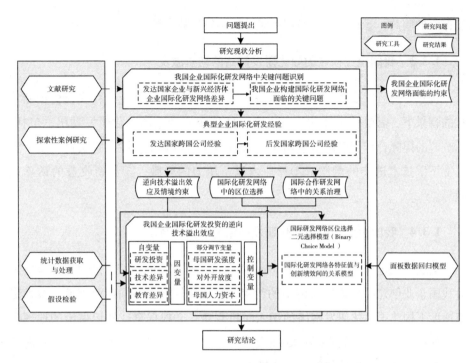

图1-1 技术路线图

1.3 内容结构

1.3.1 国际企业的经验借鉴

包括：①发达国家企业创建国际化研发网络的切入路径、历史演变；②发达国家企业国际化研发网络空间特征及其对知识吸收和扩散的影响；③后发国家(包括20世纪中后期的日本、韩国)企业创建国际化研发网络的切入路径、成功的管理和政策经验。

1.3.2 我国企业构建国际化研发网络的制约因素

应用探索式案例研究，讨论：①现有全球研发垂直分工体系对我国企业地位提升的限制、锁定；②我国企业设立海外研发机构的进入壁垒、成本压力；③研发网络内不同主体战略、组织行为、创新目标差异的制约；④创新收益制

7

度保障的制约；⑤政策层面的创新风险补偿机制缺失等。

1.3.3　我国企业构建国际化研发网络的动机激发

构建外向研发投资的逆向技术溢出模型，研究在我国企业存在模仿创新依赖的背景下，需要什么样的激发因素才能使企业产生国际化研发动机，包括：①政府的国际合作创新政策刺激；②政府的直接参与及风险共担机制；③产业链上下游技术进步的刺激；④行业内竞争压力的刺激；⑤创新收益的诱惑刺激等。

1.3.4　我国企业构建国际化研发网络的空间体系设计

构建二元选择模型（Binary Choice Model），研究时间顺序、东道国环境要素对我国企业创建国际化研发网络的约束，进而研究：①不同产业周期、技术变革速度下构建国际化研发网络的切入时机判断；②根据全球知识供给的地理分布，优化研发网络空间布局；③在人力资本、风险和传统格局约束下扩张海外研发机构、选择合作伙伴的时间选择。

1.3.5　我国企业国际化研发网络的关系管理与网络治理

构建国际化研发网络各特征值与创新绩效间的关系模型，引入技术落差、知识基等调节变量，研究我国企业国际化研发网络中：①选择什么样的合作与联盟机制，构建什么规模的合作网络更有利于创新战略目标的达成；②如何应用国际化研发体系的协同、共生性优化网络结构；③如何处理存在知识、技术落差的国际合作关系。

以上内容形成的研究构架如下图 1-2 所示。

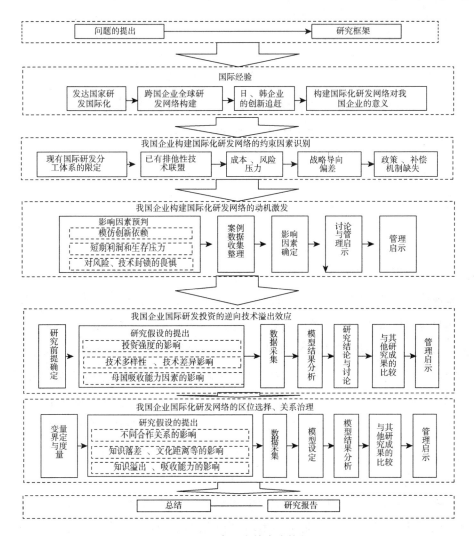

图1-2 本研究的内容构架

第二章 发达国家企业构建国际化
研发网络的动机

——对微软公司的分析

国际化研发网络是指某一特定企业在国际化经营中，通过在海外设立研发机构或建立研发合作关系而构成的国际化研发体系。它有利于企业最大限度地利用自身的技术优势和东道国的智力资源，获得长期、稳定的创新主导地位。建立国际化研发网络是跨国公司保持竞争力的重要手段，也是发展中国家企业由模仿创新向自主创新跃迁的有力举措。然而，无论是发达国家企业或是发展中国家企业，构建国际化研发网络的成效在一定程度上都取决于其初始动机。从企业研发国际化发展的历史演变来看，具有不同市场地位和战略目标的企业，其构建国际化研发网络的动机有着显著的差异。这些动机既包括国际经济发展的外部性刺激，也包括企业自身发展战略要素演变的内部刺激。从微观上看，这些动机又主要表现在扩散、转移知识和技术，以适应海外市场的激烈竞争；或者应用自身的比较优势，低成本地培育和应用吸收能力，最大限度地获取东道国的智力资源培育持续的竞争优势。从发达国家企业的经验上看，企业构建国际化研发网络时的不同动机将对时间切入及空间布局造成直接影响，并最终影响国际化研发网络的成败。

对于跨国公司构建国际化研发网络的动机，范兆斌，苏晓艳（2008）认为企业国际化研发网络的动机是应用比较优势，低成本地培育和应用吸收能力；梁正，薛澜等（2008）发现跨国公司将可能成为"知识供给者"的中国和印度纳入研发网络时兼具"知识搜索"与"知识利用"的动机；Pietro M. 等（2011）认为东道国政策吸引也构成了国际化研发网络的动因。郭书维（2013）从微观主体角度探讨了研发国际化的最新趋势及其背后的驱动因素，认为企业研发投资国际化划分为适应环境和战略布局两个观点。从这些研究来看，企业构建国际化研发网络的动机具有较强的多元化特征，并不存在统一的模式。这些动机对国际化研发网络创新绩效结果的影响也具有较强的不确定性。因此对于新兴经济体中致力于通过构建国际化研发网络来实现后发追赶的企业来说，这一策略充满了风险，寻找一个适合于自身特征的成功案例进行追踪学习或模仿是规避这种风险的有效途径。

2.1　微软公司构建国际化研发网络的路径演进

本章选择微软公司作为研究对象的原因包括：微软公司在软件行业具有主导地位，其全球研发投资主要集中在高新技术领域，拥有从基础研究到技术孵化、产品开发、战略合作等不同层次的研发机构；微软公司的研发规模大，在跨国公司研发投资排名中靠前，其核心竞争力很大程度上来源于有效的研发策略；微软公司在全球研发投资中取得成功的模式在一定程度上具有可复制性，值得后发企业在构建国际化研发网络时进行借鉴。

2.1.1　时间演进

根据微软公司构建国际化研发网络的不同动机，可以将其构建国际化研发网络的发展过程分为四个阶段：1991—1995 年（技术转移型）、1995—2000 年（本地研发型）、2001—2006 年（全球研发型）、2006 年至今（全球战略型）。

（1）1991—1995 年：技术转移型

微软公司构建国际化研发网络初期，其目的是将母公司的技术和相关研发基础转移到东道国。1991 年，微软雷德蒙研究院在华盛顿雷德蒙园区成立，以支持公司的基础研究和免费应用产品的开发。为推动免费应用产品的市场扩散，微软公司于 1992 年进入中国市场，在北京设立办事处，并于 1995 年 1 月在北京成立了"微软中国研究开发中心"，以推动其产品的本地化应用。这是微软公司在海外设立的第三个研发中心，主要是对母公司产品进行汉化处理，为微软公司的市场提供技术开发。

（2）1996—2000 年：本地研发型

本地研发是指在跨国公司研发适应于东道国市场的新产品和改良型产品的国际化研发网络中的研发机构。1997 年，微软剑桥研究院成立，该研究院围绕计算机科学的各个主题展开基础研究，其中包括机器学习、安全和信息检索等，以探索开发适用于发达国家市场的新产品的可能，这一机构使微软公司能够与剑桥大学和剑桥大学计算机实验室保持密切联系；1998 年 11 月，微软在北京成立"微软中国研究院"，进行一定的基础研究。此时，无论是剑桥研究院还是中国研究院，微软公司所设立的海外研发机构具有很强的独立性及本土化特征。

（3）2001—2005 年：全球研发型

全球研发型是指为全球市场研发创新型产品和革新性技术的国际化研发网络中的研发机构。这一阶段中标志性的行为是 2001 年微软中国研究院更名为微软亚洲研究院、2004 年微软亚洲硬件创新中心（MACH）和微软亚洲互联网搜索技术中心（STC）成立，以及 2005 年微软印度研究院和微软研究院 Station Q 成立。这些合作研究机构致力于将全球最具智力潜力的区域纳入其合作网络中，通过广泛地与国际科学界和其他微软研究实验室合作，在推进区域内相关领域技术发展的同时，构建一个广泛吸纳数学、物理和计算机科学领域的顶尖研究人员的合作伙伴关系网络。

（4）2006 年至今：全球战略型

国际化研发网络中的研发机构的全球战略表现在其为母公司进行的一系列战略性的研发活动，同时，这些研发机构服务于微软母公司及其全球子公司。这一阶段的最显著特征是微软公司形成了明确的研发战略，全球范围内的合作研发机构均服务于这一战略，力争形成更具效率的协作和共享。标志性的事件包括：2006 年 1 月，微软中国研发集团正式成立，涵盖了基础研究、技术孵化、产品开发、战略合作的完整创新链条，同年，微软开罗先进技术实验室成立，该实验室是微软的技术研究（T&R）组织的一部分，专注于在自然语言处理，知识挖掘，语音处理和图像理解的领域探索，其任务是开发出服务于公司总体战略的平台；2008 年，微软新英格兰研究院成立，新英格兰研究院中的研究可以帮助专家解决范围广泛的明显不相关的问题，从通过更好地了解基因调控网络的结构；2011 年，以色列先进技术实验室成立，以及 2012 年，微软纽约研究院成立，该研究院与学术界和微软的其他研究院展开合作，推动计算科学和行为社会科学、计算经济学和预测市场、机器学习以及信息检索等领域的前沿开发。这一系列合作研究机构的建立意味着微软公司构建了一个视野更宽阔、更具有市场渗透力、更易于产业协作和共享的全球化合作研发网络。

2.1.2 空间演进

目前来看，微软研究院在全球主要有 7 个分院，分别位于美国、英国、印度、德国、以色列、埃及和中国。从空间演进上看，微软公司全球研发机构从雷德蒙德到英国到印度再到亚洲，首先从周围地域建立国际化研发网络进行技术转移，然后进行以子公司为技术中心的发展研发模式进入英国。印度有大量人口、超过 20 个官方认可的语言、不同的地形和文化，还拥有世界上增长最快、最有活力的 IT 行业之一，这些优势使它成为微软构建国际化研发网络时的优先选择。微软公司在亚洲建立研究院是因为亚洲具有丰富的研发资源、科研环境和市场环境，特别是中国的低成本研发资源和广阔市场。最后这些研究院构建成为微软公司的国际化研发网络。

2.1.3 角色演进

微软公司在全球研发机构的角色演变过程中的最大特征是研发机构能力的驱使演进，归纳起来可分为以下几个步骤。

(1)战略驱动型研发机构

微软公司在 1992 年进入中国市场，在北京设立办事处，最早进入中国主要目的是销售产品，试图实现推行全球统一的战略。但其全球统一战略在中国这个独特环境下，微软公司的销售量缓慢增长。

(2)创新驱动型研发机构

在分析了海外区位的环境特点后，微软公司制定了一系列独特的发展战略，其中国研发网络构建的成功尤为突出，比如2001 年 11 月，微软中国研究院升级为微软亚洲研究院，此后发展成为微软全球中心型研发机构。

(3)连续型发展研发机构

微软公司构建国际化研发网络时设立了一个主导研发机构，而其他研发机构的发展和这个主导研发机构是连续并密切相关的。比如微软中国研究院逐步演变成微软亚洲研究院，微软亚洲研究院发展到一定阶段派生出微软亚洲工程院。微软中国研究院、微软亚洲研究院和微软亚洲工程院的发展是连续且密切相关的。

表 2-1 中记录了微软公司构建国际化研发网络的部分典型事件、其在构建国际化研发网络中的时间演进、空间演进和角色演进过程。

表 2-1　微软公司构建研发网络的部分典型事件

年份	事件	角色
1991 年	微软雷德蒙研究院成立	
1992 年	进入中国市场，在北京设立办事处	
1995 年	"微软中国研究开发中心"成立	战略驱动型研发机构
1997 年	微软剑桥研究院成立	
1998 年	微软中国研究院在北京成立，进行一定的基础研究	
2001 年	微软中国研究院更名为微软亚洲研究院（MSRA）	
2002 年	与上海浦东软件园公司建立".NET 技术中心"。	
2003 年	欧洲先进技术实验室、微软中国技术中心、微软亚洲工程院（ATC）成立	
2004 年	微软亚洲硬件创新中心、微软亚洲互联网搜索技术中心成立	
2005 年	微软印度研究院、微软研究院 Station Q 成立	创新驱动型研发机构
2006 年	微软亚洲工程院移动技术中心、开罗先进技术实验室成立	
2008 年	微软新英格兰研究院成立	
2009 年	FUSE 实验室成立	
2010 年	微软中国研发集团更名为微软亚太研发集团	
2011 年	以色列先进技术实验室成立	连续型发展研发机构
2012 年	微软纽约研究院成立	
2015 年	华盛顿大学、清华大学与微软创立全球创新学院	

2.2 微软公司构建国际化研发网络的动机：知识吸收

2.2.1 企业全球合作研发网络中的知识吸收

知识吸收是指企业通过研发投入来增强企业对外来技术的吸收、学习和模仿能力。国际化研发网络的建立仅仅为创新活动搭建了一个物理平台，其对创新绩效的贡献还取决于网络内知识吸收的效率。知识吸收作为构建国际化研发网络的主要动机之一，是研发机构创新绩效提高的基础和前提。研发网络中的机构通过知识吸收可以增加母公司的知识存量、优化知识结构，从而通过知识转化、整合进一步产生创新。企业为有效地发展自身的知识吸收能力，会选择投资于研发活动构建国际化研发网络，因此，知识吸收与研发活动具有密切关系，是企业构建国际化研发网络的重要动机。

2.2.2 微软公司实现知识吸收的方式

在全球化战略的驱使下，高新技术行业技术和产品的迭代更新速度越来越快，微软公司只依靠自身的研发资源和条件不能再满足其需求，在知识吸收动机的驱动下构建国际化研发网络成了微软公司保持竞争优势的重要手段。

（1）吸收东道国的高技能科技人才

微软公司的人才战略主要包括两个方面：一是大量招聘东道国的软件人才，二是与东道国政府联合培养软件人才。比如亚太研发集团的研发活动范围包括北京、上海、深圳、香港、台北、东京、首尔、悉尼和曼谷等地，其中研发人员包括首尔、悉尼和曼谷等地的3000多名工程师和科学家即除印度外的所有亚洲地区的微软研发团队，亚太研发集团将云计算、医疗服务和绿色IT作为未来研发的重点，其成了微软公司在美国之外规模最大、功能最完备的研发基地。

（2）与东道国企业间的合作

一方面，微软公司与东道国的软件企业开展了一系列的技术合作，比如在中国设立两家合资软件公司——中关村科技软件有限公司和上海微创软件有限公司。中关村科技软件有限公司的主要产品是开发自主知识产权的大型平台软件。上海微创软件有限公司的长远目标是开发自有知识产权产品和行业解决方案。另一方面，微软公司与中国软件业进行研发合作，比如 2002 年 5 月，微软公司与 TCL 建立合作伙伴关系。

（3）与东道国大学间的合作

微软中国研究院成立的时候，第一个组建的团队便是高校关系团队。同样，微软亚太研发集团围绕人才培养、研究合作、课程建设及学术交流这四条主线，深化与国内 40 多所高校、科研机构的合作。微软亚洲研究院内设置高校关系与合作组，目的在于通过一系列活动，帮助高校的科研老师和同学使用微软的技术和产品。亚太研发集团和高校教育的合作由来已久，随着云计算在中国学术界的地位日渐提升，相应的教材和实践平台无疑成了人才培养的根本。2011 年上海交通大学在亚太研发集团的协助下，不仅率先开设了本科专业课程，还陆续翻译出版了五本 Azure 教材。

2.2.3　知识吸收的积极影响

微软公司通过一系列的知识吸收方式，国际化研发网络中的业务得到了迅猛发展，创造了一大批创新产品。微软亚洲研究院的发展是一个例证。目前已拥有在数字多媒体、多通道用户界面、无线网络及数字娱乐等领域的 200 多位优秀的科研技术人员，其中绝大多数人是从海外归来、在各自学术领域有很高造诣的年轻学者。研究院成立 8 年来共在国际一流学术刊物和会议上发表论文1000 多篇，并已有多项技术成功转移到微软公司的核心产品之中，如 Office XP、Office System 2003、Windows XP、Windows XP Media Center Edition、Windows XP Tablet PC Edition 以及微软下一代操作系统 Longhorn 等。

2.3　微软公司构建国际化研发网络的动机：知识扩散

2.3.1　企业全球合作研发网络中的知识扩散

在合作创新研发网络中存在着个体间、个体与组织间以及组织与组织间的知识扩散。知识扩散过程中，接收方基于对知识发送方的知识理解，接收方通过运用自身的知识挖掘能力识别出对自身有价值的部分，获取有益的知识资源，然后将其在主体内消化吸收，转化成为自身的知识资源。在国际化研发网络中，企业的知识扩散效率取决于主体间的知识、技术和文化差距，以及知识接收方的知识吸收能力、研发网络结构和信任程度等因素。因此，为提高知识扩散效率，可以通过培育企业与东道国合作主体之间的信任关系，建立有效的学习机制，使知识扩散在合作主体之间持续有效地发生，提高总体的知识存量和知识水平，以及其研发创新能力。

2.3.2 微软公司实现知识扩散的方式

(1)对东道国高校创新的支持

微软公司对东道国大学及大学生的培养给予极大力度的支持，联合大学创立多所微软实验室，构建合作创新平台培养人才，分享最新科研成果。科研合作方面，微软亚洲研究院一直与东道国高校和科研机构保持良好的研究合作关系，交流研究经验。人才培养方面，依托面向青年教师的"铸星计划"项目以及微软技术俱乐部、微软创新人才学院等项目，微软公司支持青年学者的发展并不断完善培养高素质计算机基础人才的模式。课程建设方面，为促进高校课程建设和优质教学资源共享，微软联合三十余所高校推出了云计算教学项目。在2015年6月，华盛顿大学、清华大学与微软创立全球创新学院(GIX)，GIX由中国清华大学、美国华盛顿大学和微软公司合作建立的开创性合作伙伴关系，通过在大西雅图地区创办开创性教育机构，建造专业配套设施，打造创新生态系统。微软公司将为GIX提供4000万美元的启动资金，并承诺将长期助力GIX的发展。GIX创立的愿景是使来自世界各地的学生可以通力合作、共同创新。

(2)在东道国设立技术中心

微软全球研究院积极配合东道国政府的科技产业政策，促进相关技术在东道国的发展。以微软中国研发集团战略合作部为例，其主要任务是加强IT产业的全面合作，通过任务外包、专利技术合作等方式，加强与合作主体的创新合作，增强东道国软硬件企业的研发实力，共同打造一个双赢的IT生态圈。同时，微软公司先后在中国成都、山东、江西、湖南、江苏等18个省市设立技术中心，中心将支持东道国各地的研发活动，提升各地区软件企业的研发能力与产品质量，同时也使得微软公司逐步实现本地化战略。

2.3.3 知识扩散带来的积极影响

微软公司全球领先的研发中心和遍布世界各地的合作伙伴创造了许多优异的突破性技术和商务模式,这些并不仅仅是技术的创新,同时也展示了充满无限挑战的市场契机。这种基于国际化研发网络的知识扩散打造了一个与东道国共同发展、双赢的 IT 生态系统,东道国在吸收、转化微软公司的有益知识资源后,为微软公司提供了大量优秀的 IT 人才,合作企业也将高质量产品反馈了微软公司知识扩散的结果。比如微软公司与中关村软件、中软、四通、托普等系统集成商合作开发电子政务、金融、制造业等行业类软件;微软公司与 TCL 合作进行 Smart Phone 和 Pocket PC 2002 等软件;在 . NET 平台上的应用软件开发方面,微软公司与包括我国两家优秀的软件商用友、金蝶在内的几十家企业建立了合作关系。

2.4 结论与启示

2.4.1 主要结论

本章首先分析了微软公司构建国际化研发网络的路径演进,进而探讨了微软公司知识吸收和知识扩散的动机和其实现该动机的方式,并分析了这些动机对微软公司创新活动的影响,得到的主要结论如下:(1)企业在构建国际化研发网络时,应正确分析激发动机及实现条件,这些动机和初始条件将影响企业的战略制定、区位选择和投资规模;(2)企业在构建国际化研发网络时应充分了解东道国的研发资源、研发环境以及政策环境,以选择最佳的切入时点和切入方式;(3)国际化研发网络的建立仅仅为创新活动搭建了一个物理平台,其对创新绩效的贡献还取决于网络内知识扩散和吸收的效率。知识吸收和知识扩散能力是研发机构创新绩效提高的基础和前提,二者在合作主体之间持续有效地发生,可以增加母公司的知识存量、优化知识结构,从而增强创新能力。

2.4.2 管理启示

(1)国际化研发网络的建立仅仅为创新活动搭建了一个物理平台,其对创新绩效的贡献还取决于网络内知识吸收和扩散的效率。因此，为提高我国企业的知识吸收和扩散效率，可以通过培养我国企业与研发网络中的企业或者高校之间的信任关系，建立有效的学习机制，使知识扩散在主体之间持续有效地发生，提高总体的知识存量和知识水平，以及其研发创新能力。

（2）在构建国际化研发网络的过程中我国企业可以联合海外本地的企业和大学进行合作或创建联盟，在全球化视野中促进行业内技术交流和商业合作，减小国际市场环境的独特性所引起的不确定性和投资风险，提高行业的整体技术水平、知识吸收和知识扩散能力。

（3）我国企业可以充分借鉴微软等跨国公司构建国际化研发网络的成功经验，根据产品生命周期、东道国智力资源结构演变等要素制订构建国际化研发网络的战略方案，力争选择最佳的切入时点。同时，根据目前企业的成长水平，比较海外投资地的优势，科学地选择投资区位。

第三章 发达国家企业构建国际化研发网络时间空间切入

——对三星公司的分析

国际化研发网络是跨国公司构建核心竞争力体系的重要手段，是跨国公司战略的要素之一。对于如何选择国际化研发网络的切入时机问题，国内外许多文献已经对国际化研发网络问题进行了探讨。这些研究聚焦于三个主要问题，一是激发企业构建全球性研发网络的动机是什么？二是企业构建国际化研发网络时的时间、空间切入；三是这一战略行为对企业的创新活动产生了什么影响？例如 PietroM. 等（2011）认为东道国政策的吸引构成了国际化研发网络的动因。陈健，徐康宁（2009）认为东道国经济发展环境、要素禀赋差异、经济地理因素对国际化研发网络空间布局有着决定作用；Robert Tijssen（2012）认为国际化研发网络是各国知识吸收和技术扩散的一个物理平台，其中公共部门和企业的合作是研发网络内知识转化的关键；梁正，薛澜，等（2008）认为国际化研发网络内知识交流受制于主导企业的研发战略、人员本地化程度、知识交流渠道的多样性，在既竞争又合作的产业背景下，企业不再只是一个孤立的竞争体，它们通过构建相互之间的价值链条，形成一个全球范围的合作研发网络。但是，这些研究都是以发达国家的国际性企业为对象，并未从发展中国家企业的视角进行探讨，没有将发展中国家企业研发国际化战略与创新追赶的使命相结合。因此，本章将以韩国三星公司国际化研发网络为案例，分析其作为后发企业依托研发国际化进行创新追赶的经验，并探讨其对我国企业的启示意义。

3.1　三星公司构建国际化研发网络的切入路径

3.1.1　三星公司国际化研发网络构建的简要历程

构建国际化研发网络动机主要有两种观点，一是从技术指向出发，认为企业构建国际化研发网络是为了获取海外先进技术来弥补企业现有技术和知识的不足，例如，Mansfield(1979)认为美国公司在国外创建 R&D 机构的动机是为了知识吸收和技术扩散；第二种观点主要从市场效应出发，认为企业构建国际化研发网络是为了充分利用公司的技术优势，拓展海外市场。如 Hewitt(1980)认为企业构建国际化研发网络的功能在于企业凭借技术优势尽快建立海外市场。事实上，三星公司构建国际化研发网络的同时受到了这两种动机的驱动，而且随着公司国际地位和战略定位的改变，这种动机发生了两次转变。20 世纪 70 年代，三星公司为了赶超发达国家企业，在海外构建研发网络来追踪获取最新的技术，实现信息的快速传递与反馈；20 世纪 90 年代，随着三星公司在知识经济和信息技术的不断深入，在海外建立研发机构或与海外企业建立战略联盟，从单纯的技术获取向拓展海外市场转变，此时，东道国的政策如：低成本地培育、应用吸收能力等也构成了三星公司国际化研发网络的动因。

三星公司是近 30 年来后发企业中通过构建国际化研发网络实现技术赶超的代表性企业，在追赶发达国家企业道路上，三星公司在全球建立了研发网络机构和合作研发机构，通过国际化研发网络带来知识吸收和技术扩散，减少自行基础技术的研发；通过构建国际化研发网络与海外企业达成战略联盟，共同进行最新的技术开发，取得了显著的成效。首先，三星公司通过在海外构建研发机构和建立研发合作关系，提高了三星品牌的知名度，扩大了产品全球化的布局；其次，为了适应全球竞争日趋激烈的环境，产品生命周期不断缩短的趋势构建了一种创新型的国际化研发网络，这其实是为了充分利用不同国家的专业技术能力，实现技术的创新和产品的更新；复次，随着全球范围经济意识的不断加强，三星公司构建国际化研发网络，是一种跨国间的战略联盟；最后，在技术创新国际化愈发强烈的情况下，三星公司构建的国际化研发网络，是一种快速适应经济全球化、竞争国际化的方法，也是一种形成技术创新国际化战略的重要方式。对于我国企业来说，由于在经济发展阶段、产业国际分工中的地位、国家政策环境等方面都面临着与三星公司国际化战略初期相似的情境，因此，探讨三星公司构建国际化研发网络模式，剖析其研发网络的地理切入、合作策略和知识吸引能力的积累过程，学习其成功经验，有利于尽快缩小与发达国家企业的技术差距，提升企业在国际市场中的影响力。

3.1.2 构建国际化研发网络的切入路径——空间切入

企业构建国际化研发网络空间布局是资源、技术的传递通道，是随着内部战略的调整与外部经济的发展而进行动态演进的一种组织模式。20 世纪 70 年代，世界统一市场形成，随着技术专家的需求和研发成本大量投入，企业获得竞争优势的关键在于获取全球范围的知识资源。此阶段下发达国家企业开始对知识产权和技术进行保护，使得正处于追赶阶段的三星公司获取海外先进技术越来越难，因此其研发网络的空间局限于韩国本土和少量的欧美机构。20 世纪 90 年代后，随着国内产业政策刺激的加强，以及西方国家企业增长速度的调整，三星公司抓住契机，在全球最主要的智力资本区域布局构建研发机构和研发合作机构，形成公司内部独特的研发体系和获取外部新技术的渠道。因此可以说三星公司在空间切入上采用了一种伞形模式，以使之与产业形态和自身战略安排保持一致。

（1）研发机构的空间切入

企业构建国际化研发网络的空间布局受到东道国的市场规模、市场渗透程度、研发资源状况、技术活动强度等因素影响。同时外商投资规模、东道国的国内生产总值、东道国知识保护力度在跨国公司 R&D 投资中也起着重要的影响作用。目前，国际级研发地点的选择主要依赖两个层面：第一，选择的地点要有较强的研发实力和广泛的国际影响力；第二，选择的地点是全球研发活动最为活跃，研发成果最为强劲的区域。三星公司在构建国际化研发网络的空间选择上，首先是在国内大学、科技研究所等研发资源丰富地建立专业研发机构。其次，三星公司在日本东京，美国华盛顿、达拉斯、圣荷西，欧洲的英国伦敦、波兰华沙、俄罗斯莫斯科等发达国家的技术密集工业区建立地区研发机构。再者，在亚洲的印度、以色列等知识保护力度不高、市场渗透程度较高等地建立研发机构。随着中国国际影响力的逐步提高，2004 年，三星公司正式在中国成立三星电子研发中心，在西安、北京、上海、南京、苏州等研发活动活跃、技术强度较高地区设立专门的三星研发机构。在技术层面，三星公司通过合理布局研发中心来收集全球范围内的专利产品、技术资料和先进设备，发挥国内和国外研发机构的协同作用，壮大自己的研发队伍。同时，在市场层面，全球布局研发机构，是提高三星公司品牌的重要方法。

（2）研发合作机构的空间切入

新兴经济体实现创新追赶必须进行国际研发合作，而企业构建国际化研发网络也更加注重与海外研发机构的合作，来吸收世界前沿知识技术，实现技术扩散。后发企业在追赶发达国家企业时主要采用双路径追赶模式，企业从引进新产品制造技术和自主开发成熟技术两方面入手。三星公司在追赶发达国家企业时，为了尽快缩短与产业领先企业技术差距，在成熟技术产品领域实现"吸收、创新"的同时，采取与海外机构合作研发的办法，来进一步扩大技术引进和技术扩散的渠道。三星公司的合作对象主要是日美技术发达企业，包括 IBM、HP、Microsoft、Toshiba、Sony 等，合作研发领域包括半导体技术、纳米开发技术、数字家电、高端计算机、光产品等。通过与日美发达企业在最新技术领域的合作研发，三星公司不仅接触到最先进的技术，提高了公司研发人员技术吸收能力。而且通过与海外企业在研发产品的特点、技术等问题上的交流讨论，实现了自身技术扩散。

3.1.3 构建国际化研发网络的历史演变——时间切入

三星公司作为后发企业里的代表性企业，其跨国经营研发战略独具特色。在追赶发达国家企业的进程中，建立国际化研发网络也经历了漫长的演变过程。20 世纪早期，三星公司的领导者就开始注意到研发与合作的重要性，主张"世界第一、重视技术、尊重人才"。从 20 世纪 70 年代开始，三星公司开始着手构建国际化研发网络，主要表现在以下两个方面。首先，三星公司重视技术研发，投入大量资金建立三星综合技术院。其次，三星公司还在国外设立子公司研究中心，加强技术引进工作，获得成套技术转让。从而建立起内部专业研发体系和外部技术情报网络。20 世纪 80 年代到 20 世纪 90 年代中期，三星公司技术研发层面仍然不是很成熟，只能购买专利和一些核心技术。然后，将新技术吸收、

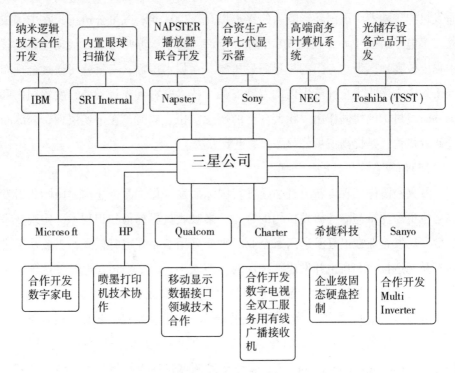

图 3-1 三星企业全球研发合作机构空间布局

资料来源：作者根据三星网站资料制作

消化后，加以改进，再逐步进行自己的研究。这一阶段三星公司主要任务是技术的模仿和改进。自 20 世纪 90 年代中期以来，三星公司的研发网络得到飞速发展，技术研发也不再是采用紧紧追随战略，而是一直保持着技术领先。而且，在此基础上，三星公司先后收购了 AST 公司，日本联合光学公司等，使得研发活动逐渐趋于全球化。进入 21 世纪以来，三星的技术研发更加重视合作，多次与日美尖端高科技公司合作研发新技术，实现技术的创新和超越。

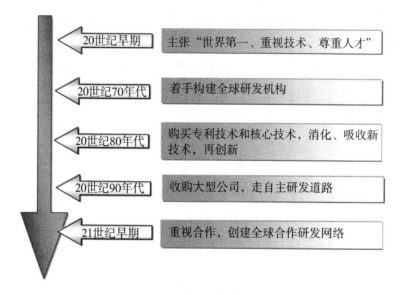

图3-2　三星企业国际化研发网络历史演变

资料来源：作者根据案例资料制作

3.2　三星公司国际化研发网络切入中的吸收能力与技术扩散

3.2.1　吸收能力

吸收能力是企业组织和战略管理研究的重要理论工具之一，是企业获取、消化、吸收外部知识来进行自主创新，并把创新绩效用于企业商业化产出的动态过程的能力。企业的研发活动是影响吸收能力结构特性的关键因素，而吸收能力的动态能力性质由多个维度组成。同时，吸收能力的因果效应累积会对企业研发价值链产生积极影响，并与企业创新绩效构成正强化效应。从这个意义上讲，对吸收能力的培育是三星公司从国际化研发网络中获取创新资源的关键环节。

（1）吸收能力与研发活动的关系

企业的吸收能力是指对外部的知识进行获取和吸收，并运用于商业终端的能力。同时，企业的研发活动又是提高吸收能力的重要途径，而企业不同状况下的吸收能力决定了研发活动的模式选择。20世纪70年代，三星公司追赶发达国家企业过程中，通过研究海外技术文献，派技术人员外出考察，建立国际化研发网络等方式，来提高公司的吸收能力。直到 20 世纪 80 年代初，三星公司经历长时间的技术模仿后，选择了实践中学习的模式，在集成电路、平面显示器、手机等领域走自主研发道路，又进一步提高了自身的技术消化和吸收能力。20 世纪 90 年代中期，三星公司已经掌握了半导体、液晶体显示器等领域的先进技术，并实现了对日美企业的超越，成了行业的领军者。同时，三星公司开始将研发活动推向全球化，通过海外合作研发模式来进一步提高吸收能力，实现技术的创新。三星公司的吸收能力决定了它在不同阶段研发活动模式的选择。反过来，三星公司研发活动积累了先进技术，提高了公司的吸收能力。最终，三星公司实现了技术获取到技术创新的转变，并且将企业的吸收能力运用于商业产出。

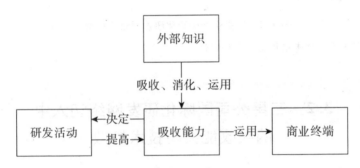

图 3-3 三星公司研发活动与吸收能力的关系

（2）吸收能力的因果效应累积及其产生的影响

目前，对吸收能力维度的构成，主要有两种观点。一种观点认为吸收能力是企业将外部知识转换内部自有知识，并运用知识解决实际问题的能力，他们认为吸收能力可划分为四个维度：获取、消化、转换、应用。另有一种观点认为知识转移和知识吸收应该归于同一问题，他们通过将知识转移四个阶段对应到吸收能力上，也得到吸收能力的四个维度：知识获取能力，知识整合能力，知识转化能力和知识应用能力。而三星公司的知识吸收分为四个阶段：获取外部新知识、消化整合新技术、改造创新现有技术、将此运用到商业终端。因此，三星公司的吸收能力可以划分为以下四个维度：获取能力、整合能力、改造能力、应用能力。这四个维度虽然略有不同但是相互关联，并通过相互之间的作用，层层深入地构成三星公司的吸收能力。

经研究发现，企业内部知识共享能力和外部知识获取能力对于企业创新能力有着决定性影响。企业吸收能力越高，代表知识获取和知识共享水平越高，企业开发产品的速度就越快，研发团队创新绩效就越高。目前，国内外一些学者利用价值链理论分析了全球研发网络吸收能力对创新价值链的影响，发现企业吸收能力的积累不仅会使未来的行为更加有效，而且能够预测企业未来的技术发展和商业潜力。三星公司构建国际化研发网络并在吸收能力因果效应的积累下，持续增加研发投资，提高自身创新研发能力。反过来，三星公司研发能力的提高对于公司的创新绩效、公司创新价值链的形成具有强化效应。如此一来，三星公司吸收能力的因果效应积累与创新绩效形成循环正强化效应，从而形成了自身技术创新国际化战略。

3.2.2　技术扩散

技术扩散是创新技术在空间范围的一种转移，但其空间转移受东道国企业吸收能力大小决定。一方面，后发企业利用技术扩散可以吸收海外先进技术，缩小与发达国家企业的技术差距。另一方面，发达国家企业通过技术扩散向海外交流学术思想，启迪研究思路，提高自身研发能力。而企业在选择技术扩散路径时主要考虑两个方面：第一，技术扩散的方式和渠道；第二，研究技术对技术扩散不同阶段的影响程度。

（1）技术扩散与吸收能力的关系

研究表明，企业吸收能力越高，对外来技术学习与应用能力就越高。张海洋（2005）通过构建 R&D 知识吸收能力和外资技术扩散的分析框架，得出了东道国企业 R&D 知识吸收能力越低，外资技术扩散就越不显著。祝数金等（2006）采用元胞自动机模型模拟企业技术扩散的过程，实验表明，当东道国企业的吸收能力为 0 时，外资技术扩散将不会发生，说明企业内部的知识吸收能力对于企业的研发活动以及经济系统的技术扩散有着不可忽视的作用。另有学者研究得出一个国家的吸收能力是决定该国家技术模仿效果以及技术进步率的关键变量。20 世纪 70 年代，三星公司利用技术扩散吸收海外先进技术时，是基于三星公司的技术引进基本原则，即保证了公司现有吸收能力和先进技术的平衡。20 世纪 90 年代，三星公司已经实现对发达国家企业的赶超，其技术扩散是为了海外交流学术思想，启迪研究思路，提高自身研发能力。因此，技术扩散空间布局的选址要保证具有较强的研发实力或者具有广泛的国际影响力，从而保证企业的吸收能力能达到技术扩散的要求。

（2）技术扩散的途径

在经济全球化的背景下，技术创新周期不断缩短，企业对技术扩散利用的程度直接影响该企业吸收能力和创新能力的高低。技术扩散路径主要分为静态技术扩散路径和动态技术扩散路径。静态技术扩散路径主要涉及两个方面：其一是传统的国际直接投资，例如外国独资企业；其二是新型的直接投资，例如契约合资。动态技术扩散路径是从技术创新层面展开，认为企业是技术创新的主体，研究的是技术创新的周期对技术扩散各个阶段的影响。不同技术水平的国家技术扩散的途径也有很大的差异，这与技术能力和文化制度方面有较大的关系。20 世纪 70 年代，三星公司通过购买海外专利，引进海外先进机器等静态技术扩散方式来获取海外先进技术。20 世纪 90 年代初，三星公司已经实现了对发达国家企业的赶超，采用直接投资海外企业来实现静态技术扩散。如控股美国 AST 公司，直接收购日本联合光学公司和德国 Rollei 公司等。同时，三星公司重视"强强合作"，积极与日本、美国、俄罗斯等发达国家企业进行合作研发，实现动态技术扩散。

3.3　结论与启示

3.3.1　主要结论

三星公司在短短 20 年间，实现从后发企业向世界领先企业的转变，从单一的电子产业发展到电子信息、机械、化学、金融、体育等众多领域的全球性跨国公司。20 世纪 70 年代，三星公司作为后发企业，在构建国际化研发网络，经历了技术准备和引进阶段，通过建立海外研发网络来追踪获取最新的技术，实现知识的快速吸取。20 世纪 80 年代，三星公司经历了模仿和追赶阶段，通过购买海外知识产权的专利技术和产品关键部件，分解研究，模仿制造，逐步积累高科技专有知识。20 世纪 90 年代初期，三星公司经历创新和超越阶段，树立技术经营主导的战略思想，在研发方面持续高额投入，以保持技术的领先地位。

三星公司在技术创新国际化越发强烈的情况下，走"获取—吸收—改进—创新"的道路，快速适应了经济全球化、竞争国际化，实现了后发企业对日美发达国家企业的追赶。

3.3.2　管理启示

三星公司在过去的 20 多年间采取的后发企业追赶模式，通过在全球范围内构建研发合作机构实现了从"获取—吸收—改进—创新"到"创新—超越"道路的转变，取得了巨大的进步，成功跻身世界 500 强企业。三星公司构建的国际化研发网络模式对于现阶段国内企业实行追赶发达国家企业的战略有着指导性意义。首先，国内企业作为后发企业，要重视企业知识吸收和其技术水平之间的协同，并且保持外部知识获取和其自身技术发展的动态协同。三星公司在技术准备和引进阶段，不仅采用紧紧追随发达企业技术的发展战略，同时保持技术模仿后的再改进和创新。其次，国内企业在构建国际化研发网络结构时，要重视国际研发地的选择，以保证海外先进技术的跟踪和最新技术信息的获取。三星公司在全球研发机构的空间布局上，选择日美等发达国家的技术密集工业区，印度、以色列等亚洲研发活跃地。国际化研发网络的布局保证了先进技术和信息的监测、收集和传递。再次，国内企业在构建国际化研发网络中，要控制技术扩散利用的程度，从而保证企业知识吸收能力和创新能力。三星公司在技术革新的大浪潮中，积极了解不同国家不同企业技术扩散的途径，以此来提高先进技术获取能力，同时找出自身技术缺陷，完善了技术扩散和技术溢出通道，进一步提高了公司的吸收能力、研发能力和技术创新能力。最后，国内企业构建国际化研发网络时，在模仿型技术创新向自主创新型研发过程中，要适时调整企业的战略。三星公司追赶发达国家企业大家技术的道路上，在技术准备和引进，模仿和追赶，创新和超越三个不同的阶段，分别采取技术模仿战略、研发高投入战略，技术经营主导战略，来适应公司的技术创新路径。

第四章　后发追赶下我国企业国际化
研发网络构建的壁垒与突破

研发国际化是企业通过跨国收购、建立研发机构、建立合作研发联盟等形式将研发活动扩展到海外的一种战略行为，是企业推进其全球化战略、获取国际先进技术创新资源的渠道和构建创新竞争力的重要手段，也是后发国家企业利用东道国技术溢出效应，实现技术追赶的重要途径。在开放创新与合作创新的时代背景下，对于中国企业来说，仅靠自有的创新资源禀赋和技术积淀已经很难满足市场对产品和服务创新的需求，也难以实现对行业中国际性的领先企业的追赶与超越。因此，构建国际化研发网络，有效集聚与吸收全球化的技术创新资源，是中国企业提高创新影响力、获取创新竞争优势的重要选择。目前国内外许多文献已经对企业国际化的路径选择进行了理论研究。例如 Eldrede 等（2013）研究得出东道国的安全壁垒可以预测企业国际化路径；Luciano Ciravegna 等（2014）认为企业研发国际化过程中，海外国地理位置是重要的参考指标；Clemens H. M 等（2010）认为国家的规章制度、研究与 R&D 等会阻止海外外来企业进入者；杨振宁等（2015）研究得出企业在研发国际化的路径选择中，会通过与海外跨国公司形成技术战略联盟，达到提升技术学习、吸收和转移的目的。

这些研究聚焦于研发国际化的三个关键问题：一是企业研发国际化路径中存在哪些东道国壁垒？二是面对东道国中的进入壁垒，企业如何选择研发国际化路径以克服这些障碍？三是企业的国际化研发网络是如何影响其创新竞争力的？然而这些研究多是以发达国家企业的国际化研发网络为分析对象，并未从后发国家视角探讨企业研发国际战略中如何规避壁垒与风险，如何优化国际化研发网络投资的空间路径和时间选择等问题。因此，本章将在分析中国企业研发国际化过程中面临的东道国政治、安全壁垒，排他性技术联盟，技术落差等障碍因素的基础上，以华为公司为例，分析作为后发企业的我国企业在研发国际化中应当选择的合作策略、空间布局等问题，并探讨其经验对中国其他企业的启示意义。

4.1 后发追赶情境下我国企业研发国际化中的主要壁垒

4.1.1 政策壁垒

新增长理论和新古典增长理论均认为，创新研发促使一个地区或者国家技术得以进步，从而带动该地区或者国家经济的发展。在经济全球化进程的大背景下，跨国公司越来越重视培育并充分利用来自海外的知识资源。但是，对于东道国来说，来自海外的研发性投资更像是一柄双刃剑，既是吸引海外投资促进经济增长的利器，也可能是禁锢本国技术突破性发展的桎梏。因此，尤其是发达的东道国，当面对来自发展中国家企业的研发投资时，其政策可能会表现出两面性，一方面试图加强知识产权保护体系来吸引外来研发投资，提升外来FDI的质量；另一方面又会以知识产权保护、国家安全或反垄断等看似合乎情理的要求阻止海外企业从本国获取知识、技术资源。另一个值得注意的现象是，在政策体系层面上，发达国家倾向于采取更加严格的知识产权保护手段以巩固其在高新科技领域的地位，而后发国家企业由于自身创新能力与技术积累的落后，更倾向于实施较为宽松的知识产权保护政策，以促进知识和技术更频繁的流动。在这样的情境下，当中国企业将发达国家作为研发投资目的地时，易于产生政策环境的不适应，即是说，中国企业在知识产权保护体系构建中的不完善性，也可能间接造成如华为公司等在研发国际化过程中，遭遇发达东道国的排斥与阻碍。

4.1.2 排他性联盟

技术联盟能够帮助企业、科研院所等主体有效协同合作、科学互动，实现资源和竞争力之间的优势互补，是国家创新体系的重要组成部分和协同合作组织。企业间构建技术联盟也是企业以最小成本获得知识互补和技术创新，提高企业创新绩效，促进企业研发国际化进程的手段。但企业研发国际化过程中，由于合作企业之间战略、兼容性、能力匹配、资源整合程度等问题存在匹配差异，因此导致企业间构建技术联盟存在不稳定性。而企业间的技术联盟本身就是为了寻求寡头垄断，即通过产品的周期、科技含量等控制发明的速度和类型。因此，一旦由于联盟的不稳定性导致联盟失败，原合作企业会选择新的企业构建技术联盟，而形成的新技术联盟对原企业就成为一种排他性联盟，抑制原企业的技术和信息流动，阻碍原企业的研发国际化路径。

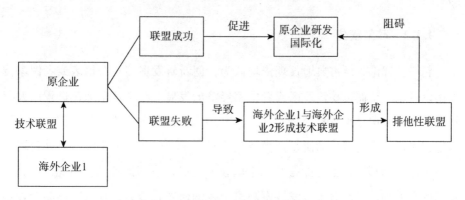

图 4-1   排他性联盟阻碍研发国际化路径

资料来源：作者制作

华为公司主要从事传输网、云计算、数据通信、无线接入、终端等通信网络技术与产品的研发、生产、销售。在研发国际化初期，作为后发企业，由于技术能力相比思科、爱立信等还存在差距，领先的跨国企业通常缺乏与其构建技术联盟的动机。因此，华为公司在推动研发国际化战略的初期，既面临着无法嵌入既有的国际技术联盟，又面临着难以组建新的技术联盟的境况，凸显了当存在排他性技术联盟的产业中，后发企业寻求研发国际化时遭遇的困境。这种排他性技术联盟在制约产业内技术和知识的有效流动的同时，也阻碍了类似于华为等后发追赶企业的研发国际化步伐。

4.1.3   技术落差

对于作为后发企业的中国企业而言，无论是寻求在发达国家构建研发国际化机构还是在发展中国家构建研发机构，都存在着企业自身与东道国间的技术落差。技术落差的存在在负面上影响了企业国际化研发网络合作过程中的信息、

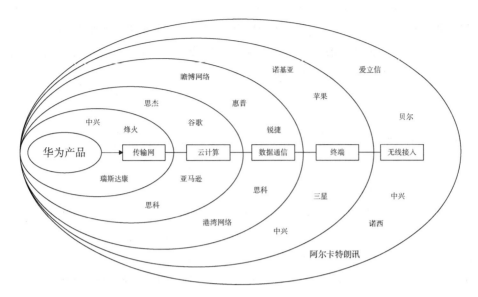

图 4-2 海外企业技术联盟

资料来源：作者根据相关文献制作

知识流动，也阻碍着企业吸收能力的积累。这种负面效应在中国企业实施国际化研发的初期更为显著，具体表现为：首先，粗放而盲目的技术引进，引进的技术和企业自身资源利用匹配度不高，即企业的吸收能力和自主研发活动不匹配，导致一味地吸收海外先进技术，无法运用到商业终端或者是利用程度低；其次，在国际化研发网络中采用"获取—吸收—改进"模式，由于没有形成"获取—吸收—改进"到自主创新的局面，从而形成"落后—引进—再落后—再引进"的恶性循环，造成在核心技术方面一直落后于海外发达企业；最后，中国企业研发活动没有与企业技术扩散相结合，即企业的技术追赶，没有实现内向国际化和外向国际化的双向促进。

　　长期来看，一方面，技术落差使中国企业难以融入国际研发合作体系之中，另一方面，无法参与国际研发合作又进一步加大了技术落差，甚至形成了技术鸿沟，将企业锁定在国际化研发合作的两难境地中，严重阻碍了中国企业研发国际化进程。这一点在华为公司研发国际化的过程中表现得十分明显。华为公司于 1996 年开始研发国际化道路，而此时思科、惠普、爱立信等海外通信技术与网络企业早已在互联网的解决方案上拥有核心技术。其次，华为公司在技术追赶道路上，也是通过"获取—吸收—改进"的模式来实现技术的快速追赶。最后，早期的华为公司没有利用到外向国际化的优势，没有运用企业技术扩散对吸收能力的正相关影响，即只利用内向国际化，通过不断地引进产品、资本、技术等要素，使企业学习积累技术。因此，造成华为公司与海外发达企业之间的技术鸿沟，影响华为公司研发国际化路径。

4.2　我国企业研发国际化路径选择：对华为公司的分析

4.2.1　华为公司研发国际化的基本特征

企业研发国际化主要源于三方面：一是技术学习，借助国际化网络来推进技术学习实现知识溢出效应；二是知识吸收，通过母国和东道国之间的知识转移，最大程度提高研发投入回报；三是市场开拓，企业向外输出研发活动的过程，不仅开拓了东道国的市场，也使企业基于东道国开展适应型的研发。因此，研发国际化对于我国后发企业实现技术追赶至关重要。但企业研发国际化的前提是必须拥有技术垄断优势，只有拥有垄断优势的企业才能克服研发全球化过程中海外国进入壁垒带来的额外成本和风险。由于中国企业缺少强大的技术优势，因此，中国企业在研发国际化路径上应兼顾企业现有技术优势和加强企业技术创新两个不同的方面。

华为公司是近 20 年来中国企业通过研发国际化实现技术赶超的代表性企业。在研发国际化网络构建过程中，华为公司首先是面临东道国政治、安全壁垒等阻碍，其次是海外国发达企业构建技术联盟的排斥，以及本身技术创新与海外发达企业之间的落差。因此华为研发国际化空间布局采用"农村包围城市"战略，首选发展中国家，即以新兴市场为进入点，来避免发达国家准入门槛的限制。其次占领西方成熟市场。同时华为公司研发国际化进程经历了艰难探索，横向拓展，纵横延伸三个过程，其国际化组织模式从侧重开展国内研发资源，到侧重利用海外的研发资源，到现在的侧重研发机构的跨国合作，通过合作研发中的知识溢出来提升技术创新能力。以此来解决发达国家企业通过构建技术联盟限制其他企业的研发创新能力。最后，在面对与发达国家企业之间的主流技术落差，华为公司研发国际化路径由渐进式模式转向跨越式模式，其自主创新路径由 OEM-ODM 转向 ODM-OBM 来实现对发达国家企业的技术追赶。华为也凭借研发国际化的布局，进入了世界 500 强企业。因此，研究中国企业研发国际化道路中的壁垒，并以探讨华为公司作为我国后发企业的研发国际化路径为案例，剖析其国际化空间布局，组织化模式演变，以及国际化路径技术追赶演化的过程，学习其成功经验，有利于我国后发企业实现对发达国家企业的技术追赶，提升企业在国际市场中的地位。

4.2.2 华为公司研发国际化的空间分布

研发活动的空间配置是企业研发国际化发展战略的重要内容。华为国际化市场目标定位：华为沿用国内取得成功的"农村包围城市"战略，即以 3 级市场为突破口，最终占领西方成熟市场。为保证技术联盟的稳定性，第一，联盟过程中建立高效合作机制、战略动机。第二，选择市场化、联盟时间长、联盟制度稳定成熟的企业构建技术联盟。合作机制的有效性和一定的战略动机对高科技企业之间形成的技术联盟的稳定性具有重要的影响作用，联盟企业之间构建的合作制度以及通过资本合作在更大程度上促进合作制度的紧密性，能在很大程度上提升合作机制的有效性，从而加深联盟的稳定性。第三，对于联盟企业，以社会资本的获取作为技术性企业联盟的战略动机，能使企业更加有效地吸收知识和进行学习，巩固联盟。第四，获取社会资本降低企业投机性行为的可能性，也使得联盟的稳定性得到更大程度的保障。在联盟制度稳定和进行联盟时间较长的高技术企业往往具备一定的国际化经验，保证高技术企业之间联盟的稳定性。华为公司在其国际化发展战略中，也正是以建立合作制度和资本合作来获取社会资本作为战略动机；以具备国际化合作经验特别是在联盟时间和方面较为成熟的市场化企业作为联盟对象，保障其国际化发展中联盟的稳定性，使其国际化发展更加稳定和有效。

充分发挥自己的主观学习能力和吸收能力，保证加入技术联盟后技术能力得到较大幅度的提升，一定程度上保持联盟稳定。华为公司在加入联盟后通过主动学习和吸收，提升自己的技术能力，获得联盟的创新优势，保障联盟中的技术能力整合效益。同时，入盟企业技术能力与联盟中技术能力的互补程度足够大，使得企业（例如华为公司）在加入联盟后，在受到多方面影响的情况下，其创新效应仍有剩余，达到联盟外企业希望进入联盟内，原形成的技术联盟有接受联盟外企业进入联盟的意愿的目的，进而保证联盟的稳定。

空间分布上研发合作与市场存在空间错位。我国的技术型产业起步较晚及其他历史原因，导致我国的技术型企业在初步发展时期时，发达国家的跨国企业已经进入专利研发时期，技术上存在较大差距。华为公司在其国际化进程中，通过资金购买获取专利，从而获取进入国际市场的机会。虽然存在技术差异，但是通过技术研发和市场错位，华为公司与发达国家企业进行技术上的研发合作，避开发达国家具有强大优势的市场，从发展中国家入手，进一步进入国际市场，这种错位方式弥补了中国企业在研发国际化中的先天性优势缺失，为其达到研发国际化提供了可行性路径。

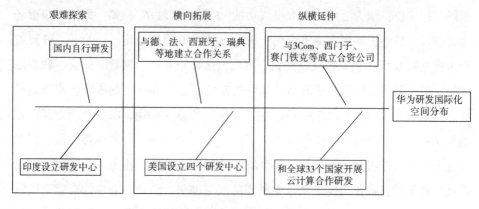

图4-3　华为公司研发国际化网络的空间布局

资料来源：作者制作

4.2.3　华为公司研发国际化的组织模式

面对海外各跨国公司在某领域构建的技术排他性联盟，抑制其他企业在该领域技术和信息流动，从而建立技术垄断优势。由于中国企业作为后发企业无法利用技术优势展开研发国际化，因此如何凭借自身局部的竞争优势开展研发活动，是后发企业实现研发国际化的重点解决对象。

华为公司作为现世界500强企业，是中国企业作为后发企业通过研发国际化实现对发达国家企业追赶的成功案例。因此，通过华为公司的研发国际化组织模式在不同阶段的演变，分析华为公司面对海外跨国公司构建技术排他性联盟阻碍时如何建立应对战略，从而得出对我国后发企业研发国际化的借鉴意义。因此通过参考文献，将利用 *SHAI*、*SHII* 两个数据在近年来的变化来说明华为公司近年来研发国际化组织模式的转变。

$$SHAI = \frac{他国研发专利总量}{企业所有专利总量} \, , \; SHII = \frac{跨国合作研发专利总量}{企业所有专利总量}$$

$SHAI$ 高说明企业侧重利用国外的研发资源开展技术创新活动，反映企业对外国研发资源综合利用能力；$SHII$ 高说明企业侧重研发机构间的跨国合作，通过合作研发中的知识溢出提升企业的创新能力。

参考刘凤朝等关于华为研发国际化分析结论得出华为公司的 $SHAI$ 、$SHII$ 变化经历了三个阶段的转变，即从 1996 年的低、低，到 2002 年的高、低，到 2011 年的高、高。在 1996 年开始建设研发国际化战略，并且开始在海外建立研发机构来获取海外先进的技术，但该阶段下华为公司独立利用海外研发资源的能力低，且没有侧重研发机构间的跨国合作，因此在本阶段下华为公司的研发国际化组织模式主要为本国研发推动研发国际化形成，主要的技术创新依旧来源于本国研发。到 2002 年，华为公司的研发国际化组织模式转变"以高额的研发经费带动技术获取"，开始侧重于利用海外先进的研发资源来提升技术创新和研发能力，由于海外跨国企业通过构建技术排他性联盟来阻碍后发企业的技术创新和先进技术获取。因此华为公司针对自身缺乏技术优势和海外跨国公司排斥这种情况，通过采取"获取—吸收"海外先进技术资源来提升自我技术优势，来实现技术弥补和追赶。到 2011 年，华为公司在电信、计算机等领域开始拥有自己的核心技术，因此该阶段公司的研发国际化组织模式转变到侧重利用海外国先进研发资源的同时，加强研发机构的跨国合作，利用自身的核心技术优势寻求跨国合作，从而建立技术联盟，不仅提高了研发效率，同时也促进了自身的研发能力。

因此，华为公司在面临海外跨国公司的技术联盟时，是通过高额研发经费获取先进技术信息，达到自身核心技术能紧跟国际领先技术。同时，又加大自身技术创新，使公司在某领域具备核心竞争力，寻求海外跨国公司合作，形成新的技术联盟，促进公司研发国际化的进入程度。

4.2.4 华为公司研发国际化中的技术追赶

由于全球化的进一步推进，企业面临更加开放和动态的环境，同时针对技术资源兼具分散和快速变化的特点，因此与海外跨国公司构建协同创新是中国企业保持长久竞争力的重要战略。但中国企业要实现研发国际化是基于后发企业的基础上，由于在某些领域内缺乏核心技术优势，与海外跨国公司形成了先

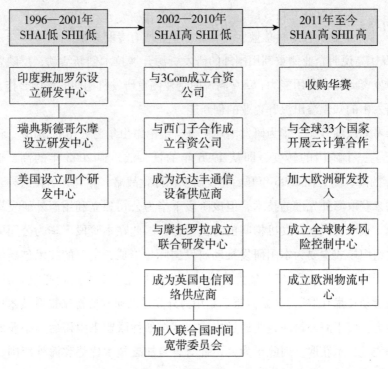

图4-4 华为公司研发国际化组织模式演化

资料来源：作者整理相关文献后制作

天的技术落差，即技术鸿沟，导致协助研发受阻，一定程度上延缓研发国际化的进程。因此面临先天的技术劣势，如何实现技术追赶、技术超越，是中国企业研发国际化路径中需要重点克服的问题。

华为公司于1996年开始建立研发国际化战略，并且通过"获取—吸收—改进"的模式来实现技术创新的快速追赶，但这种OEM-ODM渐进式的技术追赶，依靠获取海外先进技术来弥补自身技术落差，短时间内确实能通过高吸收能力来提高自身的技术创新能力，但长久来看，这种技术创新追赶模式过于依赖海外跨国公司的技术优势，没有形成自身企业的自主品牌，与海外跨国企业依旧存在技术鸿沟。因此，从2002年开始，华为公司通过长时间的技术积累，逐渐研发出自主品牌，即将技术创新追赶模式向ODM-OBM转变，由一味地依赖跨国公司的技术信息，转为一方面以自身研发为主，另一方面吸收海外跨国公司技术信息。达到了提高自身核心竞争力的目的，并且实现了对海外跨国企业的技术超越。最后，通过在某些领域的核心技术优势，与海外跨国企业建立协同创新，加快研发国际化的进程。

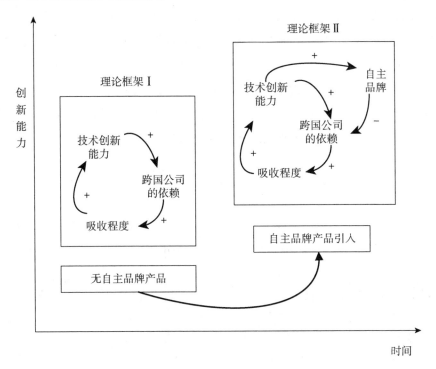

图4-5 华为公司技术创新能力追赶路径演变

资料来源：作者制作

4.3 结论与启示

4.3.1 主要结论

华为公司是中国企业通过研发国际化实现对海外跨国公司的技术追赶的典范，基于中国企业为后发企业，想通过研发国际化战略来实现技术追赶和技术超越，往往会受到东道国政治、安全壁垒，跨国公司的区域性或者领域性的排他性联盟，先天的技术落差等因素阻碍。而华为公司从1996年开始研发国际化进程，首先利用技术研发和市场错位，即与海外跨国公司进行技术上的研发合作，避开海外跨国公司具有强大优势的市场，从发展中国家入手，进一步进入国际市场，这种错位方式弥补了中国企业在研发国际化中的先天性优势缺失，为其达到研发国际化提供了可行性路径。其次是以资金为纽带带来技术获取的方式，解决技术创新能力不足的问题，同时华为公司以"获取—吸收—改进"的快速追赶模式，并非陷入"落后—引进—再落后—再引进"的恶性循环，而是通过对获取的技术继续自主创新，形成自主品牌，进而提高了自主技术创新能力。当华为公司在某些领域拥有一定的技术优势，就会和海外跨国公司形成技术联盟，协同创新，从而在竞争越加激烈的国际市场中取得竞争优势。

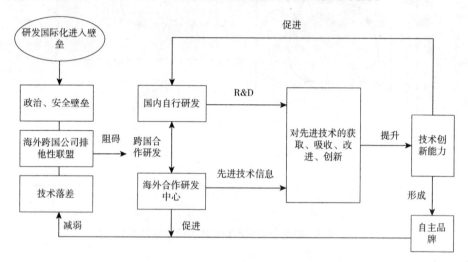

图 4-6 华为公司研发国际化路径

资料来源：作者制作

4.3.2 管理启示

华为公司在过去的 20 年时间，采取了研发国际化战略，使得其实现了对海外跨国公司的技术追赶和技术超越，并在 2013 年销售收入首次超越爱立信，成为全球最大的电信设备制造商。华为公司采取的研发国际化战略对现阶段中国企业实现研发国际化有着指导性意义。首先，我国知识产权保护体系的构建不够完善，因此遭遇了由海外跨国公司技术差异性等原因产生的政治、安全壁垒，此时应利用企业技术研发和市场错位，选择合作研发，并从发展中国家入手，而后进一步进入国际市场，这种错位方式弥补了中国企业在研发国际化中的先天性优势缺失。华为公司在国际化进程中，首先以印、亚洲国家企业为合作对象，而后进入英、法、德、西班牙等欧盟、美洲国家，最后开始进军美国等超发达国家，这种错位的海外空间布局，使得华为公司同时实现了合作研发和进军海外的目的。其次，中国企业在面临海外跨国公司建立的技术排他性联盟时，应该协调研发国际化进程中组织模式的动态变化，一方面通过技术追赶提升自我技术创新能力，实现与跨国公司的合作研发。另一方面，寻找与本企业战略、兼容性、能力匹配、资源整合程度等相匹配的海外企业，实现技术联盟，达到合作研发，实现以最小成本获得知识互补和技术创新，提高了企业创新绩效，促进企业研发国际化进程。华为公司在研发国际化进程中，通过改变 $SHAI$、$SHII$，即通过不同阶段下动态协调技术资源获取和跨国合作两者的程度，来解决海外跨国公司的技术排他性联盟。最后，中国企业与海外跨国公司相比面临先天的技术落差，因此在实现技术追赶的道路上，要重视企业获取海外技术能力和其技术创新能力的协同，在"获取—吸收—改进"模式的基础上形成自主品牌，从而走出"落后—引进—再落后—再引进"的恶性循环。华为公司在技术追赶的道路上，通过高额研发经费投入，从而在短时间内获取现阶段海外先进的技术资源，并且对现有技术进行继续创新研发，即采取技术模仿战略、研发高投入战略、技术主导战略来适应公司的技术追赶。

我国企业的国际化路径选择，离不开企业自身的技术创新能力，同时在国家扶持政策的推动和引导下，直接或者间接地影响市场环境、企业家认知度、国内外产业链合作等，从而促使中国企业研发国际化的实现。因此，国际政策应从保护中国企业国际化进程中的利益和培育中国企业国际竞争力这两方面入手。首先，制定合理的海外利益保护政策，通过与海外国签订信息预警，投资保护，双边贸易等协定来保证中国企业研发国际化进程中的安全。其次，由于受到经济转型和全球化的影响，因此必须要发挥国家扶持政策和企业战略共同促进企业研发国际化，实现提升企业国际竞争力的目的，此时国家制定的跨国企业培育政策将成为中国企业"走出去"的特定优势。

第五章　我国企业国际化研发网络创新效果的外生约束：东道国知识产权限制

近半个世纪来，国际化研发逐渐成为跨国企业重要的战略措施和竞争手段（Yasunori，2017），越来越多的企业将技术创新活动投向国际市场，以在开放创新情境中寻求构建竞争优势的独特资源（Tang C，Tang Y，等，2019）。尤其是20世纪80年代以来，发达国家企业通过海外研发投资构建了规模庞大的国际研发网络，并获取了巨大的创新收益。如在美国跨国公司获得的专利中，发明者来自两个以上国家的专利比例从1980年的2%跃升至2014年的10%（America：PIIE，2019）。在此背景下，近年来我国企业的研发活动也进行了"走出去"的尝试，如长安汽车公司在意大利、英国等地设立研发机构，建立了"五国九地"全球协同研发体系，为企业带来了显著的创新收益，促进了研发活动的前沿性和国际化专利积累。但从总体上看，我国企业研发"走出去"仍面临着复杂的技术性壁垒，制约了其通过逆向溢出获取创新收益的努力。如由于东道国采取了保护关键技术的政策限制，我国企业在2016年共有价值163亿美元的20笔涉及技术合作的国际并购被取消，研发"走出去"的创新效果面临着越来越多的不确定因素。

这一现象引起了研究者们广泛关注，并对后发经济体企业国际化研发如何规避东道国壁垒以获取逆向技术溢出等问题进行了再审视与验证（Liu J，Lu K，等，2018）。其中，多数分析都是在 Coe 和 Helpman 的国际 R&D 溢出模型的基础上进行的（Coe D T，Helpman E，1995）。虽然这些研究理论基础相同，但结果却差异很大（陈强，刘海峰，等，2016；李洪亚，宫汝凯，2016），究其原因，在于各种调节因素的存在，例如母国在国际贸易网络中是否具有枢纽地位（霍忻，2017；尹建华，周鑫悦，2014；许和连，孙天阳，等，2015）、东道国研发投入强度可能制约着企业通过逆向溢出获取技术的努力（杨武，杨大飞，等，2019）、母国内部人力资本和金融发展水平等因素可能构成逆向技术溢出效应门槛（McGregor N，Pöschl J，等，2017）等。其中，尤其是东道国知识产权保护问题上政策或非政策性因素很大程度上影响着国际化研发投资逆向技术溢出效应的形成与传递（叶红雨，韩东，等，2017；蔡冬青，周经，2012），从而引发了对知识产权作用的讨论。但无论是在知识产权作用于逆向技术溢出效应的方向（余长林，2011；张源媛，仇晋文，2013），还是这种作用的线性与非线性形态上（宋伟良，王焱梅，2016；沙文兵，2014），现在研究均未获得一致的结论，甚至还提出了相互对立的观点。这表明对于后发经济体企业而言，国际化研发的逆向技术溢出效应可能受到较复杂的情境约束或多因素交互影响，并不总能达到基础模型所预期的效果。

基于此，本章拟以不同东道国在知识产权保护中的策略目标、政策方式差异为切入点，讨论在面临不同合作目标的情境下，作为后发经济体的我国企业国际化研发是否或在多大程度上受到了东道国知识产权策略的制约，以此进一步讨论我国企业国际化研发投资逆向技术溢出效应的存在性问题，并为我国企业国际化研发策略制定中的东道国区位选择、政策壁垒规避等提供政策建议。

5.1 理论分析与研究架构

为进一步阐述东道国因素中的知识产权策略对我国企业研发"走出去"的创新效果影响的内在机制，本章将从国际化研发投资的逆向技术溢出的路径以及东道国知识产权保护在该路径上的影响机制进行理论分析与探讨，并建立本章的理论架构。

5.1.1 国际化研发投资的逆向技术溢出路径

在当前知识经济时代，知识技术的创新能力已成为企业甚至国家在国际层面获得竞争优势的关键（李柏洲，罗小芳，等，2014）。但是后发国家的企业其知识技术的创新必然会受到自身先进技术的缺少、知识资源的制约等因素的影响（Hong J，Zhou C，等，2019），只是倚靠企业自身的技术要素和研发能力，使得其在当前庞杂的创新环境和创新过程中没办法获得到优势地位，同时在国际环境中，由于国家间技术差距的存在，拥有先进技术知识的国家为了保持自身优势地位，对后发国家会进行技术封锁与各种投资限制（李勃昕，韩先锋，等，2019）。为了打破技术封锁和低端困境，因此需要后发国家企业采取其他的对外投资策略去获取国外的先进知识技术，比如在国外建立研发机构、与国外技术联盟合作、技术寻求型并购等对外研发投资活动等。研究发现在这些研发"走出去"的投资活动中存在着国际化研发投资的逆向技术溢出的路径——从外到内的逆向技术溢出虹吸过程（陈昊，吴雯，2016）。

逆向技术溢出的虹吸过程主要存在三个方面。一是在国外建立研发中心和生产基地。后发国家企业在拥有先进技术知识国家和地区进行投资建立技术研发中心和生产基地，通过聘用本地高级研发人员或拥有先进技术知识的工作者，以国外的知识资源来研发创新，以此来虹吸先进创新经验，并将研发成果引入国内的母公司吸收转化，从而逆向提升国内技术创新水平，获得创新效果（李勃昕，庞博，等，2019）。例如联想企业的全球三大研发中心，其在全球范围拥有2.6万个有效专利以及1万名左右的高级研发人员，其中美国3000多名、日本2000多名。作为我国企业研发"走出去"的先行者，联想企业国际化研发投资获得的创新效果十分显著。二是跨国技术联盟合作。当前，世界各国的企业很少拥有其所在领域的所有先进技术，全球垂直化分工也将技术开发与生产进一步细化，这也形成了企业之间跨国界的跨国创新联盟，后发企业通过加入跨国技术联盟，嵌入国际的创新价值链中，以合作创新带来创新绩效，并从中获取知识资源反馈自身企业（Falvey R，Teerasuwannajak K T，2016）。三是企业的技术寻求型并购。企业跨国并购是企业进行国际化十分有效的路径，其中技术寻求型并购更是企业获取国外先进技术知识最为直接的方式，企业能够直接从并购企业中获得技术发展需要的知识资源，提升企业原有技术水平，也能够在很大程度上节约获取国外技术的购买交易成本，减少自主技术研发时间和研发难度（申俊喜，陈甜，2017）。基于以上三种主要的虹吸过程，后发国家企业通过国际化研发投资在东道国与母国之间建立逆向技术溢出的路径。

5.1.2　东道国知识产权保护影响机制

主动"走出去"进行国际化研发投资，在国外建立研发机构、与国外技术联盟合作、技术寻求型并购等对外研发投资活动，将自身直接嵌入东道国的创新体系中，从而提高母国的技术创新水平。这种对外研发投资获取技术提升的方式是将被动变为主动，更为主动积极地去利用全球的知识资源。但是这种方式必然要直面投资目标国对于其知识资源的保护，即需要面对东道国在知识资源上的壁垒（李平，丁宁，2018）——知识产权的保护。东道国知识产权保护对于逆向技术溢出虹吸路径的影响包含两个阶段，一方面是在国外技术创新效果获取阶段，另一方面是创新成果回流阶段。

在国外技术创新效果获取阶段，知识产权保护壁垒的存在，一方面限制了高技术研发人员的流动，拥有先进技术的人员无法通过国外研发中心以及国际联盟合作实现技术转移。另一方面是限制技术寻求型并购的股份份额以及技术产品的出售，保护其核心技术以防止外流。这些限制会导致创新效果的下降。但从另一角度考虑，在知识产权保护程度较高的国家或地区，其所拥有的先进技术的水平也很高（宋伟良，王焱梅，2016）。在此地区进行研发投资，虽然有高的技术保护壁垒的存在，但所获得的创新效果会较其他地区更高（沙文兵，2014）。因此在这一级阶段，东道国知识产权保护程度对技术创新效果的获取具有双重维度的影响，且作用方向相反。而在创新成果回流阶段，对于进行国际化研发的跨国公司来说，加强东道国知识产权保护，能够有效保护跨国企业在国外进行技术研发的成果，同时高的知识产权保护也能够鼓励技术市场的公平交易，有利于进行国际化研发的跨国公司在国外的研发创新成果回流转化，从而提升母国企业技术创新水平，同时也能够增强进行国际化研发的跨国公司在国外的持续研发创新的积极性（吴超鹏，唐菂，2016）。在创新成果回流阶段，知识产权保护加强，能够正向促进企业国际化研发投资的逆向技术溢出虹吸过程。

东道国知识产权保护对于逆向技术溢出虹吸路径的影响包含两个阶段，具体如图5-1所示。

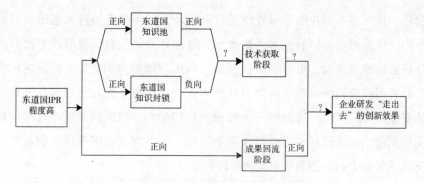

图 5-1　东道国知识产权保护对逆向技术溢出的影响

5.1.3　研究架构

结合上述关于国际化研发投资的逆向技术溢出路径与东道国知识产权保护影响机制的理论分析，本章构建了研究的基本架构，我国企业"走出去"获取创新效果的作用机理如图 5-2 所示，其中在这个过程中，东道国知识产权保护的影响作用还有待进一步证明。因此本章的研究将在两个方面进行：（1）国际化研发投资的逆向技术溢出效应的存在性，从东道国的知识产权保护程度视角利用国际数据的计量模型实证分析；（2）东道国的知识产权保护程度对国际化研发投资的逆向技术溢出效应的影响，从门槛效应的角度建立门槛回归模型进行显著性检验分析并得出具体门槛值。

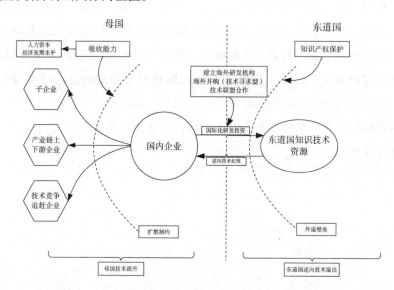

图 5-2　我国企业"走出去"实现母国技术进步的作用机理

5.2 模型设定与数据处理

5.2.1 模型设定

5.2.1.1 国际化研发投资的逆向技术溢出效应检验基础模型

Coe 和 Helpman 在 1995 年首次提出了国际 R&D 溢出的基本计量实证模型，简称 C-H 模型（Coe D T，Helpman E，1995），该模型也逐渐变成后续研究国际 R&D 溢出的基础，在后续研究中被一次次完善，现在已成为研究不同渠道的技术溢出的经典框架。基于 C-H 模型 Pottelsberghe 和 Lichtenberg 在 2001 年第一次将对外直接投资作为新的溢出渠道，引入 C-H 模型以验证对外直接投资逆向技术溢出效应的存在，他们的模型简称为 L-P 模型（Potterie B P，Lichtenberg F，2001）。

在这两个模型的基础上，本书本节将对不同国家进行国际化研发投资作为溢出渠道引入 C-H 模型，建立如下计量模型：

$$\ln TFP_t = \beta_1 \ln S_t^d + \beta_2 \ln S_{it}^f + \beta_3 X_t + \alpha_i + \sum_t year + \varepsilon_{it} \tag{1}$$

其中，i 代表国家，t 代表年份。TFP 代表我国的全要素生产率，S^d 代表国内 R&D 资本存量，S^f 代表通过国际化研发投资获得的国外研发存量，X_t 代表我国吸收能力指标，α_i 代表无法观测非时变的国家个体效应，$\sum_t year$ 代表无法观测的时间效应，β_1、β_2、β_3 分别代表国内 R&D 资本存量、国际化研发存量以及我国吸收能力对国内全要素生产率的影响系数。

5.2.1.2 东道国的知识产权保护下的逆向技术溢出效应模型

在(1)式基准模型的基础上，将东道国的知识产权保护程度作为解释变量进行计量回归，以检验在东道国的知识产权保护程度影响下我国国际化研发投资的逆向技术溢出效应存在性问题。

$$\ln TFP_t = \beta_1 \ln S_t^d + \beta_2 \ln S_{it}^f + \beta_3 X_t + \beta_4 IPR_{it} + \alpha_i + \sum_t year + \varepsilon_{it} \tag{2}$$

$$\ln TFP_t = \beta_1 \ln S_t^d + \beta_2 \ln S_{it}^f + \beta_3 X_t + \beta_4 IPR_{it} * \ln S_{it}^f + \alpha_i + \sum_t year + \varepsilon_{it} \tag{3}$$

(2)(3)式中的 IPR_{it} 代表了东道国的知识产权保护程度。其中(2)式是考虑东道国的知识产权保护程度影响的逆向技术溢出效应检验。(3)式是考虑东道国的知识产权保护程度与对东道国国际研发资本存量交互影响的逆向技术溢出效应检验。

5.2.1.3 东道国的知识产权保护对逆向技术溢出的门槛效应模型

为了继续深入研究国际化研发投资的逆向技术溢出效应，在 Hansen 的门槛模型的基础上，本章将门槛变量(本章门槛变量为东道国的知识产权保护度指标变量)加入基本的回归模型中，实证检验自变量的系数是否会在门槛变量达到某个阈值(称为门槛值)时发生变化来验证模型是否存在"门槛效应"，以检验东道国的知识产权保护对逆向技术溢出效应的非线性关系，建立模型如下。

单门槛模型：

$$\ln TFP_t = \beta_1 \ln S_t^d + \beta_2 \ln S_{it}^f \times I(q_{it} \leq r) + \beta_3 \ln S_{it}^f \times I(q_{it} > r) + \alpha_i + \sum_t year + \varepsilon_{it}$$

$$(4)$$

双门槛模型：

$$\ln TFP_t = \beta_1 \ln S_t^d + \beta_2 \ln S_{it}^f \times I(q_{it} \leq r_1) + \beta_3 \ln S_{it}^f \times I(r_1 < q_{it} \leq r_2)$$
$$+ \beta_4 \ln S_{it}^f \times I(q_{it} > r_2) + \alpha_i + \sum_t year + \varepsilon_{it} \qquad (5)$$

三门槛模型：

$$\ln TFP_t = \beta_1 \ln S_t^d + \beta_2 \ln S_{it}^f \times I(q_{it} \leq r_1) + \beta_3 \ln S_{it}^f \times I(r_1 < q_{it} \leq r_2)$$
$$+ \beta_4 \ln S_{it}^f \times I(r_2 < q_{it} < r_3) + \beta_5 \ln S_{it}^f \times I(q_{it} \geq r_3) + \alpha_i + \sum_t year + \varepsilon_{it} \qquad (6)$$

其中，i 代表国家，t 代表年份，$lnTFP_t$ 是被解释变量，$ln\ s_t^d$、$\ln S_{it}^f$ 是解释变量，q 为门槛变量，$I(\cdot)$ 为指标函数。

本章对模型(1)(2)(3)(4)(5)(6)进行分析时，采取了对变量 TFP、s_t^d、S_{it}^f 取对数的方式以减少模型中异方差的影响。

5.2.2 指标衡量、数据来源

5.2.2.1 指标衡量

(1)国内研发资本存量 (S_t^d)

资本存量是与流量相对应的，它是指某一时点上资本存在状态，即资本总量，而从我国所对外公布出来的信息上来看，只有历年研发资金的流量，对于支出存量并没有信息显示，因此就需要我们采用永续盘存法来对存量进行估算，这也是目前存在研究中比较常见的方法，其计算公式如下：

$$S_t^d = (1 - \delta) S_{t-1}^d + RD_t \tag{7}$$

其中，S_t^d 为 t 年国内 R&D 存量，δ 为 R&D 资本的折旧率，本章采用 Coe 和 Helpman 在 1995 年建立 C-H 模型时所使用的 5%。RD_t 为折算为 2008 年（ = 100）不变价格的历年实际研发支出。在计算基年（2008）R&D 存量时，为了减少误差，本章将其追溯到我国 1998 年的 R&D 存量进行计算：

$$S_{1998}^d = RD_{1998} / (g + \delta) \tag{8}$$

其中，g 为我国 1998—2018 年 R&D 支出的平均增长率，δ 取 5%。其余年份的 R&D 存量同样采用永续盘存法计算，得到 2008—2018 年的国内 R&D 资本存量。

（2）国际化研发存量（S_t^f）

借鉴 Pottelsberghe 和 Lichtenberg 在 L-P 模型中计算国际化研发存量（Potterie B P，Lichtenberg F，2001）的方法：

$$S_t^f = \sum \frac{IDI_{jt}}{Y_{jt}} S_{jt} \tag{9}$$

其中，IDI_{jt} 是 t 时期我国对国际化研发投资目标国 j 的国际化投资存量，Y_{jt} 是 t 时期国家 j 的 GDP 总量。S_{jt} 是 t 时期国际化研发投资目标国家 j 的 R&D 存量，构建本章不同东道国的国际化研发存量计算公式：

$$S_{it}^f = \frac{IDI_{it}}{GDP_{it}} S_{it} \tag{10}$$

其中 IDI_{it} 数据来源于《中国统计年鉴》《中国科技统计年鉴》《对外直接投资公报》等，各国 GDP 数据来源于 World Bank（世界银行）统计数据库，S_{it} 数据来自《UISUNESCO Institute for Statistics UIS 联合国教科文组织统计研究所》。

（3）吸收能力（X_t）

吸收能力通常由人力资本水平和经济发展水平两个方面来表达。对于人力资本水平，一种普遍的观点是国家的人力资本拥有的越多，其对于知识技术的创造、创新、吸收、转化的能力也会越出众，从而在国家吸收能力指标选择上，人力资本是必不可少的。由此借用其他研究者的方法，使用平均受教育年限法来计算一个地区或国家的人力资本水平，公式如下：

$$H_t = 6 \times H_t^a + 9 \times H_t^b + 12 \times H_t^c + 15 \times H_t^d + 16 \times H_t^e + 20 \times H_t^f \qquad (11)$$

其中 H_t^a、H_t^b、H_t^c、H_t^d、H_t^e、H_t^f 分别表示 t 年国内就业人员中各个受教育层面的人数占比，依次为从小学到研究生以上 6 个学历层级，而前面系数则是每个受教育层次所需要的受教育年限，根据实际情况设为 6 年到 20 年不等，最后按照相应权重求和即可算出 t 年国内的人力资本水平 H_t。数据收集于国家人力资源局公布的劳动统计年鉴。

对于经济发展水平 FIN，这一指标通常情况用以表达一国经济发展的规模、速度等，也反映了国家的经济发展状态和潜力。一个国家技术创新、人才流动、知识技术流动的情况都与该国家经济发展水平相关，在经济发展水平 FIN_t 比较高的水平下，该国家的人才流动与知识技术流动都显示出活力，从而提高了知识技术的创新、吸收与转化。经济发展水平也因此成为研究者们肯定的吸收能力指标之一。本章用国内历年人均 GDP 衡量我国的经济发展水平。相关数据来自历年统计年鉴。

(4) 全要素生产率(TFP)

在古典经济学理论中，以诺贝尔经济学奖得主罗伯特·M. 索洛为首的经济学家在早年分析经济增长时，将全要素生产率的提升认定为技术进步率，理论认为全要素生产率可以用来核算非有形生产要素的技术进步的增长。结合当今全球知识流动的情况，全要素生产率的理论也得到发展，但同样认为国家全要素生产率的增长是由于国内的技术进步，但导致技术进步的渠道在现今有了很多不同。比如在国内可以通过增加研发投入和人力资本投入来提升技术水平，还可以通过对外研发投资、外商对内投资、进口贸易等方式来获取国际的知识技术溢出，从而提高母国技术水平。在目前已有的研究中，对于全要素生产率 (TFP) 的具体计算，一般采用柯布道格拉斯生产函数 $Y = A K^\alpha L^\beta$，其中 A 代表一国的技术水平，即 TFP，K 代表国内资本投入量，L 代表劳动力投入量 INC，而 α 和 β 则分别是对应的资本和劳动的产出弹性。于是得到 TFP 计算公式如下：

$$TFP = A = \frac{Y}{K^\alpha L^\beta} \qquad (12)$$

本章结合中国目前的国情将 α 和 β 分别设为 0.6 和 0.4，产出变量 Y 以历年产出折算为 2008 年不变价格的实际 GDP 表示，劳动力投入 L 本章采用各年末就业人员数表示，资本存量 K 以 2008 年为基年，通过永续盘存法逐年计算资本存量，基本公式为：

$$K_t = E_t + (1 - \varepsilon) K_{t-1} \tag{13}$$

其中 K_t 为 t 年的资本存量，E_t 为 t 年的资本形成额，ε 为资本折旧率，具体数值借鉴其他学者在研究时采用的 9.6%。同样，在计算基年资本存量时，为了减少误差，本章追溯到我国 1998 年的资本存量进行计算。

$$K_{1998} = W_{1998} / (\varepsilon + \rho) \tag{14}$$

其中 W_{1998} 为 1998 年固定资产总额，ρ 为 1998—2018 年的固定资产平均增长率，ε 为资本折旧率 9.6%。

（5）知识产权保护指数（IPR）

在已有研究和国际认知中，一般使用每过 5 年计算一次的 G-P 指数，视为一个国家知识产权保护程度的衡量标准。但是从两个方面考虑到 G-P 指数并不适用本节的研究，一方面是因为 G-P 指数每 5 年测算一次，数据历年完整度不高；另一方面是因为 G-P 指数在测算过程中主要关注该国的知识产权保护的立法水平，而并不重视该国所公布的知识产权法律的实际执行程度。故本章在研究中选择使用 WEF 每年公布的《全球竞争力报告》中的各国 IPR 指数来衡量各国历年的知识产权保护程度。在《全球竞争力报告》中 IPR 指数的获取是由 WEF 通过向每一个目标国企业的高管发放调查问卷测算得来的，它在侧面上很客观地表现了该国知识产权保护制度对企业经营、经济发展等各方面的影响力，很好地衡量了一个国家的知识产权的实际保护力度。

5.2.2.2　数据来源

本节的主要分析数据来源于《世界银行数据库》《中国统计年鉴》《全球竞争力报告》《UISUNESCO Institute for Statistics UIS 联合国教科文组织统计研究所》《对外直接投资统计公报》等公布的信息。由于我国国际化研发投资统计始于 2003 年，而本节的样本期确定为 2008—2019 年，是因为在数据采集过程中，发现在 2008 年以前 WEF 发布的《全球竞争力报告》中的数据无法获取而导致出现缺失，故本节研究的样本期从 2008 年开始。而样本国家和地区的选择则是依据我国对外投资、进出口等对外活动，因此选择了 OECD（经济合作与发展组织 36 个市场经济国家组成）国家以及俄罗斯、新加坡、中国香港、哈萨克斯坦、马来西亚、印度尼西亚、老挝、泰国、越南、柬埔寨、巴基斯坦、印度共 48 个国家和地区作为研究目标国家和地区，其中这 36 个 OECD 国家和地区总共占据了我国 FDI、OFDI 的绝大部分比例，另外几个非 OECD 的国家也是历年我国对外直接投资占比前 20 的国家与地区。在数据初步收集与整理中发现，冰岛、柬埔寨、老挝三个国家的数据在联合国教科文组织数据库 UIS 以及世界银行数据库中缺失较多，因而剔除。最后样本为除冰岛在内的 35 个 OECD 国家和地区以及俄罗斯、新加坡等 10 个非 OECD 国家与地区。

5.3 实证结果分析

5.3.1 描述性统计、相关系数矩阵

本节通过 Stata14.0 软件对变量（取对数后）进行描述性统计分析与相关性分析，分析结果如表 5-1、表 5-2 所列。东道国平均知识产权保护程度为 1.537，母国全要素生产率的均值为 1.117。对东道国国际化研发投入方差为 3.2，表明样本东道国国际化研发投入离散程度较好。表 5-2 是所有研究变量之间的 Pearson 相关系数，从表中可以看到各解释变量的相关系数都较小，均小于 0.8，所以模型不存在严重的多重共线性问题。东道国知识产权保护程度、国内研发存量、国际研发存量、人力资源、经济发展水平与因被解释变量之间的相关性都较大，表明了自变量与因变量之间具有较高的依存关系。

表 5-1 描述性统计分析

	lnIPR	lnTFP	lnSD	lnH	lnFIN	lnSF
Mean	1.5373	1.1171	10.8146	6.8464	10.6282	3.6984
Median	1.5686	1.0852	10.8788	6.8804	10.6847	3.8396
Maximum	1.8871	1.3507	11.5306	6.9151	11.0767	11.6076
Minimum	0.9163	1.0225	9.9301	6.7339	10.0900	-5.6352
Std. Dev.	0.2359	0.0932	0.5070	0.0658	0.3104	3.2057
Skewness	-0.5039	1.4322	-0.2699	-0.6589	-0.3451	-0.2528
Kurtosis	2.2205	3.9969	1.8442	1.7311	1.9508	2.8242
Jarque-Bera	33.4779	189.7206	33.5634	69.0284	32.5291	5.9083
Probability	0.0000	0.0000	0.0000	0.0000	0.0000	0.0521

	lnIPR	lnTFP	lnSD	lnH	lnFIN	lnSF
Sum	760.98390	552.98610	5,353.24700	3,388.98000	5,260.97600	1,830.70600
SumSq. Dev.	27.50186	4.29475	126.98650	2.14139	47.58771	5,076.46100

表5-2 相关系数矩阵

	lnFIN	lnH	lnIPR	lnSD	lnSF	lnTFP
lnFIN	1.0000					
lnH	0.9587	1.0000				
lnIPR	0.1541	0.1310	1.0000			
lnSD	0.9970	0.9513	0.1605	1.0000		
lnSF	0.5434	0.5254	0.3806	0.5438	1.0000	
lnTFP	0.6945	0.5259	0.1767	0.6958	0.3486	1.0000

5.3.2 基准回归与交互效应回归

本节依次采用PooledOLS、FE和RE三种方法对(1)(10)(11)式分别进行回归分析，结果如表5-3的模型(1)(2)(3)列所示，其中模型(1)列是对基准模型的回归验证，没有加入东道国因素，模型(2)(3)列分别为加入东道国的知识产权保护程度、知识产权保护度与国际研发资本存量的交互项后的回归结果。

模型(1)(2)(3)在PooledOLS、FE和RE的回归方法下的组内拟合优度为0.9以上，说明模型整体拟合程度很好。从回归结果的系数与显著性上，可以从表5-3的估计结果中得出以下结论。

从回归结果中自变量的系数来看，首先lnSD的系数为负值，且都通过了显著性检验，表明了国内 $R\&D$ 资本存量 S_t^d 对母国技术进步产生的影响不显著或者为负向影响，究其原因可能有以下两个方面：一方面是由于我国目前劳动力技术能力水平较低，导致国内大中型企业这些年虽然加大了R&D支出，引进先进的技术，但无法有效地吸收和利用技术；另一方面是由于技术进步的滞后性存在，导致创新技术向创新成果的转化出现滞后，需要花费时间、人力来消化与吸收才能转化为生产力。归其原因是母国的吸收能力的不充足所导致的，这也可以在人力资本lnH的回归结果中可以看出，其回归系数为正，系数值较大，且都通过了显著性检验，吸收能力指标在很大程度上正向影响着母国的技术进步。

其次 lnSF 的系数为正值，说明国际化研发投资对我国技术进步有正向作用，说明国际化研发投资的确存在逆向技术溢出效应。FE 回归结果显示，lnSF 的系数为正，说明了国际化研发投资可以增加母国技术水平，同时这一影响在 1% 的验证水平上是显著的。在国际化研发投资具有显著的逆向技术溢出效应的情况下，前面分析 lnSD 的系数为负的原因也可能是因为企业对外进行 R&D 投资所产生的溢出研发资本对企业内进行 R&D 投资造成了"挤出效应"，企业的资本是有限的，对外进行投资肯定会减少对内的投资，从而导致国内企业研发资金不足，技术创新步伐滞后，从整体上不利于母国技术进步。

最后核心解释变量 lnIPR 的系数均为负，对母国技术进步的影响方向是一致为负的，其中在 FE 回归结果中 1% 检验水平上显著，同时在核心解释变量 lnIPR 与国际研发资本存量 lnSF 的交互项的回归结果上与前者是保持一致的，很好地体现了本节模型的稳健性，也说明东道国知识产权保护对我国国际化研发投资的逆向技术溢出效应有着负向影响。这一结果与我国的情况也是相符合的，我国经历多年的发展，经济总量也上升到世界第二，但是在这其中依靠自主知识产权带来的经济收益却十分匮乏，尤其是高科技产业中，企业的技术获取还是主要依靠模仿学习，企业自身的核心技术以及所拥有的知识技术产权较少。西方的发达国家掌握着全世界很大部分高技术领域的知识产权，其国家知识产权保护程度的加强会遏制我国对外投资的技术获取以及我国企业的模仿学习，届时想要获取这些国家的知识技术资源只有通过花费大额的专利费用或者花费更多的投资合作成本等，否则遭遇东道国知识产权侵权诉讼的可能性将大大提升，也会使得我国在对外投资过程中无法接触到较为核心的技术，这些都导致我国从东道国获取逆向技术溢出效应的减少，从而削弱了我国通过国际化研发投资获取东道国技术的能力。虽然我国的国际 R&D 投入历年都在增加，但是由于东道国知识产权政策的局限，不可能真正接近核心技术，研发效率和技术创新绩效低，高科技产业的技术竞争力不足，最终导致不足以提高本国的技术创新水平。另外，从东道国的角度来考虑，国家在制定知识产权保护制度的时候要考虑其经济发展过程中各种交织在一起的利益，然后才能权衡出一个适当的结果。知识产权的保护也会对东道国自身内部的技术流动与创新活动产生影响，

表5-3　回归分析结果

变量	Pooled OLS 模型(1)	模型(2)	模型(3)	FE 模型(1)	模型(2)	模型(3)	RE 模型(1)	模型(2)	模型(3)
lnSD	-0.839***	-0.840***	-0.841***	-0.870***	-0.865***	-0.883***	-0.840***	-0.841***	-0.841***
	(-24.05)	(-24.09)	(-24.06)	(-23.36)	(-23.48)	(-23.65)	(-23.23)	(-23.50)	(-23.40)
lnSF	0.0004	0.0006	0.0019	0.0055***	0.0050***	0.0179***	0.0004	0.0006	0.0020
	(-0.918)	(-1.343)	(-1.053)	(-3.463)	(-3.142)	(-3.582)	(-0.887)	(-1.31)	(-1.024)
lnH	1.304***	1.310***	1.308***	1.323***	1.367***	1.361***	1.304***	1.310***	1.308***
	(-44.42)	(-44.23)	(-44.05)	(-42.51)	(-41.24)	(-40.77)	(-42.9)	(-43.14)	(-42.83)
lnFIN	0.405***	0.401***	0.403***	0.402***	0.369***	0.389***	0.405***	0.401***	0.403***
	(-9.09)	(-9.00)	(-9.04)	(-8.72)	(-7.91)	(-8.44)	(-8.781)	(-8.78)	(-8.794)
lnIPR		-0.0065			-0.062***			-0.0065	
		(-1.332)			(-3.24)			(-1.30)	
lnIPR*lnSF			-0.0009			-0.007***			-0.0009
			(-0.874)			(-2.614)			(-0.85)
R^2	0.9374	0.9376	0.9375	0.9389	0.9403	0.9398	0.9374	0.9376	0.9375
Adj-R^2	0.9369	0.9370	0.9368	0.9324	0.9338	0.9332	0.9369	0.9370	0.9368
F	1,834***	1,469***	1,466***	142.84***	143.12***	141.90***	1,834***	1,470***	1,467***

注：***、**、*分别代表1%、5%和10%的检验水平

从而影响其自身经济的发展，所以，东道国在制定知识产权保护制度的时候就会有所取舍或侧重，这就导致可能存在比较明显的门槛效应问题，故使用一般的回归方法对本节研究的问题进行回归估计可能存在偏差。因此在后面研究中会将知识产权保护作为门槛变量来进行门槛模型分析验证。

结合上面的研究结论，整体而言，国际化研发投资是存在逆向技术溢出效应的，同时东道国知识产权保护能够影响这种溢出效应，而国内研发则没有起到促进技术进步的作用。人力资本、金融发展水平对母国技术进步有着显著正向的促进作用。

5.3.3　子样本的固定效应(FE)检验

自 20 世纪 90 年代以来，在全球产业转移的影响下，世界各国间形成以垂直型分工和产品内分工为基础的全球价值链 GVC，在这一价值链中，美国处于首端创新和末端市场环节获取高附加值创新收益，中国结合劳动力密集的比较优势，从事加工装配生产工序处于低附加值收益端，中美两国也因此形成互补型贸易模式，贸易模式的非竞争性使中美贸易摩擦远没有贸易逆差显示的那么激烈，创新环节垄断的高收益也使美国明确指出：科技创新是当前美国最重要的国家财富，美国需要维护其在技术创新上的领先优势和领导力（韩秀成，王淇，2019）。中国在参与全球分工协作的过程中遭遇跨国公司的打压或技术封锁进而陷入"低端锁定"的困境（沈春苗，郑江淮，2019），为此 2015 年中国提出的《中国制造 2025》，它是中国第一个以制造强国为目标的行动纲领，其首要目的是提高中国的自主创新能力。在该计划推动下中国的低端制造业正向周边的越南、柬埔寨等劳动力成本更低的国家转移，中国也在逐步通过产业结构升级和扩大高技术出口塑造自身在高端制造业上的技术竞争优势和创新引领能力，提升在全球价值链中的参与度、实际地位和获益水平。正是由于美国认为该计划可能使中国与其形成直接竞争，对其技术创新环节的核心获益造成负面影响，因而对其提到的所有高技术产业进行目标性制裁以让中国失去全球最大、最有购买力的美国高技术市场，遏制中国在全球价值链中地位的攀升，让中国的创新技术和科技成果难以更快转化为现实生产力，延缓中国高技术创新速度，使美国在下一轮高技术市场竞争中继续保持相对优势（冯晓青，2019）。美国作为我国国际化研发投资的主要目标国，其对我国的技术封锁以及贸易制裁，使得我们不得不考虑在对外国际化研发投资过程中，美国的存在是不是会影响国际化研发投资的逆向技术的溢出效应，从而在后续对外投资政策建议上会有所不同，因此本节采用子样本回归的方法，将美国剔除出样本进行 FE 检验。

从下面表 5-4 的回归估计结果中我们可以得出以下结论。

第一，从回归系数正负上来看，子样本的结果与大样本保持一致，可见剔除美国后，国际化研发投资依旧存在逆向技术溢出效应且同样受到东道国知识产权保护的影响，也从一定程度上表现出模型回归结果的稳健性。

表 5-4　子样本的固定效应（FE）检验

变量	FE		
	模型（1）	模型（2）	模型（3）
lnSD	−0.869 ***	−0.866 **	−0.883 ***
	（−23.11）	（−23.24）	（−23.39）
lnSF	0.0056 ***	0.00497 ***	0.0177 ***
	（−3.45）	（−3.142）	（−3.5）
lnH	1.328 ***	1.366 ***	1.36 ***
	（42.07）	（−41.24）	（−40.36）
lnFIN	0.402 ***	0.371 ***	0.390 ***
	（8.61）	（−7.87）	（−8.38）
lnIPR		−0.0603 ***	
		（−3.14）	
lnIPR * lnSF			−0.0069 ***
			（−2.54）
R2	0.9390	0.9403	0.9398
Adj-R2	0.9324	0.9337	0.9332
F	142.68 ***	142.74 ***	141.58 ***

注：＊＊＊、＊＊、＊分别代表 1%、5% 和 10% 的检验水平

第二，从系数值上来看，在模型（2）lnSF 的系数值较大样本出现了增加，但增幅不大，表明在剔除美国后我国国际化研发投资所带来的母国技术提升增加，但由于美国作为世界高技术领域的主要拥有国，也是我国最主要的投资目标国，所占比重很高，所以就算剔除美国，影响也并不明显。在模型（3）中也可以看到

lnSF 与 lnIPR 的交互项系数值减少，但增幅不大，同样也说明了在减少美国后的子样本中知识产权保护对于逆向技术溢出的负向影响有所下降。

5.3.4 门槛回归

本节利用 Stata14.0 软件，通过编程以及门槛命令对本章研究的变量数据进行门槛模型估计分析，表 5-5 展示了在单一门槛、双重门槛、三重门槛下的门槛估计值以及 95% 置信区间，表 5-6 展示了门槛效果 bootstrap 检验结果，表 5-7 展示了以 lnTFP 为因变量、lnIPR 为门槛变量的回归分析结果。具体结果如下。

（1）门槛值与 95% 置信区间

表 5-5　门槛效应估计（level = 95）

model	Threshold	95%置信区间	
		Lower	Upper
Th-1	1. 7228	1. 6571	1. 7405
Th-21	1. 7228	1. 6571	1. 7405
Th-22	1. 0296	0. 9933	1. 0647
Th-3	1. 3863	1. 361	1. 411

（2）门槛效果 bootstrap 检验

在得到门槛值之后，还需要验证门槛的数量，因此需要对不同的门槛假设进行 bootstrap 检验，得到各个门槛假设的效果，具体的 bootstrap 检验结果详见表 5-6。门槛效果一般是对在检验结果的 F 值和 P 值进行判定，在检验结果中可以看出，东道国知识产权这一门槛变量在 1% 的检验水平上，单一门槛假设是显著的，其他的门槛假设在 1%、5% 和 10% 的三种检验水平上都没有通过显著性检验，因此在本节的研究中选择单一门槛假设。可见东道国知识产权保护门槛变量对我国国际化研发投资逆向技术溢出具有单一门槛的影响作用，具体门槛值为 lnIPR = 1. 7228（IPR = 5. 6002）。

表 5-6　门槛效应（bootstrap = 1000）

Threshold	RSS	MSE	Fstat	Prob	Crit10	Crit5	Crit1
Single	0.2573	0.0005	9.53 ***	0.046	10.0267	10.7258	13.2184
Double	0.2558	0.0005	2.84	0.7133	23.1587	25.2843	27.1165
Triple	0.2544	0.0005	2.66	1	13.0827	14.9312	20.0363

注：＊＊＊、＊＊、＊分别代表1%、5%和10%的检验水平

（3）门槛变量的回归分析

在门槛效果bootstrap检验完成以后，确定为单一门槛模型后，以lnTFP为因变量，lnIPR为门槛变量进行回归分析。在表5-7中可以看到，我国国际化研发投资促进我国技术水平的提升，并受到投资东道国知识产权保护门槛的制约，存在东道国知识产权保护的单一门槛效应。当国家的知识产权保护水平低于门槛值5.6002时，lnSF的系数为0.0111325，且在1%的检验水平通过显著性检验，表明我国国际化研发投资在lnIPR<1.7228（IPR<5.6002）存在较为显著的逆向技术溢出效应；在东道国的知识产权保护水平不断增加并大于门槛值5.6002时，lnSF的系数为0.0074217，且在1%的检验水平通过显著性检验，但相比于前者要减小很多，表明了我国国际化研发投资虽然仍有着逆向技术溢出效应，但这种效应变小了。这也表明了随着东道国知识产权保护水平增加，并超过门槛值之后，我国国际化研发投资促进我国技术水平提升的效果就减小了。

上述结果与实际也是相符合的，一个国家对于其知识产权的保护水平侧面体现了东道国的知识产权拥有的程度，在分析知识产权保护指数（IPR）数据的时候也同样发现，越是发达国家、全球价值链GVC高端国家、高技术产业发达国家，其知识产权保护水平也越高。因此在东道国知识产权保护水平小于门槛值的情况下，在目标国进行投资，其知识产权保护水平越高，通过对其投资获取技术外溢的可能性也会增加，在这种情况下，随着选择投资的目标国的知识产权保护水平越高，我国国际化研发投资促进我国技术水平提升的效果就随之增加；当东道国知识产权保护水平大于门槛值的情况下，东道国对于技术封锁意愿已经达到了很高的水平，在这种情况下再进行投资，所带来的回报效果就会慢慢减弱。

表 5-7 以 lntfp 为因变量、lnipr 为门槛变量的回归分析

	Coef.	Std. Err.	t	P>∣t∣	［95%Conf. Interval］
lnh	1. 3493***	0. 0327	41. 29	0	［1. 2850　1. 4135］
lnfin	0. 3840***	0. 0462	8. 31	0	［0. 2932　0. 4748］
lnsd	−0. 8715***	0. 0373	−23. 33	0	［−0. 9449　−0. 79807］
cat#c . lnSF					
0	0. 0111***	0. 0031	3. 59	0	［0. 0050　0. 0172］
1	0. 0074***	0. 0020	3. 72	0	［0. 0035　0. 0113］
2	0. 0068***	0. 0017	4. 05	0	［0. 0035　0. 0101］
3	0. 0051***	0. 0016	3. 25	0. 001	［0. 0020　0. 0082］
cons	−3. 2535***	0. 2017	−16. 13	0	［−3. 6499　−2. 8570］
sigma_ u	0. 0158				
sigma_ e	0. 0241				
Rho	0. 3013(fractionofvarianceduetou_ i)				

注：＊＊＊、＊＊、＊分别代表 1%、5% 和 10% 的检验水平

5.4 结论与启示

5.4.1 主要结论

本章在国际研发溢出理论的基础上，运用 2008—2018 年 45 个国家的数据，从东道国知识产权保护的角度，实证了我国国际化研发投资的逆向技术溢出效应的存在，并进一步检验了东道国知识产权保护程度对我国国际化研发投资的逆向技术溢出效应的影响作用，最后通过门槛模型对这种影响作用进行了检验并测算门槛水平。研究结果显示，我国国际化研发投资有助于提高母国的技术水平，即该投资存在逆向技术溢出效应，而且东道国知识产权保护水平对于这种溢出效应产生了非线性的影响作用，这种作用有着明显的单门槛效应。在实

证过程中，同时采用了子样本回归，将美国剔除后的样本进行分析，结果同样表明，我国国际化研发投资对我国的技术进步有促进作用，美国对于回归结果的改变是存在的，但并不显著，这也说明在美国对我国进行技术封锁、贸易制裁等行动的时候，选择继续进行国际化研发投资获取技术进步的效果并不会受到美国行为太大的影响。

5.4.2　管理启示

基于上述研究结论，我们可以提出如下启示建议。

第一，应对我国国际化研发投资给予重视，积极引导它对我国知识技术水平的提升产生的作用，对进行国际化研发投资的企业进行适当地政策支持，努力为企业"走出去"创造良好的政策环境，加强对外研发投资的力度。习近平总书记说过现今全球正经受百年未有的大变局，我国要走向世界经济舞台中央，我国企业需要更广泛地了解世界环境，抓住机遇。面对当今变局，总书记提出来的中国方案是构建人类命运共同体，实现共赢共享。这也说明了在世界大环境下，我们更要积极加强对外的研发投资，通过对外投资尽可能多地将国外先进知识技术逆向溢出到母国，实现创新水平的提升，于此同时积极与世界各国形成互利共赢的合作局面。例如"一带一路"建设，中国企业"走出去"在获得母国技术提升的同时也是在努力推进人类命运共同体的构建。

第二，面对东道国知识产权保护，我们要更加积极地进行投资合作，应根据投资目标国知识产权保护程度的不同，使用差异化策略来进行投资选择，努力增加我国国际化研发投资的质量和效益。这就要求我们要一方面选择投资环境好、知识产权保护水平较低的国家加大投资力度，例如波兰、捷克等一些地处中东欧的国家，他们拥有比较好的投资环境，高技术人员也充足，但是我国对这些国家的研发投资比例不高，需要进一步加强。另一方面，针对知识产权保护水平较高但拥有较多先进技术的国家，例如西方发达国家，我们也不能减少当前的投资份额，还可以继续提高，虽然在实证结果中加强对知识产权的保护不利于提高母国技术创新水平，但是从不同的角度出发，知识产权保护的加强带给中国压力，同时也使中国更有机会去接触东道国的"核心技术"，投资回报效率下降换来的是投资质量的提升。

第三，在将眼光放向国际的同时我们也要回归国内，逆向技术溢出的效果在很大程度上受到母国的吸收能力的制约，为此需要努力完善国内的创新体系，提高技术吸收和消化水平，完善的创新体系可以加快知识流动，形成有利于人才流动和技术创新的氛围，对提高技术消化和吸收效率起到积极作用。这就需要继续增加国内 R&D 经费和增强国内创新人才的教育培养，以求最大化的消化吸收国际化研发投资逆向溢出的技术。

第六章 我国企业国际化研发网络创新效果的内生约束：强度与多样化

6.1 问题的提出

传统观点认为，为了避免核心技术泄露，企业的研发活动都必须在母国进行。但是在过去的几十年，随着全球化趋势的加速和技术的不断更新换代，许多发达国家跨国公司为了适应新的环境和市场变化，开始以合作的方式构建协作研发的创新网络，更开始将研发转向国际化。在国际化初期，许多企业参与到全球化的竞争中，但大部分核心的研发机构仍在国内。但是随着全球环境的不断变化，技术变得更加复杂化和多样化，企业仅仅依赖在国内的研发不能保持自身的技术优势，因而企业会更加依赖于外部的资源和技术，在全球范围内进行研发投资。通过研发国际化，跨国公司可以使自身的技术优势得到充分利用（Nieto and Rodríguez，2011），并通过知识获取的地理分散性和技术的多元化和互补性来增强技术能力（Galan，2016），这将有助于公司提高在国际上的竞争力。美国企业最先进行海外研发活动，接着是欧洲企业和日本企业。这些跨国公司通过在国外设立研发中心、进行研发战略联盟以及并购海外技术型企业等方式获取全球技术和研发资源，开拓市场，获取更高的利润。目前，跨国公司海外研发机构数量增长十分迅速，据美国商务部的数据显示，美国在 1997 年已经在海外其他国家建立了 186 家研发机构，同时有 24 个国家的跨国公司在美国建立了 715 家研发中心。从全球来看，有资料显示全球国外研发子公司的支出在 1993 年至 2002 年增加了 370 亿美元，大约从 300 亿美元增加到了 670 亿美元。近年来，一些新兴经济体跨国公司，如中国和印度等国家的跨国企业，为了实现技术追赶和能力更新，实现战略过程中"惊险的一跃"（吴先明，2014），纷纷在国外开展研发活动，从而增加其获取国外先进技术和资源的机会，提高创新资源向母国公司转移的速度。因而，研发国际化不仅适合于发达国家，使其获得逆向技术和知识溢出，提升母国的技术和创新能力，同时研发国际化也逐渐成为研发资源相对缺乏的发展中国家获取知识溢出和创新资源的重要渠道。

对于企业的研发国际化行为，现有研究从海外研发活动的动机（Belderbos et al，2015）、在海外开展研发活动的能力基准（Rahko，2016）、研发国际化的地理分散性和模式（Sanna-Radaccio and Veugelers，2007），以及研发国际化的最终影响（Chen Chung Jen et al，2012；Lahiri，2010）等不同的视角进行了探讨，其中关于研发国际化的最终影响的研究吸引着较多研究者的关注，但较少有研究者从研发国际化强度和多样化两个方面对研发国际化进行研究，研发国际化强度是指企业在国外进行研发投资的数量，研发国际化多样化是指企业进行研发国际化的地理分散性，且在两个关键问题上并未取得一致的结论。一是研发国际化是否会如预期一样提升企业的创新能力和创新绩效水平？如果能，又是如何实现这样的预期目标的？二是在技术落差及知识流动的传统路线约束下，以新兴经济体为母国的企业能否通过研发国际化获取理想的技术溢出？一方面，虽然有研究证明在研发国际化与企业创新绩效之间存在某种关系，但究竟是正向关系还是负向关系，以及二者间关系强度仍没有一致的结论。研究表明，企业在海外进行研发投资有利于提升企业创新水平，并且能使创新资源通过海外研发机构传递给母公司（Li Jia Tao and Xie Zhen Zhen，2016；Grimes and Miozzo，2015），对维持企业在国际市场上的竞争优势至关重要（Buckley and Tian Xiao Wen，2017）。但是也有研究表明，相对于国内研发企业，有海外研发活动的跨国公司的创新绩效更差（陈衍泰，2017；Sofka，2006）。由于吸收能力不足，以及治理成本等因素，研发国际化对企业的创新绩效可能会产生负向作用（Lahiri，2010；Singh，2008）。另一方面，新兴经济体跨国公司进行研发国际化的动机在于充分利用国外先进知识和创新资源来提升创新能力，或者通过利用式学习对已有技术的用途进行拓展，从而提高创新绩效（Chen Chung Jen et al，2012），而发达国家跨国公司研发国际化主要是利用自身的技术优势开拓市场，对现有技术进行开发利用来提高创新绩效。此外，包括海外研发子公司类型（陈衍泰，2016）、跨国研发网络特征（Achcaoucaou et al，2014）、组织冗余（Chen Chung Jen et al，2012）、东道国制度环境（Sanna-Radaccio and Veugelers，2007）、母公司所拥有和掌握的技术资源多样性（Lahiri，2010）等因素对研发国际化行为的结果均可能带来实质性影响，因此，基于发达经济体企业研发国际化经验而获得的研究结论是否适合于新兴经济体企业仍不明确。进而，对于新兴经济体企业的研发国际化行为来说，其强度和多样化影响创新结果的具体过程以及在这一过程中受到的扰动都是值得进一步探讨的问题。

基于此，本章拟采用商务部境外投资企业名录中的上市公司数据，探讨我国企业的研发国际化行为与母公司创新绩效的关系。并重点讨论以下两个问题：一是研发国际化表现出来的不同形态（研发国际化强度和研发国际化多样化）是否对投资国自身的创新绩效产生显著的影响？二是内生于企业的吸收能力要素，如研发能力、国际化经验将如何影响企业研发国际化强度、多样化与创新绩效的关系。以期为后发追赶下的我国企业研发国际化策略的制定与实施提供一些参考，促进企业的战略转型及创新追赶。

6.2　文献回顾

6.2.1　跨国公司研发国际化动机与创新结果

（1）跨国公司研发国际化动机

随着跨国公司海外研发投资的快速发展，跨国公司海外研发投资动因成了西方研究者研究的热点之一。研究者们通过对国际直接投资的相关理论进行深化和拓展来解释跨国公司研发国际化的动因，且主要从宏观经济层面和企业微观层面两个视角展开，主要的理论有垄断优势理论、生命周期理论以及国际生产折中理论等。通过对跨国公司海外研发投资动机相关理论和实证研究的梳理发现，跨国公司海外研发投资动机大多集中在以下两个方面：支持海外生产，适应海外市场；获取海外的先进技术和知识。

在支持海外生产，适应市场方面，Von Zedtwitz 认为企业进行研发投资是为了占领当地市场（Von Zedtwitz，2002）。Robert Hegde 和 Hicks 通过研究美国跨国公司的研发国际化，认为海外市场规模是美国跨国公司进行海外研发投资的主要动机，且不同行业企业进行海外投资的动机也有所不同（Robert Hegde，Hicks，2008）。

但是，更多的研究得到的结论是获取海外的先进技术和知识，降低研发成本。20 世纪 90 年代后期，随着全球化竞争的加速和技术生命周期的缩短，企业不得不将创新活动向全球范围进行扩展，主要是为了跟踪获取全球先进技术。Cantwell 和 Piscitello 认为，跨国公司正在进行自身能力积累和实现技术获取的研发国际化（Cantwell，Piscitello，2002）。Meyer-Krahmer 和 Reger 研究发现，跨国公司研发动机在于学习先进的优秀技术（Meyer - Krahmer，Reger，1999）。Edward、Edler 等基于能力寻求和异质互补的观点，研究了北美、日本和西欧的跨国公司的研发投资动机，认为这些跨国公司进行海外研发投资的动机是寻求市场和技术，寻求市场即充分利用自身技术优势去开发市场，使技术本地化，寻求技术即有效利用国外的研发知识和技术，来提高企业的技术创新能力（Edward，2001；Edler，2002）。Serapio，Dalton 和 Yoshida 指出，"越来越多的跨国公司开始重视对外直接投资，研发全球化已经成为了其进行技术学习，探索外部先进技术的重要途径。"且不同国家跨国公司的研发全球化有不同的动机，新兴国家的跨国公司研发全球化的主要目的是学习利用国外先进技术，新兴经济体企业可以将研发活动扩张到海外市场以便获取先进的技术，从而提升企业的创新能力（Serapio，Dalton，Yoshida，2000）。在维持国际竞争力方面，Kogut 和 Zander 认为跨国公司进行研发国际化活动的目的是从海外获取知识和技术来保持跨国公司在国际上的竞争力，而这种竞争优势很难仅依靠企业内部的创新资源来维持（Kogut，Zander，1997）。Florida 和 Kenney 也认为跨国公司创新国际化的主要动力是充分利用世界各地的创新和研发资源，提升企业的国际竞争力（Florida，Kenney，1994）。

（2）跨国公司研发国际化的创新结果

随着跨国公司国际投资范围不断扩大，一些国外研究者开始对跨国公司研发国际化活动与本国创新系统的关系进行探索和分析。研究表明，跨国公司海外研发投资与母国创新系统的关系是不确定的。虽然研发国际化能使企业获得先进的技术知识和丰富的研发资源，但企业在研发国际化的过程中也会面临很大的管理、协调等成本，因而企业处在不同的研发国际化阶段，所获得的创新收益也有一定的差异，对创新绩效也有不同的影响（Chen Chung Jen et al，2012）。

部分研究显示跨国公司海外研发投资对母国创新系统有积极影响。跨国公司海外研发投资可以通过多种途径来影响母国创新系统。在设立海外研发机构方面，OECD 对一些国家的海外研发机构进行了研究，结果表明，跨国公司设立的海外 R&D 机构对母国的创新系统有显著的正向影响，主要体现在三个方面：一是获取外国先进的技术和知识，有利于本国的研发；二是降低母国企业的研发风险和成本，有利于母国企业竞争力的提升；三是提高母国创新系统的效率。例如 Nagesh Kumara 和 Aradhna Aggarwalb 的研究发现，跨国公司通过在印度设立研发机构，充分利用东道国的优势作为其研发平台，从而对企业创新起到一定的促进作用（Nagesh Kumara，Aradhna Aggarwalb，2005）。通过与国外企业进行研发合作、研发联盟以及合资等方式也能有效影响母国创新系统。Arvanitis 和 Bolli 通过对企业申请的专利数据进行分析，发现跨国公司通过与国外企业进行研发合作，能获取国外先进技术知识，并有效地加以利用，能使跨国公司获得更多的高质量的专利产出，且通过与国外企业的研发合作获得的专利产出比在国内进行研发的专利产出数量更多、质量更高（Arvanitis，Bolli，2013）。Neven 和 Siotis 发现一些日本公司通过与美国企业进行合资的方式，在美国市场学习并利用美国企业先进技术和核心知识，显著提升了母国企业的研发能力（Neven，Siotis，1996）。Loof 的研究也表明跨国企业进行海外研发联盟能获取一定的知识转移，从而提升企业创新能力（Loof，2009）。

然而，部分研究者得出的结论截然相反，即跨国公司研发国际化对母国创新系统没有正向影响，甚至还有负面影响。Jack Baranson 认为这种负面影响表现在以下几个方面：第一，跨国公司研发国际化可能会导致核心技术的泄露；第一，用于母国国内的研发资金被分流到了国外，不利于国内核心技术的研发；第三，给对手创造了技术创新的机会，不利于本国的持续创新；第四，流失部分研发人员和技术精英（Jack Baranson，1996）。Tallman 和 Li 也认为跨国公司设立的海外研发机构越多，需要的管理、沟通成本也将增多，因而不利于企业创新绩效的提升（Tallman，Li，1996）。Argyres 和 Silverman 对世界 500 强中的 71 家高新技术企业进行了分析，结果发现研发国际化对企业申请专利的价值有负向影响（Argyres，Silverman，2004）。Singh 研究了研发国际化活动对创新绩效的影响，发现研发活动的地理分散性没有对创新绩效产生正向影响（Singh，2008）。Willamson 和 Raman 通过研究 TCL 并购法国阿尔卡特以及上海汽车并购韩国双龙等跨国并购失败案例，表明中国企业进行逆向研发外包是否能促进企业创新绩效还需要进一步探讨（Willamson，Raman，2011），因为中国企业开展研发国际化活动还处于发展阶段，跨国企业缺乏国际化经验，在国外开展研发活动会受到一定的阻碍。少数的研究还表明跨国企业研发国际化对创新绩效的影响可能不是简单的正向或负向影响。Lahiri 以全球半导体芯片制造业企业为样本进行研究，结果表明研发国际化与企业创新绩效之间不是简单的线性关系，而是倒 U 形关系。随着企业研发国际化多样性不断增加，研发国际化边际效应递减，但仍能促进创新水平的提升；在到达最高点后，由于研发国际化成本的逐渐增多，使得成本超过企业进行研发国际化获得的收益，从而负向影响企业创新绩效的提升（Lahiri，2010）。Chen 等的研究结果也表明企业研发国际化与创新绩效的关系为非线性关系（Chen，等，2012）。

6.2.2　我国企业研发国际化动机与创新结果

（1）我国企业研发国际化动机

根据发达国家跨国公司研发国际化理论，研发国际化动因主要包括以下几个方面：吸收和利用国外的先进技术和知识，降低研发成本，支持海外生产以及东道国有力的政策支持的吸引。发达国家跨国公司海外研发投资理论不能完全运用到中国的跨国公司上，我国企业研发国际化动因与发达国家可能会有所差异。多数研究表明我国企业研发国际化的动机是跟踪国外先进技术，获取国外研发资源，提升企业创新绩效。冼国明和杨锐研究了发展中国家对外投资的发展阶段，认为中国企业对外投资的动机是获取国外先进技术知识和先进的管理模式（冼国明，杨锐，1998）。陈劲、景劲松和周笑晶通过我国企业研发国际化动因的研究发现，由于我国企业的主要市场在国内，因而企业进行研发国际化主要是跟踪探索国外尖端技术，获取创新资源，而不是在国外开拓市场（陈劲，景劲松，周笑晶，2003）。陈劲在 2003 年的研究发现，与国外企业或研究机构进行研发项目合作、从国外对我国的技术转移中学习是我国企业研发国际化的最重要的驱动因素；吸收国外研发成果的溢出也是一个重要的驱动因素（陈劲，2003）。杨震宁通过对进行研发国际化的典型中国企业的研究发现，中国企业进行研发国际化的主要动机是拓展市场，跟踪信息，获取技术以及整合资源，促进母国企业的技术创新水平的提升（杨震宁，2010）。陈劲、曾珍云认为中国企业缺乏发达国家的垄断优势，因而中国企业研发国际化主要动机是寻求创造性资产（陈劲，曾珍云，2011）。Di Minin，Zhang & Gammeltoft 认为中国企业在欧洲开展研发国际化活动的目的是利用全球的先进技术，且研发国际化主要动机会经历不同的发展过程（Di Minin，Zhang & Gammeltoft，2012）。此外，企业内部因素也会驱动企业进行研发国际化。王保林通过实证研究发现，我国企业在海外设立研发中心的主要激发因素是企业能力，而且主要的能力激发因素是技术合作和技术发明能力（王保林，2012）。

部分研究认为，我国企业研发国际化的动机会随着企业国际化进程的加深而不断变化。如 Chen、Zhao 和 Tong 认为中国企业研发国际化活动会经历初始阶段、发展阶段和成熟阶段。在研发国际化初期，企业主要搜集全球先进科技信息，把握全球技术的发展动态，学习吸收先进技术知识；当研发国际化达到一定规模，企业一方面继续学习并吸收先进技术知识，另一方面则对海外生产制造提供支持；当企业研发国际化活动趋于成熟时，企业主要充分利用国际化研发网络，实现创新资源的交流共享（Chen，Zhao，Tong，2011）。

（2）我国企业研发国际化创新结果

随着我国企业研发国际化进程的不断深化，研发国际化结果受到了越来越多研究者的重视，对此也做了相应的研究。多数研究者认为我国企业研发国际化能带来积极影响，主要表现在对国际竞争力、企业生产率、企业创新绩效的影响上。吴先明、苏志文认为企业通过跨国并购能够打破技术创新的壁垒，使企业实现战略转型，从而获得真正的国际竞争力（吴先明，苏志文，2014）。司月芳以华为公司为案例，研究了其开展研发国际化的方式和结果，结果表明，华为通过在全球范围内设立海外研发机构以及通过海外研发联盟等途径，从而获得前沿的技术知识，促进华为成为全球有影响力的领先企业（司月芳，2016）。在提升企业生产率方面，蒋冠宏、蒋殿春、蒋欣桐通过对我国工业企业的实证研究发现企业技术研发型对外直接投资企业生产率的提升有显著的促进作用（蒋冠宏，蒋殿春，蒋欣桐，2013）。

此外多数研究表明，研发国际化能有效促进我国企业创新能力的提高，企业研发国际化可能对企业不同类型创新产生影响。钟昌标等基于企业层面的数据进行实证分析，发现企业海外研发投资对企业渐进式创新和颠覆式创新都有一定的积极影响，其中高新技术企业进行研发国际化活动更能促进创新程度较高的颠覆式创新(钟昌标，等，2014)。李梅对深沪两市信息技术业上市公司进行研究，发现我国企业研发国际化能有效增强母公司的技术创新能力(李梅，2016)。王晓燕等以及李梅的研究也支持了我国企业研发国际化对创新的促进作用(王晓燕，等，2017；李梅，2016)。魏江等通过对高新技术行业上市公司的数据进行实证分析，发现企业在海外设立的研发机构数越多，企业获取的创新资源越丰富，因而企业的技术创新水平就越高。一方面，企业可以通过技术开发进行探索式学习，从而提升创新能力；另一方面，充分利用国外先进知识和技术信息，通过利用式学习使现有技术用途扩大，促进创新水平的提升(魏江，等，2013)。此外，企业与国外企业进行研发合作也能有效促进企业的创新绩效。高太山、柳卸林研究了74家中国企业的224个国际研发联盟，结果表明，企业进行研发国际合作对企业突破式创新有积极影响，因为研发合作能够有效增强企业能动性，并能降低不确定性，实现风险共担(高太山，柳卸林，2016)。刘洋等以问卷调查的形式对浙江省建立国际研发联盟的制造企业进行研究，得出的结果是在不对称国际研发联盟中，处于劣势的后发企业的知识适应比知识复制更有利于创新绩效的提升(刘洋，2016)。

然而我国企业在进行研发国际化活动时，由于要面临复杂的东道国的环境制度因素以及不断增加的协调、管理成本，因而企业的创新会受到抑制。徐晨和吕萍以北京地区信息产业和机械制造产业的259家企业为样本进行研究，结果表明企业进行研发国际化对不同类型的创新绩效都没有显著的正向影响(徐晨，吕萍，2013)。此外，吴剑峰等(2015)通过研究中国电子设备制造企业，实证结果发现企业进行海外研发合作的地理分散性对技术创新绩效的影响为倒U形(吴剑峰，等，2015)。

6.2.3 研发国际化创新结果形成过程中的扰动：吸收能力的约束

关于吸收能力内涵的研究较为丰富，简单地说，吸收能力就是获取知识并利用知识的能力。Cohen和Levinthal基于组织层面的观点认为吸收能力是一个企业或组织通过对外部新信息的获取、消化、转化为自身的知识并最终获取商业化价值的能力（Cohen，Levinthal，2006）。Zahra 和 Georage 进一步认为吸收能力是一个企业对外部的新技术或新知识进行接收获取、掌握消化、内部化并最终创造性地有效利用的能力，更直接地说，这种能力就是一系列的组织流程和惯例，其中对外部知识的接收获取及掌握消化的能力可以归结为潜在的吸收能力，而将外部知识内部化并有效利用的能力则为显现的吸收能力（Zahra，Georage，2002）；Lane 和 Koka 则认为吸收能力不仅是探索学习、转化学习及利用学习外部新知识或新技术的能力，还包括将吸收的外部知识与企业的内部知识相结合的能力，以最终实现商业化的目的（Lane，Koka，2006）。

在研发国际化影响企业创新绩效的过程中，不管是基于技术进步的视角还是技术创新的视角，吸收能力均发挥着非常关键的作用。鉴于现有的关于吸收能力对研发国际化的创新绩效的影响的研究较少，因而本节主要讨论研发国际化影响企业创新绩效过程中吸收能力的调节作用。

（1）研发投入

大部分学者认为研发投入能够有效地增强企业对外部知识吸收和消化的能力，从而对企业创新有促进作用。Cohen 和 Levinthal 分析了企业研发投入对技术进步的影响，并提出了"吸收能力"的概念。他们认为，企业的研发投入会对技术进步产生一定的影响，具体体现在：（1）增强了企业学习模仿的能力以及整合吸收外部技术和知识的能力；（2）促使企业研发成果的实现，进而推动企业技术进步（Cohen，Levinthal，1990）。Hsiu 和 Hsum 通过实证研究发现投资国对外直接投资的逆向技术溢出受到其研发投入的影响，企业研发投入越高，研发能力越强，在进行对外直接投资时能够跨越技术获取障碍获得前沿技术，再通过企业进一步整合吸收进而促进企业技术进步（Hsiu，Hsum，2001）。Keller 认为国内研发投入水平是影响技术扩散的决定性因素之一，研发投入不仅可以直接创造科技成果，而且还可以通过增强企业吸收能力从而间接提升企业的技术水平（Keller，2004）。李梅利用 C-H 模型实证分析了对外直接投资逆向技术溢出，发现逆向技术溢出受到吸收能力因素的影响，只有当研发强度等吸收能力达到一定门槛值时，才能产生积极的逆向技术溢出（李梅，2012）。鲁万波等从投资国全要素生产率和自主创新能力两方面分别检验了逆向技术溢出效应，并分析了国内研发吸收能力对逆向技术溢出效应的影响，发现我国已经达到了国内研发的吸收门槛，即国内研发对逆向技术溢出效应有促进作用（鲁万波，等，

2015）。尹冬冬、张建清采用 GMM 估计法分析了对外直接投资逆向技术溢出效应，并检验了表征吸收能力的影响因素对逆向技术溢出的影响。结果表明研发投入和人力资本等吸收能力能促进对外直接投资逆向技术溢出，但存在明显的地区差异（尹冬冬，张建清，2016）。

虽然大多数实证研究表明，一个国家和地区的研发投入水平越高，吸收能力就越强，技术创新能力也越强。但对于多数新兴经济体来说，研发投入往往不足，因而影响了对先进技术知识的整合吸收，从而阻碍技术水平的提升。如周春应研究了影响我国对外直接投资逆向技术溢出的吸收能力要素，结果表明，基础设施和研发人员等对我国获得逆向技术溢出效应有积极作用，但研发投入等吸收能力因素没有对我国对外直接投资逆向技术溢出效应产生积极影响（周春应，2009）。

（2）国际化经验

企业进行国际化投资积累的经验对企业的国际化战略和绩效有十分重要的作用（Hultman et al，2011）。跨国公司国际化经验有利于企业成功应对外来者劣势，使企业能有效地对新技术、知识进行获取，促进企业获得逆向技术溢出。国际化经验丰富的公司在开展海外研发活动中产生较低的协调和监督成本，因此更有可能适应新市场，并从开拓的新市场中获益（李梅，2016）。此外，拥有丰富国际化经验的跨国公司不仅拥有更多的获取国外技术知识和研发资源的机会，而且还能快速地对这些机会进行识别并有效利用（Elango and Pattnaik，2007），从而能够获得更好的学习效果，促进企业技术创新。李梅利用深沪两市信息技术业上市公司的数据，分析了国际化经验对企业研发国际化与创新关系的扰动作用，结果表明，国际化经验对研发国际化与创新绩效的关系起积极的扰动作用（李梅，2016）。还有的研究者将国际化经验进行了细分，分别检验其对逆向技术溢出效应的影响。林润辉等将企业在某一个海外市场进行持续深化投资的这种国际化方式给企业带来的经验定义为海外同质经验，而将企业在多个不同国家进行扩张投资这种国际化方式给企业带来的经验定义为海外异质经验，并实证检验了这两种经验对企业国际化与快速创新关系的调节效应，研究发现，企业同质经验正向影响企业国际化与快速创新的关系，因而企业积累同质经验将有助于企业创新能力的提升，而企业异质经验在企业国际化多样性水平较低时能促进企业创新，但当国际化多样性水平不断提高，企业异质性资源会抑制企业创新绩效的提升(林润辉,等,2015)。

6.2.4 本章的研究切入点

跨国公司研发国际化问题起步于 20 世纪 60 年代,至今仍是国内外研究者关注的热门研究领域。从目前国内外研究者的研究成果来看,跨国公司的研究主要分散在四个方向:研发国际化动机、区位选择、国际组织管理以及国际研发知识流动。且跨国公司研发国际化理论主要以发达国家跨国公司为研究对象,主要集中在美国、欧洲、瑞士、新加坡等国家和地区,对新兴经济体跨国公司的研发国际化活动的研究尚显不足。由于新兴经济体跨国公司进行研发国际化的动机在于充分利用国外先进知识和创新资源来提升创新能力,或者通过丰富现有技术的用途来促进创新绩效的提升,而发达国家跨国公司进行海外研发主要是利用自身的技术优势开拓国外市场,对现有技术进行开发利用。因此,基于发达经济体企业研发国际化经验获得的研究结论不一定适合于新兴经济体企业。

作为世界上最重要的新兴市场国家,中国企业外向直接投资受到越来越多研究者的关注,但对中国的研究多以东道国视角为主,分析中国企业如何通过吸收跨国公司技术溢出来提升自身的技术水平,以及如何应对跨国公司国际化投资给中国企业带来的挤出效应。近年来,随着中国对外直接投资的大幅增加,对外直接投资逆向技术溢出效应以及研发国际化逐渐成为研究热点。这些研究的重点是分析我国对外直接投资逆向技术溢出效应的存在性和发生机制,且主要运用国家层面的宏观数据来进行实证检验。然而通过分析现有的相关文献,发现研究者较少考虑研发国际化的创新效果,从微观层面分析研发国际化与企业技术创新的文献也比较缺乏,且较少有研究者从研发国际化强度和多样化两个方面对研发国际化进行研究,本章从研发国际化强度和多样化两个方面对研发国际化与创新绩效的关系进行研究更有意义。此外,一些研究者已经将技术差距、研发投入、人力资本等代理吸收能力纳入对外直接投资逆向技术溢出效应的研究框架中,然而鲜有研究者将研发国际化的创新效果和吸收能力联系起来。因此,分析我国企业研发国际化强度和多样化影响创新结果的具体过程,并将母国企业吸收能力纳入研发国际化影响企业创新绩效的框架中,分析其对研发国际化与企业创新绩效关系的调节效应,是本章研究的切入点。

6.3　研究假设

6.3.1　研发国际化强度与创新绩效

企业研发国际化是一个渐进的、逐步演化的过程，其创新绩效受到研发国际化创新收益和成本的动态影响，因而研发国际化强度与企业创新绩效的关系不是单一的线性关系。企业实施研发国际化战略初期，由于自身能力和经验不足，会受到海外研发情境的限制，且随着企业研发国际化强度增大，海外研发机构规模与结构均会发生演变，使企业的经营运行更为复杂（Gassmann and Zedtwitz，1999），与之相关的协调、沟通和控制问题也会随之增加。尤其是当企业研发处在充满诸多不确定性因素的环境中，企业在海外进行研发投资的强度越大，企业面临的外来者劣势压力也会增大（Racela et al，2016）。如果海外研发企业不能采取有效措施保护企业的创新成果，那么企业在国外进行高强度的研发活动可能会面临核心成果的外泄（Sanna-Radaccio and Veugelers，2007），因此强度因素可能会阻碍企业在研发国际化过程中对创新资源的获取（陈衍泰，2017）。然而，随着在研发国际化中的持续投入，以及管理跨国性研发机构经验的积累，我国企业可能跨越研发国际化中的学习壁垒或经验壁垒，获取更丰富和异质性的创新资源（Kafouros et al，2008），实现原有路径的突破（He and Wong，2004），使更高强度研发国际化与创新绩效产生正向关系（陈衍泰，2016），并通过克服创新资源获取东道国知识的内隐性和黏性（Penner-Hahn and Shaver，2010），不断强化这种关系。

因此，对于新兴经济体的跨国企业，研发国际化强度的增加并不总是为其带来正面影响，初始的研发国际化强度的增加拉高了新兴经济体跨国公司的成本，从而对它们的研发国际化造成一定的阻碍，导致这些新兴经济体企业在进行海外研发活动的过程中不能有效地对新技术、知识进行获取（Chen Chung Jen et al，2012），抑制了企业创新（Alkemade et al，2015）。只有当企业将研发国际化的强度逐渐加大达到某一临界值之后，才会使企业研发国际化带来的创新绩效逐渐增加，从而使研发国际化对企业的创新绩效产生积极影响。由此提出如下假设。

假设 1：我国企业研发国际化强度和创新绩效之间存在 U 形曲线的关系。

6.3.2　研发国际化多样化与创新绩效

研发国际化多样化表示研发国际化的地理分散性，即企业在海外开展研发活动的地理多样性，其对企业创新也有十分重要的影响。企业创新不仅依赖于企业内部的知识和资源，同时也需要从外部获取创新资源和技术知识。企业在不同的国家设立研发机构可以整合不同地区多样化的文化，获得包含多样化和互补性资产的资源基础，发现新颖的科技组合，有利于跨界多样化创新资源的获取整合，使企业获得更多的技术和知识溢出来提升企业的创新水平（Lahiri，2010）。中国企业作为新兴经济体后发企业，知识技术和创新水平总体上仍处于追赶状态，研发国际化的主要动机是广泛搜索各国的先进知识技术，通过在不同国家设立研发机构尽可能多地获得异质性创新资源，并通过与东道国相关机构的密集交流，促进隐性或者非编码化知识的转移或扩散（Hu et al，2015）。

然而，企业研发国际化在一开始并不能促进企业创新，因为随着企业的海外研发机构逐渐分散化，企业对研发机构的管理受到地理条件的限制，并导致协调成本和沟通成本的增加（Asakawa，2001），进而使企业在研发国际化过程中跟踪、获取国外先进技术和资源更加困难和复杂化，增加企业的创新成本。此外，从制度理论视角出发，研发地理活动较分散的企业，可能会因不同国家的制度不同而使企业不能有效保护自身知识产权，使企业在获取当地独特性信息时，将企业内部核心技术通过某种方式泄露出去，使企业的技术创新面临诸多不确定因素的风险（Sanna-Radaccio and Veugelers，2007）。企业必须投入更多的资金来协调监管其研发活动，使海外研发活动地理分散性带来的风险尽可能降低，从而避免海外创新成果和企业核心技术泄露给其他竞争对手。且企业在海外设立的研发机构较为分散可能会导致由一个规模较大的大型研究机构所带来的规模经济的缺失（Haakonsson and Ujjual，2015）。对新兴经济体企业来说，研发国际化多样化带来的这种不利因素更为显著，在研发国际化初期往往会受到后发劣势约束，企业会因为经验以及自身能力的不足而在研发国际化过程中面临过度负债的情况（Alkemade et al，2015）。因而，新兴经济体企业在不同国家开展海外研发活动，将会受到更多环境因素的限制，面临更高的成本压力，不利于对国外先进技术知识的吸收。但随着研发国际化地理分散性的增强，企业积累更多丰富的国际化经验，且企业获取国外异质性创新资源和先进技术知识也逐渐增多，企业获取的隐性或者非编码化的创新资源和知识资源使其获得更多的创新收益，最终促进企业创新。基于以上分析，提出如下假设。

假设 2：我国企业研发国际化多样化和创新绩效之间存在 U 形曲线的关系。

6.3.3 吸收能力的调节作用

企业的吸收能力对企业开展研发国际化活动有着非常重要的作用。新兴经济体跨国企业研发国际化获取的海外先进技术知识只有在充分整合吸收后才能被企业加以利用，进而使企业技术创新能力得到增强。本章主要探讨企业研发能力和国际化经验对研发国际化强度和多样化与创新绩效间关系的影响。

6.3.3.1 企业研发能力与创新绩效

研发国际化强度与企业创新绩效之间的关系会受到企业既有的研发能力的干扰。首先，企业的研发能力是企业的核心能力，对国际化绩效有显著的促进作用(Laurens and Lee，2015)，其中对进行研发国际化的跨国公司创新绩效的促进作用更为显著。企业研发能力较强时，企业往往有较强的知识整合能力，在研发国际化进程中获取的海外先进技术知识和异质性研发资源能被企业有效整合和吸收，从而被企业有效利用(Awate et al，2015)，提升其创新能力。因而，在企业研发国际化强度处于同等条件下，研发能力就越强，吸收国外先进技术知识的能力越强，企业创新产出越明显。其次，研发能力较强的企业往往能吸引更多的国际研发合作伙伴(李梅，2016)，使企业在国际化进程中能更进一步地与国际一流企业进行交流，实现研发联盟，设立更多的研发机构，实现知识交流共享，促进企业创新。最后，企业的研发能力越强，具有的研发经验就越丰富，且研发人员的技术能力和相应的其他能力就越强，在开展海外研发活动时能迅速搜集到相关有效信息，能获取更多先进的技术和创新资源，有利于提高企业创新效率(李梅，2016)。同时企业丰富的人力资源也能提高与国外研发合作伙伴的沟通合作效率，减少协调成本。反之，企业研发能力较弱时，一般不能充分吸收海外研发机构获取的新知识新技术，因而其创新能力提升较慢；且吸收能力较弱的企业难以维持与技术领先的国外企业的研发合作，阻碍企业的创新。

综上所述，较强的研发能力能使海外研发机构充分吸收国外先进技术；反之，研发能力较弱的企业在海外研发过程中的知识获取与吸收会受到限制。根据以上分析，提出以下假设。

假设3：企业研发能力正向调节研发国际化强度与创新绩效的关系。

企业研发国际化多样化与创新绩效的关系同样也受到研发能力的影响。企业研发能力较强时，企业在不同国家和地区获得的先进技术知识和异质性研发资源能被企业有效整合和吸收，从而被企业有效利用（Awate et al, 2015），因而在企业研发国际化多样化处于同等条件下，研发能力越强，企业整合吸收国外先进技术的能力越强，越能促进企业创新。其次，研发能力较强的企业能够吸引不同国家和地区的一流企业、研发机构和大学，并与其进行研发合作（李梅，2016），使企业有更加广泛的创新资源，激发出更多的技术创意。此外，研发能力较强的企业，其内部技术人员和研发人员的素质也相对较高，在面临研发国际化多样化时，能有效避免企业因研发机构分散化导致的核心技术的泄露，减小企业面临的风险。反之，企业研发能力较弱时，企业没有成熟的技术知识库来理解不同制度情境下的技术知识和创新资源，不能长期维护与国外技术领先企业的研发合作关系，还可能面临知识扩散的风险，不利于企业创新绩效的提升。

综上所述，较强的研发能力使企业更容易获得创新资源且能有效吸收先进技术知识；反之，研发能力较弱的企业在研发国际化分散化过程中的知识获取与吸收会受到限制。因此提出如下假设。

假设4：企业研发能力正向调节研发国际化多样化与创新绩效的关系。

6.3.3.2 国际化经验与创新绩效

国际化经验不仅是企业的动态能力，也是企业的稀缺资源，在推动企业国际化绩效提升方面发挥着不可替代的作用。企业拥有的国际化经验较丰富时，企业在海外设立研发子公司将产生较低的协调和监督成本，因此更有可能适应新市场，并从开拓的新市场中获益（Brouthers and Hennart, 2007）。其次，丰富的国际化经验使企业对研发国际化过程中一些关键流程和行动有非常深入的了解，而这些流程和行动是企业在海外设立研发子公司，开展研发活动需要实施的（Lavie and Miller, 2008），从而使企业能克服外来者劣势，有效地对新技术、知识进行获取。此外，丰富的国际化经验弥补了企业对国际市场环境认知的"空白",有利于降低跨国研发投资风险。因而,在企业研发国际化强度处于同等条件下,国际化经验越丰富,企业越有能力掌握关于当地需求,竞争情况,知识溢出及技术动态的信息(李自杰,2010),越善于洞察海外形势,识别和抓住国际市场上的机遇,开展海外研发活动,进而实现企业创新能力的增强(杨洋,2017);同时,企业吸收国外先进技术知识的能力也越强,企业创新产出越明显。反之,当企业的国际化经验缺乏时,企业在研发国际化过程中将会面临更高的管理、沟通成本,不能有效获取内嵌于东道国特定社会情境中的技术知识,且不能及时掌握有关前沿技术的有效信息,使企业创新效率降低。

综上所述,丰富的国际化经验使企业的海外研发适应能力更强,更容易获得创新资源;反之,国际化经验较缺乏的企业在一定强度的研发国际化过程中获取研发资源的效率更低,成本更高。因此提出如下假设。

假设5:国际化经验正向调节研发国际化强度与企业创新绩效之间的关系。

研发国际化多样化与创新绩效的关系也受到国际化经验的影响。首先,企业国际化经验较丰富时,企业面临的研发国际化活动地理分散化导致的巨大的管理、协调和控制压力就越小,即使企业在具有不同文化和政治制度的国家设立研发机构或进行研发项目,企业在研发国际化实践中积累的丰富的经验和知识使其更有能力解决国际化过程中面临的难题和挑战,降低海外研发带来的协调、沟通成本和企业进行跨境知识转移的成本,更有利于促进企业创新(Brouthers and Hennart,2007)。其次,丰富的国际化经验使企业对不同的东道国的独特的文化社会情境有一定了解,在对内嵌于东道国特定的文化社会情境中的先进技术知识的获取能做到游刃有余;同时,企业将更有能力面对海外研发地理分散化导致的外来者劣势的增加,使企业在这种外来者劣势压力下充分嵌入东道国的社会文化中,打破企业与东道国先进技术知识之间的一种隔离机制,有利于企业对知识溢出的学习和吸收,使得企业海外研发的效率提高。此外,国际化经验丰富的企业在面临研发国际化多样化导致的更多的环境不确定性时,能有效避免企业机密技术知识的扩散和泄露(张妍,2015),从而降低了研发风险。反之,当企业的国际化经验缺乏时,企业会因研发活动地理距离的扩大而导致更高的管理、沟通成本,使企业不能充分嵌入到东道国特定文化社会情境中,抑制了企业对技术知识的获取,且企业自身知识产权也可能面临被窃取的风险,阻碍了企业创新绩效的提升。

综上所述，丰富的国际化经验使企业更容易获取内嵌于不同东道国特定制度环境中的非编码知识资源并对其进行整合利用；反之，国际化经验较缺乏的企业在一定的研发国际化多样化过程中所面临的研发风险更大，技术知识获取更加困难，抑制了企业创新。因此提出如下假设。

假设 6：国际化经验可正向调节研发国际化多样化与企业创新绩效之间的关系。

6.3.4　概念模型

本章从理论出发，探讨了研发国际化对创新绩效的影响，并从研发国际化的两种不同形态——研发国际化强度和多样化分别分析了研发国际化与企业创新绩效的关系，并提出了理论假设：研发国际化强度和多样化与创新绩效之间呈现 U 形曲线关系。此外，在分析研发国际化与创新绩效间关系的基础上，加入了企业吸收能力因素，从企业研发能力和国际化经验两个方面分析吸收能力对研发国际化强度和多样化与创新绩效间关系的作用机理，并提出吸收能力调节效应的理论假设。本章提出的关系模型如图 6-1 所示。

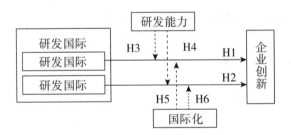

图 6-1　理论模型

6.4　研究设计

6.4.1　数据搜集和整理

本章的样本数据来源于商务部境外投资企业机构记录的企业名录，数据的更新日期为截至 2015 年年底。商务部境外投资企业名录包含了进行研发国际化的母公司名称、投资东道国、境外投资机构名称、海外机构设立的核准日期以及境外投资机构的经营范围(如技术开发、国际贸易、研发生产和商务服务等)。根据上述信息,我们筛选出我国企业在发达国家、发展中国家和新兴经济体设立的1718家开展研发活动的研发机构。为了确保数据的完备性以及时效性,本章在这一名录中选取了已经在国内证券市场上市的企业作为样本,以便通过公司公告等渠道收集或更新企业研发国际化方面的数据,以使研究结果更为真实有效。在筛选的具有研发子公司的上市公司的基础上,再根据下列原则进一步筛选:剔除ST企业样本;剔除企业年报信息中研发投入数据披露不全的样本;剔除企业财务数据中存在异常值和缺失值的样本。最终,获得共250家上市企业,共有296家海外研发子公司。具体来源地和东道国见下表6-1所示。这250家上市企业分布在各个行业,包括电子、能源、机械、IT互联网以及化工医药等。

本章选取的上市企业分布在全国各地,主要在北京(11.2%)、广东(16.8%)、江苏(14.4%)、山东(10%)以及浙江(14.8%)等经济较发达地区,具体分布情况见表6-1。

表6-1　在海外具有研发子公司的250家企业的省市分布

安徽	北京	福建	甘肃	广东	广西	海南	河北	河南	黑龙江	湖北	湖南	吉林	江西
3	28	5	2	42	3	1	3	6	1	9	3	1	2

江苏	辽宁	内蒙古	宁夏	山东	陕西	上海	四川	天津	新疆	云南	浙江	中央企业	合计
36	7	1	1	25	1	17	7	2	1	1	37	5	250

数据来源:根据样本数据自行整理

从我国企业海外研发投资东道国分布来看,我国企业研发国际化的首选国家是美国,在我国企业海外研发投资选址中占据了领先地位;其次,德国、日本、意大利等发达国家也是我国研发国际化的重点国家;而新加坡、印度、韩国等新兴经济体也逐渐成为我国企业海外研发活动的热门区位选择。由此可以看出,我国企业研发国际化的主要动机还是获取国外先进技术,充分利用国外先进知识和研发资源来提升创新能力。具体的海外研发子公司的东道国分布和国内省市来源分布情况如表6-2所列。

表6-2 海外研发子公司的东道国分布和国内省市来源分布情况

东道国	美国	日本	德国	英国	意大利	加拿大	荷兰	其他发达国家	新加坡	印度	印度尼西亚	俄罗斯	巴西	韩国	南非	其他发展中国家	合计
北京	16	1	0	0	1	3	4	2	4	1	0	0	0	0	0	1	33
福建	3	0	0	0	1	0	1	1	0	0	0	0	0	0	0	0	6
广东	23	2	4	3	1	1	1	2	3	2	1	1	1	2	0	3	50
广西	3	0	0	0	0	0	0	3	1	1	0	1	1	0	1	2	13
河北	2	0	0	0	0	1	0	0	0	0	0	0	0	0	0	0	3
河南	2	0	2	0	0	0	0	0	0	0	0	2	0	0	0	0	7
湖北	3	1	1	0	0	0	1	3	0	0	0	0	0	0	0	1	10
湖南	2	0	0	0	0	0	0	0	0	0	0	0	0	0	0	0	3
江苏	21	0	3	1	0	0	0	6	4	3	0	0	0	0	1	4	45
辽宁	5	2	1	0	0	0	0	0	0	0	0	0	0	0	0	0	8
山东	14	2	4	0	0	0	2	2	1	0	1	0	1	2	0	5	34
上海	10	0	2	0	0	0	1	0	1	0	0	0	0	0	0	4	18
四川	4	0	1	0	0	1	0	1	0	0	0	0	0	0	0	1	8
浙江	18	4	6	1	3	1	1	2	0	0	0	0	1	2	0	4	43
央企	1	0	0	0	0	0	0	0	0	0	0	1	0	0	0	2	5
其他	8	1	4	1	0	2	0	2	0	0	0	0	0	0	0	2	20
合计	135	13	28	6	9	8	13	26	16	9	2	5	4	8	1	23	306

数据来源：根据样本数据自行整理

由于商务部数据中未提供企业的专利数据，因此，我们通过国家知识产权局专利检索网站，手工搜索了以上250家企业2015年的专利申请数据，包括专利申请总数，发明专利数、实用新型专利数和外观设计专利数。而关于这250家企业的年龄、企业规模、杠杆率、资产收益率和企业研发能力等数据，则通过国泰安数据库、企业官网与相关新闻报道、年报资料获取，并通过手工方式进行整理。最终，我们将这些不同来源的数据汇总形成本章研究的基础数据。

6.4.2　变量和测量方法

（1）因变量

本章的研究将创新绩效作为因变量，创新绩效主要是评价企业开展创新活动的效率和效果。从以往的研究来看，研究者们对创新绩效的测量采用了不同的指标，如新产品销售所占份额、企业盈利能力和专利等。由于专利是衡量行业竞争激励下的创新产出的较好指标，且专利数会影响到公司的技术创新能力，还直接关系到一个公司的发明创造能力，从而影响该公司在同行业的竞争力，因此企业的专利数可以直接反映该公司的创新绩效。易靖韬在研究外部研发与企业创新绩效的关系时，用专利数量来衡量企业的创新产出（易靖韬，2017）；李梅在研究我国信息技术业上市公司研发国际化与企业创新的关系时，用企业总专利申请量来测量企业的创新产出（李梅，2016）。专利数可分为专利申请数和专利授权数，专利申请就表明已经在企业内部形成，在企业申请专利时就可对企业经济效益产生一定的影响。考虑到专利从申请到专利授权需要较长的时间，并且还有可能会受政府干预等因素的影响（Tan Yong Xian et al，2014）。基于此，本章采用专利申请数来衡量企业创新绩效。此外，根据创新水平的高低，企业创新绩效又可以分为渐进式创新和突破式创新。渐进式创新是对现有产品和技术进行进一步提升，技术含量较低，如外观设计专利和实用新型专利；突破式创新是对新产品和技术的开发，技术含量较高，如发明专利，因此，本章将这三种专利申请数也纳入模型中，探讨我国企业研发国际化强度和多样化对不同类型创新绩效的影响。

（2）自变量

研发国际化主要通过在海外设立研发中心、研发合作、跨国并购等途径开展（李梅，2016）。多数学者的做法都是将研发国际化设置为"企业是否进行研发国际化"的虚拟变量，有则为1，否则为0（钟昌标，2014；王晓燕，2017）。本章将进一步地从研发国际化的强度和研发国际化的多样化两个方面对研发国际化进行测量。企业研发国际化强度用企业在海外设立的研发子公司数量来度量。

关于研发国际化多样化的测量，本章用 Blau 异质性指数来测量：$D = 1 - \sum_{i=1}^{2} p_i^2$，当 $P_i = 1$ 时，表示企业在发达国家设立研发机构数的比例，当 $P_i = 2$ 时，表示企业在发展中国家设立研发机构数的比例。

（3）调节变量

研发能力：用企业每年的研发支出与营业收入的比值表示，比值越高，说明研发投入强度越大。首先，企业开展研发活动需要大量的研发资金，研发支出越高，企业的研发实力越强，在与同行业竞争时，能获得较大的竞争优势；其次，企业研发投入强度越大，可能会拥有更高水平的研发人员，从而促进企业创新；最后，企业研发投入强度越大，拥有的吸收整合先进技术知识的能力越强，更容易获得关键技术，提升创新水平。研发投入相关数据从年报和CSMAR获取。

国际化经验：企业从事国际化业务活动的经验，参照Johnson的做法，本章用企业进行国际化活动时间来衡量（Johnson et al，2009），即企业年龄与企业第一次进行国际化活动的年龄之差。企业开展国际化活动时间越长，表示企业国际化经验越丰富，数据通过整理商务部境外投资企业机构中记录的企业名录的相关信息获取。

（4）控制变量

参考李梅、陈岩等的研究（李梅，2016；陈岩，等，2014），本章的控制变量如下：企业年龄、企业规模、杠杆率和资产收益率。

企业年龄：企业年龄对企业的创新绩效也有一定的影响，因为随着时间的推移，企业拥有的能力和经验会不断地积累，成立时间长的企业相对于成立时间较短的企业来说，在研发活动方面可能更有实力，进而影响企业的创新绩效。通过计算样本企业从成立到2015年之间的年份数的自然对数来测量企业年龄。

企业规模：企业规模对其技术创新能力存在一定的影响，当企业规模达到一定的程度时，企业才有较强的能力和动机进行创新；反之，如果企业规模较小，企业可能没有较强的实力和能力来应对研发活动所需的成本以及企业进行研发活动所面临的风险，因而规模较小的企业进行技术创新活动的开展会更加不利。其次，规模较大的企业有更加雄厚的资金实力来购买先进、精良的研发设备，从而使研发效率更高。此外，大企业由于自身的实力和声誉，可以有更多的机会与其他优秀企业进行研发合作，从而更容易获取新技术、新知识，还可以降低企业研发成本和风险。由此可以看出，企业规模对创新绩效存在一定的影响，因此可以使用企业拥有的员工总数的自然对数来衡量企业规模。

杠杆率：企业拥有低杠杆率的资本结构，有利于增加企业对技术创新的投入，从而影响企业的技术创新；而拥有高杠杆率的资本结构的企业，在考虑技术创新投入时会相对谨慎。本章用企业每年负债总额占总资产的比重来衡量杠杆率。

资产收益率：一般认为，企业的技术创新活动投资规模比较大，需要企业投入大量的资金，因而，企业盈利能力越强，产生的利润就越多，企业就有足够多的资金积累来支持对技术创新的投入。王任飞认为企业的利润率越高，企业对技术创新投资的比例就越高，越能有效促进企业创新水平的提升（王任飞，2005）。本章用企业经营利润与总资产的比值来衡量资产收益率。

上述指标的详细说明见表6-3。

表6-3　变量定义

变量类型	变量名称	符号	变量描述
因变量	创新绩效	Patents	总专利申请量
自变量	研发国际化强度	R&D int. intensity	企业在海外设立的研发子公司数量
自变量	研发国际化多样化	R&D int. diversity	用 Blau 异质性指数来测量：$D = 1 - \sum_{i=1}^{2} p_i^2$，当 $P_i = 1$ 时，表示企业在发达国家设立研发机构数的比例，当 $P_i = 2$ 时，表示企业在发展中国家设立研发机构数的比例
调节变量	研发能力	R&D Ability	企业每年的研发支出占营业收入的比重
调节变量	国际化经验	Experience	企业首次在海外建立分支机构至观测年经历的时间
控制变量	企业年龄	Age	以企业成立至统计年的时间差的自然对数表示
控制变量	企业规模	Size	以企业的总员工数的自然对数表示
控制变量	杠杆率	Leverage	企业每年负债总额占总资产的比重
控制变量	资产收益率	Profitability	经营利润与总资产的比值

6.4.3　模型设定

目前关于企业研发国际化与创新绩效关系的研究大多将研发国际化设为虚

拟变量，即企业进行研发国际化就设为 1，没有就设为 0，由此构建回归模型。为了对企业研发国际化进行更加深入的研究，分析企业研发国际化影响企业创新的路径和机制，本章引入了研发国际化强度和多样化，更加深入地分析了企业在海外设立研发机构数以及海外研发机构的地理分布对企业创新的影响。基于此，建立了如下的基本模型：

$$Patents = \beta_0 + \beta_1(RDI) + \beta_2(RDI)^2 + \beta_3 R\&D + \beta_4 Experience +$$

$$\beta_5 Age + \beta_6 Size + \beta_7 Leverage + \beta_8 Profitability + \varepsilon \qquad (6.1)$$

上述模型中，Patents 表示企业的创新绩效，为体现企业研发国际化对含不同技术创新水平的创新绩效的影响，本章进一步把创新绩效分为总专利绩效、发明专利绩效、实用新型专利绩效以及外观设计专利绩效。RDI 代表研发国际化水平，本章选取两个变量来衡量研发国际化水平，分别是研发国际化强度和研发国际化多样化，研发国际化强度用企业在海外设立的研发子公司数量来表示，研发国际化多样化用 Blau 异质性指数来测量。控制变量包含企业年龄（Age）、企业规模（Size）、杠杆率（Leverage）和资产收益率（Profitability）。调节变量包括研发能力（R&D Ability）和国际化经验（Experience）。β_0 为常数项，ε 为随机误差。

6.4.4　回归方法选择

本章用专利数来衡量创新绩效，专利数是任意非负整数，属于典型的计数数据，Cameron 和 Trivedi 认为，当因变量为企业专利申请数时，适合采用泊松分布（Cameron，Trivedi，2005），普通的 OLS 估计在对专利数据取对数的情况下，结果也可能会存在偏差。因而，本章采用泊松回归模型进行分析，实证检验研发国际化强度与多样化对创新绩效的影响，以及吸收能力对研发国际化强度和多样化与创新绩效关系的调节作用。

泊松回归模型是最常用的拟合计数数据的模型，多为对数线性模型。不同于连续变量，计数变量不是连续的，且分布呈明显偏态，所以计数变量不能作为常规回归的因变量。假设计数随机变量 X_i，其中 i = 1，2，……，n 服从均值为 λ_i 的泊松分布，那么 X_i 的概率密度函数为：

$$P(X_i = x_i \mid \lambda_i) = \frac{exp(-\lambda_i)\lambda_i^{x_i}}{x_i!} \quad x_i = 0,1,2,\cdots \qquad (6.2)$$

式中的 λ_i 可根据一些可观察的特征估计得到，因而就有下面的方程：

$$\lambda_i = E(X_i \mid x_i) = exp(\beta' x_i) \tag{6.3}$$

式中对 $\beta' x_i$ 取指数的目的是确保参数 λ_i 为非负数，此时 λ_i 也是一个条件均值，表示在一些因素作用下事件的平均发生数。通过对该式两边取对数，就能得到该条件均值的一种加法表达形式：

$$\log(\lambda_i) = \sum \beta_i x_i \tag{6.4}$$

经过对数变换，最终得到了泊松回归模型的一般形式。其中 β_i 是解释变量 x_i 对应的回归系数，构建了泊松回归模型后就需要对回归系数 β 进行估计。从这个一般式可以看出，泊松回归模型是来分析服从泊松分布的随机变量 X_i 的均数与解释变量 x_i 之间关系的一种回归模型。

6.5　实证检验

6.5.1　描述性统计与相关系数分析

本章首先对主要变量进行了描述性统计，并对变量间的关系进行了初步分析。结果如表6-4所列。

从表中可以看出，样本企业的年专利申请数量平均为 32 项，处于中等水平，说明这类研发国际化企业正处于成长期；标准差为 78.9，说明各企业的创新产出差异较大，不同行业的企业所申请的专利数存在较大的差距。研发国际化强度均值为 1.224，说明企业在海外设立研发机构的强度较小，大多数企业在海外设立的研发子公司数量较少，还处于研发国际化的初级阶段；研发国际化多样化的均值仅为 0.02，说明研发国际化多样化较低，在海外设立研发机构较为集中。国际化经验的均值不高，仅为 2 年，说明大多数企业正处于研发国际化初期，还没有积累较为丰富的国际化经验。

表 6 - 4 描述性统计和相关系数数表

Variables	Mean	Std. Dev.	1	2	3	4	5	6	7	8	9
1. Patents	32.508	78.944	1								
2. R&D int. intensity	1.224	0.759	0.031	1							
3. R&D int. diversity	0.017	0.086	0.116*	0.597***	1						
4. R&D Ability	0.131	0.678	-0.029	-0.027	-0.021	1					
5. Experience	2.916	3.301	0.159**	0.060	0.040	-0.061	1				
6. Age	2.505	0.460	0.080	0.094	0.048	-0.190***	0.182***	1			
7. Size	7.095	1.667	0.409***	0.177***	0.187***	-0.192***	0.326***	0.445***	1		
8. Leverage	0.409	0.189	0.081	0.018	0.026	-0.165***	0.049	0.105*	0.279***	1	
9. Profitability	0.040	0.092	0.123*	0.011	0.012	-0.328***	0.008	0.051	0.170***	-0.113*	1

注：*、**、***分别表示在10%、5%和1%水平显著。

6.5.2　多重共线性的诊断

为了使模型估计更为精确，本章进一步对变量进行了多重共线性检验。多重共线性包括完全多重共线性和近似多重共线性，产生原因主要有以下三个方面。一是样本数据的选择，如时间序列样本和横截面数据，往往会导致多重共线性的存在。二是引入滞后变量，在经济计量模型中，通常需要加入滞后变量，从而使估计结果更能符合实际情况，但滞后变量与自变量之间往往存在较强的相关性。三是一些经济变量的引入可能会导致变量之间出现高度相关的情况，例如生产函数中的劳动力投入和资本投入往往存在较高的相关性。当模型中存在多重共线性时，参数估计的可靠程度和稳定性下降，无法精确地估计参数值。检验多重共线性的方法主要有方差膨胀因子检验、解释变量间相关系数检验以及容忍值检验等。采用方差膨胀因子的方法对变量的多重共线性进行检验，使参数估计更加精确、可靠。具体检验结果如表6-5所列。从表中可以看出，各解释变量的 VIF 值的范围为 1.062~1.577，均低于 10，表明变量之间不存在多重共线性，可以进一步对回归方程进行估计。

表6-5　变量间的多重共线性检验

R&D int. intensity	R&D int. diversity	Age	Size	Leverage	Profitability
1.570	1.577	1.255	1.451	1.119	1.062

6.5.3　回归分析与结果讨论

6.5.3.1　研发国际化强度、多样化与创新绩效

(1)回归分析及结果

本研究以申请专利总量为因变量，使用泊松回归来分析研发国际化强度和多样化对企业创新绩效产生的影响。为了检验此前提出的理论假设，本研究采用逐步加入控制变量、自变量、自变量平方项的方法进行实证检验。为了避免多重共线性对估计结果的干扰，在构建二次项时，将二次项所包含的所有自变量中心化。同时，为了消除截面数据带来的异方差问题，采用带有异方差稳健标准误的泊松回归进行分析，回归分析结果如表6-6所列。

表6-6 主效应回归分析结果

变量	model-1	model-2	model-3	model-4	model-5
Age	−0.428	−0.435	−0.509*	−0.426	−0.513*
	(0.298)	(0.292)	(0.270)	(0.291)	(0.286)
Size	0.794***	0.798***	0.820***	0.793***	0.797***
	(0.096)	(0.096)	(0.093)	(0.098)	(0.097)
Leverage	−0.525	−0.573	−0.802	−0.522	−0.740
	(0.574)	(0.584)	(0.591)	(0.580)	(0.555)
Profitability	4.411**	4.357**	4.299***	4.412**	4.742***
	(1.785)	(1.744)	(1.633)	(1.779)	(1.706)
R&D int. intensity		−0.063	−0.463**		
		(0.175)	(0.225)		
R&D int. intensity^2			0.065**		
			(0.026)		
R&D int. diversity				0.025	−23.087**
				(0.903)	(9.160)
R&D int. diversity^2					52.912**
					(20.922)
C	−1.799	−1.709	−1.712	−1.799	−2.087
	(1.200)	(1.183)	(1.135)	(1.203)	(1.219)
R^2	0.449	0.455	0.476	0.448	0.487
调整 R^2	0.440	0.444	0.463	0.437	0.474
样本数	250	250	250	250	250

注：括号中为标准误，*、**、***分别表示在10%、5%和1%水平显著。

在表6-6中，模型1是只含控制变量的回归模型，为了检验研发国际化强度对创新绩效的影响，模型2在模型1的基础上加入研发国际化强度一次项，模型3在模型1的基础上加入研发国际化强度的一次项与二次项；为了检验研发国际化多样化对创新绩效的影响，模型4在模型1的基础上加入了研发国际化多样化一次项，模型5同时加入了研发国际化多样化的一次项与二次项。

模型3的结果显示，研发国际化强度的一次项在5%的水平上显著为负，研发国际化强度的二次项在5%的水平上显著为正，且模型3的调整的R^2大于模型2(0.463>0.444)，说明研发国际化强度二次项的加入使模型更具有解释力，由此说明研发国际化强度与创新绩效之间显著呈现U形曲线关系，支持了假设1。即企业研发国际化强度较低不利于企业开展研发国际化活动，因为在研发国际化初期，由于自身能力和经验不足，企业会受到海外研发情境的限制，且随着企业研发国际化强度增大，海外研发机构规模与结构均会发生演变，使企业的运营变得更为复杂，与之相关的协调、沟通和控制问题也会随之增加，企业面临的外来者劣势压力也会增大。如果企业不能采取有效措施保护其创新成果，那么企业在国外进行高强度的研发活动可能会面临核心成果的外泄。然而，随着在研发国际化中的持续投入，以及管理跨国性研发机构经验的积累，我国企业可能跨越研发国际化中的学习壁垒或经验壁垒，获取更丰富的异质性创新资源，使更高强度研发国际化与创新绩效产生正向关系。由此可以看出，研发国际化强度与创新绩效之间呈现的是U形曲线关系。

同样，在模型5中，研发国际化多样化的一次项在5%的水平上显著为负，研发国际化多样化的二次项在5%的水平上显著为正，且模型5的调整的R^2大于模型4(0.474>0.437)，说明研发国际化多样化二次项的加入使模型更具有解释力，由此说明研发国际化多样化与创新绩效之间显著呈现U形关系，支持了假设2。因为随着企业的海外研发机构逐渐分散化，企业对研发机构的管理受到地理条件的限制，使协调成本和沟通成本增加。此外，研发地理活动较分散的企业，可能会因不同国家的制度不同而使企业不能有效保护自身知识产权，有可能会将企业内部核心技术通过某种方式泄露出去，使企业的技术创新面临较大的风险。对新兴经济体企业来说，研发国际化多样化导致的负面影响更为显著，因为新兴经济体企业在研发国际化初期往往会受到后发劣势约束，会因为经验以及自身能力的不足而面临过度负债的情况。但随着研发国际化地理分散性的增强，企业积累了更多丰富的国际化经验，且获取的国外异质性创新资源和先进技术知识也逐渐增多，企业会获得更多的创新收益，使得研发国际化多样化对企业的创新绩效产生正向影响，由此检验了研发国际化多样化与创新绩效之间的U形关系。

(2)结果的比较与讨论

本章基于我国上市公司微观数据得出了研发国际化与创新绩效之间呈U形

曲线关系的结论，而国外研究者如 René Belderbos 基于发达国家跨国公司研发国际化得出的结论是研发国际化对企业创新绩效有促进作用，并对企业生产率也有积极影响。结论不一致的可能原因在于本章是基于新兴经济体企业研发国际化得出的结论，一方面，新兴经济体企业的研发国际化过程不同于发达国家跨国公司，大多数新兴经济体企业的知识储备不足，且不具备发达国家跨国公司拥有的技术优势和研发经验，因而在开展研发国际化过程中也会面临许多挑战和风险，导致其在研发国际化的初始阶段抑制了企业创新绩效，使研发国际化对创新绩效产生负向影响；另一方面，新兴经济体企业进行研发国际化倾向于选择发达国家作为东道国，而新兴经济体与发达国家之间较大的技术落差会抑制新兴经济体企业的技术创新。但随着新兴经济体企业研发国际化进程的加深，企业积累的丰富的国际化经验和获取的先进技术知识和创新资源最终会使研发国际化促进企业创新绩效的提升。此外，国内研究者如李梅基于信息技术业上市公司数据也得出了研发国际化能促进企业创新绩效的提升的结论，与本章的结论不一致，可能的原因是行业异质性导致了研发国际化的创新效果的差异。相比于其他制造业和服务业等行业，知识密集型的高新技术行业的研发国际化活动更为活跃，研发投入也更大，拥有一定的技术优势和吸收能力，因而开展研发国际化活动时能克服一定的外来者劣势，能有效跟踪学习国外先进技术，并进行吸收利用，进而提升企业的创新绩效。

6.5.3.2　研发国际化强度、多样化与不同类型创新绩效

国家知识产权局将专利分为发明专利（InvPat）、实用新型专利（UtiPat）和外观设计专利（DesPat）。这三种类型专利的技术含量不同，其中发明专利包含的技术含量是三种专利中最高的，具有很强的创造性和新颖性，最能体现企业技术创新的程度；实用新型专利能体现一定程度的技术含量，而仅对产品外观进行创新的外观设计专利技术含量最低。为了进一步分析我国企业研发国际化对不同类型创新绩效的影响，分别将发明专利数、实用新型专利数和外观设计专利数作为因变量代入模型进行分析，分析结果如表 6-7 所列。

表6-7 研发国际化与不同类型创新绩效的回归结果

被解释变量	InvPat	InvPat	UtiPat	UtiPat	DesPat	DesPat
变量	model-1	model-2	model-3	model-4	model-5	model-6
Age	-0.158	-0.131	-0.739**	-0.759**	-0.757*	-0.795**
	(0.318)	(0.339)	(0.371)	(0.378)	(0.387)	(0.379)
Size	0.793***	0.769***	0.790***	0.758***	1.046***	1.066***
	(0.113)	(0.120)	(0.125)	(0.128)	(0.126)	(0.131)
Leverage	-0.995	-0.845	-0.629	-0.655	-1.244	-1.434
	(0.688)	(0.663)	(0.643)	(0.580)	(1.901)	(1.913)
Profitability	2.251	2.506	1.864	2.230	12.729***	13.495***
	(1.499)	(1.589)	(2.868)	(2.958)	(2.776)	(2.707)
R&D int. intensity	-0.504**		-0.253		-0.931**	
	(0.202)		(0.274)		(0.438)	
R&D int. intensity^2	0.071***		0.036		0.101*	
	(0.023)		(0.032)		(0.052)	
R&D int. diversity		-16.097**		-20.501**		-53.672**
		(7.731)		(9.629)		(24.206)
R&D int. diversity^2		36.740**		48.254**		119.815**
		(17.997)		(21.994)		(54.037)
C	-2.932**	-3.224**	-1.738	-1.934	-5.636***	-6.892***
	(1.444)	(1.514)	(1.471)	(1.555)	(1.302)	(1.460)
R^2	0.370	0.355	0.263	0.302	0.520	0.524
调整 R^2	0.354	0.339	0.245	0.285	0.508	0.513
样本数	250	250	250	250	250	250

注:括号中为标准误,*、**、***分别表示在10%、5%和1%水平显著。

模型1至模型6的回归结果显示,企业研发国际化强度和多样化对以发明专利数、实用新型专利数和外观设计专利数表示的三种不同类型的创新绩效的影响效果存在差异。模型1的结果显示,研发国际化强度的二次项在1%的水平上显著,说明研发国际化强度与发明专利绩效之间显著呈现U形曲线关系。即企业研发国际化强度较低不利于企业开展研发国际化活动,而当企业在海外设立研发子公司数增多，研发国际化强度较高时，提升具有突破性的创新能力的动机越强，企业获得的丰富研发资源和先进技术所带来的创新效益就越大，研发国际化强度对企业发明专利绩效产生了积极的正向影响。同样，模型 2 的结果显示，研发国际化多样化的二次项在 5% 的水平上显著，说明研发国际化多样化与发明专利绩效之间显著呈现 U 形曲线关系。在研发国际化初期，由于国际化经验和知识的缺乏，企业在国际化进程中会面临较高的协调、沟通等成本，当研发分散化到一定程度之后，企业将积累大量丰富的创新资源和知识资源，从而使企业获取的创新收益逐渐增多，使得研发国际化多样化对企业的发明专利绩效产生正向影响，由此检验了研发国际化多样化与企业发明专利绩效之间的 U 形曲线关系。模型 3 的结果显示，研发国际化强度的二次项不显著，说明研发国际化强度与实用新型专利绩效之间的 U 形曲线关系没有得到验证。可能的原因是样本企业研发国际化大多是进行新产品或新技术的研发，以及一些对现有产品进行改进的缺乏技术含量的研发，因而当企业研发国际化强度增加时，企业产出的能体现一定程度的技术含量的实用新型专利没有得到显著的提升，因而研发国际化强度对实用新型专利创新绩效没有产生显著的影响。根据模型 4，研发国际化多样化的二次项在 5% 的水平上显著，说明研发国际化多样化与实用新型专利绩效之间显著呈现 U 形曲线关系。从模型 5 和模型 6 可以看出，研发国际化强度和多样化的二次项分别在 10% 和 5% 的水平上显著，说明研发国际化强度和多样化与外观设计专利创新绩效之间呈现出显著的 U 形曲线关系。整体来看，研发国际化强度和多样化与企业的三种类型专利创新绩效的关系是显著的 U 形曲线关系，与总体回归结果保持一致，说明模型的稳健性较好。

6.5.4 制造业企业子样本分析

不同行业企业开展研发国际化活动的动机不尽相同，因而进行研发国际化活动给企业带来的创新绩效可能会存在一定的差异。研究表明，技术开发型动机企业进行研发国际化能给企业的创新绩效带来显著的影响，而技术利用型动机企业进行研发国际化带来的企业创新能力的提升不明显(Todo and Shimizutani, 2008)。主要原因是企业进行技术开发型研发国际化更倾向于对国外先进技术的模仿、学习，对异质性研发资源的搜索、获取，并通过消化吸收促进企业创新，而企业进行技术利用型研发国际化更倾向于对市场的开发以及通过对现有技的改造来更好地满足客户的需求，因此不能显著提升企业的创新绩效（Argyres and Silverman，2004）。制造业中的计算机、通信和其他电子设备制造业企业的研发国际化类型主要是技术开发型研发国际化，通过在国外设立研发子公司、与国外一流企业进行研发合作以及并购技术型企业的方式开展研发活动，并通过学习利用国外顶尖技术来促进企业技术创新水平的提升；然而，服务业中的信息传输、软件和信息技术服务业企业的研发国际化类型主要是技术利用型研发国际化，通过对现有技术进行二次创新从而适应和开拓市场，满足更多客户的需求。基于此，可以看出不同行业的企业进行研发国际化对母国企业的创新产生的影响存在很大的差别，因此，可从行业异质性特征带来的创新绩效差别角度进一步探讨。从样本企业的行业分布来看，主要包括通用设备制造业，电气机械和器材制造业，计算机、通信和其他电子设备制造业等制造业企业以及互联网和相关服务，软件和信息技术服务业等服务业企业。限于样本数量，且服务业企业样本量较少，因此，本章主要分析制造业行业企业研发国际化强度和多样化对创新绩效的影响，检验其是否获得了更多的逆向技术溢出，从而对创新绩效有更为显著的促进作用。具体检验结果如表 6-8 所示。

表 6-8　制造业企业研发国际化与创新绩效的回归结果

变量	model-1	model-2	model-3	model-4	model-5
Age	-0.384	-0.394	-0.480 **	-0.406	-0.501 **
	(0.271)	(0.263)	(0.233)	(0.260)	(0.256)
Size	0.908 ***	0.915 ***	0.944 ***	0.921 ***	0.920 ***
	(0.089)	(0.089)	(0.085)	(0.091)	(0.094)
Leverage	-0.070	-0.134	-0.383	-0.108	-0.428
	(0.599)	(0.599)	(0.593)	(0.596)	(0.576)
Profitability	5.070 ***	4.963 ***	4.807 ***	4.995 ***	5.423 ***
	(1.714)	(1.647)	(1.451)	(1.662)	(1.539)
R&D int. intensity		-0.084	-0.552 **		
		(0.193)	(0.219)		
R&D int. intensity^2			0.073 ***		
			(0.026)		

变量	model-1	model-2	model-3	model-4	model-5
R&D int. diversity				−0.378	−31.197 ***
				(0.811)	(5.579)
R&D int. diversity^2					69.856 ***
					(13.100)
C	−3.108	−2.994 ***	−3.045 ***	−3.127 ***	−3.507 ***
	(1.101)	(1.074)	(0.978)	(1.072)	(1.140)
R^2	0.624	0.637	0.664	0.629	0.658
调整 R^2	0.616	0.627	0.653	0.619	0.646
样本数	183	183	183	183	183

注：括号中为标准误，＊、＊＊、＊＊＊分别表示在10%、5%和1%水平显著。

在表6-8中，模型1为只加入了控制变量的模型，为了检验制造业企业研发国际化强度对创新绩效的影响，模型2在模型1的基础上加入了研发国际化强度的一次项，模型3在模型1的基础上加入了研发国际化强度的一次项和二次项；为了检验制造业企业研发国际化多样化对创新绩效的影响，模型4在模型1的基础上加入了研发国际化多样化的一次项，模型5在模型1的基础上加入了研发国际化多样化的一次项和二次项。

模型3的结果显示，研发国际化强度的一次项在5%的水平上显著为负，研发国际化强度的二次项在1%的水平上显著为正，且模型3的调整的R^{2}大于模型2(0.653>0.627)，说明研发国际化强度二次项的加入使模型更具有解释力。由此说明研发国际化强度与创新绩效的关系是显著的U形曲线关系，与前面的结论一致。此外，模型3的调整R^{2}大于表6-6模型3的调整R^2(0.653>0.463)，说明制造业企业样本的模型拟合优度更好，自变量对因变量的解释程度更高。同时可以看出模型3中二次项的系数大于表6-6模型3中二次项的系数(0.073>0.065)，说明表6-8模型3中的U形曲线开口更小，即随着自变量的变化，因变量的值变化得更快，从而说明制造业企业的研发国际化强度对企业创新绩效的影响更为显著，制造业企业进行研发国际化更能促进企业创新。因而验证了制造业企业的技术开发型动机，即这类企业在国外设立研发子公司主要是跟踪国外先进技术，获取异质性研发资源，并将获得的知识溢出转移到母国，促进母公司技术创新能力的提升。

模型5的结果显示,研发国际化多样化的一次项在1%的水平上显著为负,研发国际化多样化的二次项在1%的水平上显著为正,且模型5的调整的R^2大于模型4(0.646>0.619),说明研发国际化多样化二次项的加入使模型更具有解释力。因而研发国际化多样化与创新绩效之间显著呈现U形曲线关系,与前面的结论一致。此外,模型5的调整R^2大于表6-6模型5的调整R^2(0.646>0.474),表明制造业企业样本相比总样本来说,模型拟合优度更好,自变量对因变量的解释程度更高。且自变量均在1%的显著性水平下显著,说明制造业企业研发国际化对创新绩效产生了更加显著的作用。同时可以看出模型5中二次项的系数大于表6-6模型5中二次项的系数(69.856>52.912),说明表6-8模型5中的U形曲线开口更小,即因变量随自变量的变化会变化得更快,从而说明制造业企业的研发国际化多样化对企业创新绩效的影响更为显著,制造业企业研发国际化更能促进企业创新。

6.6　吸收能力的调节作用分析

企业的创新不仅依赖企业内部研发资源和技术知识,同时也需要外部的创新资源。外部创新资源的获取、吸收与利用要求企业具有较强的吸收能力,能够充分整合吸收与企业知识相似的外部知识,从而获取更多的知识溢出,促进企业的创新。吸收能力越强的企业拥有的技术知识库越丰富,当企业在与其他合作伙伴进行技术知识交流分享的过程中能够更加深入了解相关技术知识,从而使企业产生出更多的产品创意,有利于企业新技术和新产品的研发(Tsai,2009)。此外,吸收能力强的企业在对异质性知识资源进行整合时能减少相关成本,并产生高质量的技术创意,提升企业创新绩效(Fernhaber and Patel,2012)。在新兴经济体跨国企业研发国际化过程中,吸收能力扮演着更加重要的角色。新兴经济体企业获取的海外先进技术知识只有通过整合和吸收才能被企业加以利用,促进创新。基于此,在分析企业研发国际化强度和多样化与创新绩效关系的基础上,加入了企业吸收能力要素,检验吸收能力对研发国际化强度和多样化与创新绩效关系的扰动作用。

为了检验吸收能力的调节作用,参照大多数研究者的做法,将自变量与调节变量的乘积项引入到研发国际化与创新绩效关系的模型中，并将自变量与调节变量进行均值中心化后再构造乘积项。在进行调节效应检验的时候，采用层级回归分析，先将调节变量和所有控制变量纳入模型中，再依次加入自变量、自变量与调节变量的乘积项进行检验。通过检验乘积项的系数的显著性来判断是否存在调节效应，如果交互项系数显著，则表明调节变量对自变量与因变量关系的调节效应存在，如果不显著，则说明调节效应不存在。

6.6.1　多重共线性的诊断

变量的描述性统计和相关系数分析如前文中表6-4所列，本节主要对多重共线性进行诊断。检验多重共线性的方法主要有方差膨胀因子检验、解释变量间相关系数检验以及容忍值检验等。采用方差膨胀因子的方法对变量的多重共线性进行检验，使参数估计更加精确、可靠。具体检验结果如表6-9所列。从表中可以看出，各解释变量的 VIF 值的范围为 1.129~1.580，均低于 10，表明变量之间不存在多重共线性，可以进一步对回归方程进行估计。

表6-9　变量间的多重共线性检验

R&D int. intensity	R&D int. diversity	Age	Size	Leverage	Profitability	R&D Ability	Experience
1.570	1.577	1.280	1.580	1.163	1.205	1.208	1.129

6.6.2　研发能力的调节作用

研发能力作为重要的吸收能力代理变量，在对我国企业研发国际化过程的知识溢出的吸收发挥着重要的作用。由于企业的吸收能力是需要积累的，因而需要高强度的研发投入。企业高强度的研发投入能够使内部的合作沟通效率更高，促使企业接受外部知识资源的速度更快，吸收能力更强。

为了检验研发能力对企业研发国际化与创新绩效间关系的调节作用，本章将企业创新绩效作为被解释变量，并把研发国际化强度、研发国际化多样化和它们与研发能力的乘积项加入模型中。为了避免交互项的加入带来多重共线性问题，在构建乘积项时，将乘积项中的自变量和调节变量中心化。回归分析结果如表6-10所列。

表 6-10   研发能力的调节效应回归结果

变量	model-1	model-2	model-3	model-4
Age	-0.398	-0.481*	-0.482*	-0.512*
	(0.298)	(0.270)	(0.286)	(0.273)
Size	0.801***	0.826***	0.804***	0.818***
	(0.096)	(0.093)	(0.097)	(0.093)
Leverage	-0.453	-0.734	-0.668	-0.894
	(0.578)	(0.595)	(0.560)	(0.574)
Profitability	4.723***	4.590***	5.031***	4.876***
	(1.778)	(1.630)	(1.705)	(1.604)
R&D Ability	0.349***	0.330***	0.338***	0.258***
	(0.103)	(0.097)	(0.103)	(0.095)
R&D int. intensity		-0.459**		-0.606***
		(0.223)		(0.223)
R&D int. intensity^2		0.064**		0.077
		(0.026)		(0.052)
R&D int. diversity			-22.759**	-17.303*
			(9.136)	(9.598)
R&D int. diversity^2			52.173**	52.433**
			(20.871)	(24.084)
R&D int. intensity^2× R&D Ability				0.051
				(0.389)
R&D int. diversity^2 ×R&D Ability				120.84**
				(59.279)
C	-2.012*	-1.913*	-2.289*	-2.135*
	(1.208)	(1.141)	(1.228)	(1.147)
R^2	0.458	0.484	0.495	0.519
调整 R^2	0.447	0.469	0.480	0.497
样本数	250	250	250	250

注：括号中为标准误，*、**、***分别表示在10%、5%和1%水平显著。

在表 6-10 中，模型 1 包含了控制变量和调节变量，为了检验研发能力对研发国际化强度和多样化与创新绩效关系的影响，模型 4 在模型 1 的基础上加入研发国际化强度二次项与研发能力的交互项，以及研发国际化多样化二次项与研发能力的交互项。

模型 4 的结果显示，研发国际化强度的二次项与研发能力乘积项的系数不显著，虽然研发能力的调节作用的方向与假设预期保持一致，但在统计上不显著，因此假设 3 没有得到验证。可能的原因是样本企业的研发投入程度还比较低，随着企业研发国际化强度的增加，企业获得的国外先进技术和异质性知识资源也不断增多，而企业吸收整合这些技术知识的能力还比较缺乏，对大量的复杂化的技术知识的消化不充分，不能将其较好地运用于企业自身技术研发上，产生不了更多的创意或解决不了某些较复杂的问题。因而即使企业获得了大量的知识溢出，但吸收能力不足，也不能有效提升企业创新绩效。此外，由于样本企业大都处于研发国际化初期，在国外设立的研发机构数量还相对较少，因而研发国际化强度较低，且企业在研发国际化初期需要适应海外研发制度与环境，还需要克服新兴经济体可能面临的外来者劣势，因而企业的海外研发可能会受到一定的阻碍。即使企业有较强的研发能力，但企业还没有获得足够多的技术和知识溢出，因而也导致了研发能力调节效应的不明显。模型 5 中，研发国际化多样化的二次项与研发能力乘积项的系数在 5% 的水平上显著为正（120.84），说明研发能力正向影响研发国际化多样化与创新绩效的关系，因此假设 4 得到了验证。

6.6.3　国际化经验的调节作用

国际化经验不仅是企业的动态能力，也是企业的稀缺资源，在推动企业国际化绩效提升方面发挥不可替代的作用。丰富的国际化经验弥补了企业对国际市场环境认知的"空白"，有利于企业掌握关于当地需求，竞争情况，知识溢出及技术动态的信息，从而使企业能够获取更多的海外研发资源和技术知识，同时使企业更有能力对这些技术知识进行消化吸收，从而提升企业技术创新水平。

为了检验国际化经验对企业研发国际化强度和多样化与创新绩效间关系的调节效应，本章将企业创新绩效作为被解释变量，并把研发国际化强度、研发国际化多样化和它们与国际化经验的乘积项加入模型中。为了避免交互项的加入带来多重共线性问题，在构建乘积项时，将乘积项中的自变量和调节变量中心化。回归分析结果如表 6-11 所列。

表 6-11　国际化经验的调节效应回归结果

变量	model-1	model-2	model-3	model-4
Age	-0.443	-0.528 *	-0.515 *	-0.448
	(0.298)	(0.274)	(0.284)	(0.278)
Size	0.783 ***	0.810 ***	0.794 ***	0.793 ***
	(0.099)	(0.095)	(0.101)	(0.095)
Leverage	-0.525	-0.790	-0.737	-1.048 *
	(0.572)	(0.594)	(0.558)	(0.585)
Profitability	4.480 ***	4.341 ***	4.750 ***	4.681 ***
	(1.801)	(1.630)	(1.722)	(1.649)
Experience	0.016	0.016	0.005	-0.006
	(0.033)	(0.035)	(0.033)	(0.038)
R&D int. intensity		-0.464 **		-0.821 ***
		(0.215)		(0.241)
R&D int. intensity^2		0.065 **		0.242 ***
		(0.025)		(0.078)
R&D int. diversity			-22.658 **	-3.583
			(9.667)	(9.683)
R&D int. diversity^2			51.890 **	7.223
			(22.181)	(23.017)
R&D int. intensity^2 ×Experience				-0.045 **
				(0.018)
R&D int. diversity^2 ×Experience				0.829 ***
				(0.275)
C	-1.732	-1.645	-2.064 *	-1.730
	(1.199)	(1.130)	(1.214)	(1.142)
R^2	0.454	0.479	0.488	0.525
调整 R^2	0.443	0.464	0.473	0.503
样本数	250	250	250	250

注：括号中为标准误，＊、＊＊、＊＊＊分别表示在10%、5%和1%水平显著。

在表6-11中，模型1包含了控制变量和调节变量，为了检验国际化经验对研发国际化强度和多样化与创新绩效关系的影响，模型4在模型1的基础上加入了研发国际化强度二次项与国际化经验的交互项，以及研发国际化多样化二次项与国际化经验的交互项。

模型4的结果显示，研发国际化强度的二次项与国际化经验乘积项的系数在5%的水平下显著为负（-0.045），与假设预期方向相反，假设5没有得到验证。可能的原因是企业拥有的国际化经验主要体现在海外产品销售和业务方面。企业通过对现有产品进行二次创新或销售具有竞争力的产品来满足当地客户的需求，从而拓展海外市场，获取利润，因而企业积累的国际化经验大多是与销售和业务相关的，较少涉及技术开发方面。这类企业主要是进行技术利用型研发国际化，更倾向于对市场的开发以及通过对现有技术的改造来更好地迎合客户的需求，因而重市场而轻技术。且企业进行研发国际化时间越长，就越倾向于市场开发，因而市场导向得到强化，而使技术研发的投入下降。本章样本中的零售业企业，如广州百花香料股份有限公司，软件和信息技术服务业企业，如北京数码大方科技股份有限公司等，在国际化过程中主要从事销售性质的业务，对海外研发的投入较少，不利于企业有效获取国外先进技术知识，抑制了企业技术创新能力的提升；且这类企业积累的大多是与销售相关的国际化经验，对国外复杂的非编码的技术知识吸收不充分，不能将其有效地整合，因而不利于提升企业创新绩效。模型5中，研发国际化多样化的二次项与国际化经验乘积项的系数在1%的水平上显著为正（0.829），说明国际化经验对研发国际化多样化与企业创新绩效的关系有显著的正向调节作用，因此假设6得到验证。

6.6.4　稳健性检验

为了进一步检验实证分析结果的稳定性，采用更换变量的方式来对回归结果进行稳健性检验，将国际市场收入与营业收入的比值作为国际化经验的代理变量进行检验。具体检验结果如表6-12所列。

在表6-12中，模型2的研发国际化强度的一次项在5%水平下显著为负，研发国际化强度二次项在5%水平下显著为正，说明研发国际化强度与创新绩效间是显著的 U 形关系，与表6-6主效应回归分析结果保持一致，说明随着研发国际化强度的增加，企业创新绩效随着企业在海外面临的协调、沟通成本的增加而呈现降低的趋势，但当研发国际化强度达到一定水平过后，企业将获得更多的创新收益，从而使创新绩效得到提升，最终研发国际化强度对创新绩效产生正向影响。模型3的研发国际化多样化一次项在5%水平下显著为负，研发国际化强度二次项在5%水平下显著为正，说明研发国际化多样化与创新绩效间呈现显著的U形关系，与前面的主效应回归结果保持一致，说明研发国际化多样化在一开始并不能促进企业创新，因为随着研发国际化多样化的增加，企业将面临研发活动分散化带来的核心技术泄露的风险，同时获取技术和资源也更加困难和复杂化，但随着研发国际化地理分散性的增强，企业获取的国外异质性创新资源和先进技术知识逐渐增多，积累的国际化经验也越来越丰富，使企业获得更多的创新收益，最终提升企业创新绩效。模型4为研发能力和国际化经验吸收能力调节作用的估计结果。对于研发能力的调节作用，研发能力与研发国际化强度的交互项不显著，研发能力与研发国际化多样化的交互项显著为正，与表6-12的估计结果保持一致。对于国际化经验的调节作用，国际化经验与研发国际化强度的交互项显著为负，国际化经验与研发国际化多样化的交互项显著为正，与表6-11的研究结果保持一致。因此，研究结果具有较好的稳健性。

表6-12　稳健性检验

变量	model-1	model-2	model-3	model-4
Age	-0.418	-0.485*	-0.505*	-0.489*
	(0.288)	(0.267)	(0.280)	(0.269)
Size	0.807***	0.827***	0.808***	0.813***
	(0.096)	(0.093)	(0.096)	(0.092)
Leverage	-0.533	-0.760	-0.744	-1.017*
	(0.577)	(0.603)	(0.559)	(0.571)
Profitability	4.722***	4.601***	5.038***	4.500***
	(1.744)	(1.631)	(1.679)	(1.611)
R&D Ability	0.347***	0.331***	0.336***	0.173*
	(0.101)	(0.096)	(0.101)	(0.089)

续表

变量	model-1	model-2	model-3	model-4
Experience	-0.004	-0.002	-0.005	-0.005
	(0.004)	(0.004)	(0.004)	(0.004)
R&D int. intensity		-0.430**		-0.598***
		(0.211)		(0.229)
R&D int. intensity^2		0.061**		0.058
		(0.025)		(0.058)
R&D int. diversity			-23.249**	-16.143**
			(9.451)	(7.158)
R&D int. diversity^2			53.686**	55.918***
			(21.816)	(18.432)
R&D int. intensity^2× R&D Ability				0.210
				(0.462)
R&D int. diversity^2 ×R&D Ability				274.664***
				(41.540)
R&D int. intensity^2 ×Experience				-0.004*
				(0.003)
R&D int. diversity^2 ×Experience				0.260***
				(0.066)
C	-1.886	-1.852	-2.146*	-2.086*
	(1.189)	(1.151)	(1.209)	(1.142)
R^2	0.455	0.481	0.492	0.529
调整 R^2	0.442	0.464	0.475	0.501
样本数	250	250	250	250

注：括号中为标准误，＊、＊＊、＊＊＊分别表示在10%、5%和1%水平显著。

6.7　结论与启示

6.7.1　主要结论

本章以研发国际化强度和多样化两个维度衡量企业的研发国际化行为，考察了在创新追赶过程中以新兴经济体为母国的我国企业通过研发国际化获取创新成果的基本过程，讨论了研发国际化的两个维度能否有效改进企业创新绩效，以及在这一过程中，企业的吸收能力是否存在扰动作用。进而应用商务部境外投资企业机构名录中的上市公司数据，实证了我国企业研发国际化强度和多样化对企业创新绩效的直接影响，以及吸收能力要素调节作用的存在性。研究结果表明如下。

第一，研发国际化强度和多样化对创新绩效的影响形式不是单一的线性关系，而是 U 形曲线关系。这说明在海外研发投资初期，企业面临外来者劣势带来的协调、控制成本的增多，国际化经验的缺乏，导致企业研发国际化的增加抑制了企业创新。然而，当企业在海外进行研发投资的强度不断增加，企业设立的研发子公司的区位逐渐分散化，企业积累了丰富的国际化经验，企业与海外供应商和合作伙伴的交流合作成本大大减少，且企业从海外获取更多国内市场无法获得的知识学习机会和丰富的创新资源，使企业的技术吸收能力和吸收效果得到提升，因而最终研发国际化会促进企业创新，使企业研发国际化与创新绩效的关系呈现 U 形曲线状。此外，企业研发国际化强度和多样化对以发明专利数、实用新型专利数和外观设计专利数表示的三种不同类型的创新绩效的影响效果总体上呈现出 U 形曲线状，与总专利回归结果保持一致，且制造业样本企业的回归结果呈现出更加显著的 U 形关系，说明研发国际化的创新效果存在行业差异。对于计算机、通信和其他电子设备等制造业企业而言，其研发国际化类型主要是技术开发型研发国际化，通过在国外设立研发子公司、与国外一流企业进行研发合作以及并购技术型企业的方式开展研发活动，积极学习利用国外顶尖技术，获取国外丰富的研发资源，因而更能显著提高企业技术创新水平。

第二，企业吸收能力对研发国际化强度和多样化与创新绩效的关系具有调节效应。不同类型的吸收能力对研发国际化和创新绩效关系的调节作用并不相同。企业研发能力正向调节研发国际化多样化与企业创新绩效的关系，对研发国际化强度与企业创新绩效的关系的调节效应不显著。企业国际化经验正向调节研发国际化多样化与企业创新绩效的关系，但对研发国际化强度与企业创新绩效关系有显著的负向调节作用。由此，可以看出，企业的吸收能力仍处于较低水平，要充分吸收和整合研发国际化获得的先进技术知识，企业需要注重自身吸收能力的提升，增加研发投入强度，不断积累国际化经验。

6.7.2　管理启示

第一，对于致力于实现创新追赶的我国企业来说，研发国际化是一种长期的策略选择。企业进行研发国际化的强度和多样化是影响企业创新绩效的关键因素，企业研发国际化与创新绩效之间呈现一种 U 形关系，这表明即使存在着较高的管理复杂性等带来的壁垒，研发国际化最终会对企业创新绩效产生正向影响，并最终提升企业参与国际化竞争的能力。

第二，通过失败经验的学习，提升与扩展研发国际化的强度和多样化，是我国企业实现研发国际化战略目标的有效手段。研发国际化是我国企业获取创新资源、学习吸收先进技术知识以及与国外先进企业进行交流学习的重要途径，企业除了可以通过在海外设立研发机构、研发子公司等路径开展研发国际化活动，还应当通过与国外企业或研究机构开展研发合作、研发外包、并购国外研发机构等方式开展研发国际化活动，不断拓展研发国际化战略的边界，提升研发国际化的强度和多样性，实现创新绩效与创新能力的快速提升。此外，由于行业异质性，不同行业企业研发国际化对创新绩效的影响存在一定差异。制造业企业可以通过在海外设立研发中心以及海外并购等方式开展研发活动，并增加研发国际化强度与多样化，充分利用国外先进技术知识，获取丰富的异质性研发资源，从而有效提升企业的创新绩效。

第三，企业在海外开展研发活动，提升创新能力的同时，还需特别关注企业的吸收能力。研发能力对提升企业创新能力至关重要，因而企业在进行研发国际化的同时，还要提高自身研发投入强度，同时要提升自身的研发人员和技术人员的素质和能力，这是企业吸收研发国际化获取先进技术的基础所在。此外，国际化经验在企业研发国际化过程中也发挥着不可替代的作用，拥有丰富的国际化经验的企业能显著提升创新绩效，因此，企业可以学习借鉴其他成功跨国企业研发国际化经验，或通过在国外设立工厂及销售子公司，在实践中学习积累相关经验，将有助于企业顺利地开展研发国际化活动。

第七章 后发追赶下我国企业国际化研发网络构建中的强度选择

7.1 问题的提出

随着全球市场竞争的不断加剧和科学技术的快速发展，科技创新和研究已经成为企业获取高额垄断利润和市场的重要手段（Filatotchev，Piesse，2009），为了适应新的市场和竞争环境的变化，许多企业尤其是一些世界知名的跨国公司，不再满足于只优化以母国为研发中心的传统布局，而是结合企业本身的全球战略目标和技术实力（陈劲，等，2004），根据东道国在研发人员、创新资源和科研基础设施上的比较优势（Kumar，2001；Nieto，Rodríguez，2011），进行全球研发布局。20世纪60年代，美国跨国企业率先开始了海外活动，接着欧洲企业也积极跟进，然后是日本企业。80年代中后期，国际间的战略联盟逐渐被许多大型跨国企业重视，美、英、日、法、德等国开始在国外大量地设立研发机构，在1997年已有375家跨国企业在美国累计建立715家研发机构，而86家美国公司在海外22个国家共建186家研发中心，美国海外研发投入的增长速度远远快于国内研发投入的速度（Management，2000），其研发子公司的数量在1993年—2002年期间从300亿美元增长到670亿美元；另外，在2002年世界500强跨国企业的平均海外研发比率已经达到39%（楚天骄，杜德斌，2006）。与此同时，新兴经济体国家如中国、印度以及新加坡的后发企业，为了实现追赶发达国家跨国企业的战略目标，也纷纷采取国际化研发战略，不断加大海外研发投入来获取能提升它们创新能力的先进技术知识（Luo，Tung，2007）。如华为从

1999 年到 2016 年年底已在海外建立 20 多个研究所，研发活动遍布瑞典、印度、美国等地；中兴通讯在全球设有 15 个研发机构，并且在美国、瑞典、法国等地拥有 3 万多名研发技术人员，专注于研发创新。

在此背景下，国际化研发长期吸引着研究者的关注，已经成为战略管理和技术创新研究的一个重要课题（刘洋，等，2013）。这些研究主要从国际化研发的前、中、后三个阶段进行了探讨，主要问题分别包括国际化研发的动机、区域选择及组织模式，以及国际化研发的绩效结果（陈衍泰，等，2017）。其中关于企业大力开展国际化研发投资动因的研究更是受到研究者们的青睐，为什么越来越多的跨国企业纷纷加大国际化研发投入？国际化研发强度又受到哪些因素的驱使呢？学者们纷纷从垄断优势理论、产品生命周期理论、内部化理论以及需求—供给理论等对跨国企业加大国际化研发投资的动机和影响因素进行探讨，其中最广为接受的是需求驱动型动机和供给驱动型动机，国际化研发分别受到东道国市场规模和人均收入（Kumar，2001；Shimizutani，Todo，2008）、研发投入（陈衍泰，等，2016）和研发人力资源（Serapio，Dalton，1999）等的影响。

以上关于企业提高国际化研发强度的动机与影响因素的研究，一方面主要的研究对象是发达国家跨国企业（Jaffe，1986；Shan，Song，1997；Kuemmerle，等，1999），然而发达国家与新兴体国家企业两者具有不同的技术水平、资源特征和能力禀赋，新兴经济体跨国公司的动因可能呈现与发达国家不同的特点。发达国家跨国企业大力开展国际化研发的主要动因在于将现存技术拓展到全球市场，从而充分利用母公司技术优势提升创新绩效（李梅，余天骄，2016），而新兴经济体跨国企业可能还不具备实施技术应用型国际化研发的能力，更倾向将国际化研发作为提升创新能力、实现技术追赶的一种重要战略。另一方面，无论是技术寻求、市场开拓还是知识吸收，大都从东道国因素对企业的拉动来考虑和研究跨国企业国际化研发强度（陈衍泰，等，2016；陈岩，等，2015；Bas，Sierra，2002；Hegde，Hicks，2008），然而除东道国因素以外，企业内生的资源能力禀赋、战略特征也是引致企业加大国际化研发投入的重要因素（李正卫，等，2014；杨震宁，等，2010；Jiatao，Zhenzhen，2016）。基于此，本章将尝试讨论企业战略的市场导向和技术导向是否能够有效激发国际化研发投资决策，对国际化研发活动的深化或持续性产生影响，并讨论创新能力禀赋在战略的不同导向与国际化研发强度关系中的传导作用以及国际化经验的调节作用，以期对我国企业的国际化研发策略提供一些政策建议。

本研究的理论意义有以下两点。

第一，超越已有研究聚焦于东道国资源、技术和环境等对研发国际化吸引力的局限，考察企业的内生性要素对国际化研发强度的影响。许多理论和经验表明企业为了寻求国外市场和技术不得不进行国际化研发，而有关企业战略的市场导向和技术导向是否能激发企业提高国际化研发强度的研究尚存在不足，战略导向影响国际化研发强度的路径和机理也有待进一步研究。因此，本研究在以往文献的基础上，以战略导向为出发点，尝试从企业战略特征、能力禀赋角度研究企业自身要素对国际化研发强度的重要作用，为进一步开展战略管理理论和创新研究提供有益补充。

第二，创新能力理论经过数十年的发展，取得了非凡的进步，而关于创新能力在企业战略决策及实际中的应用方面的研究有待加强。本章尝试分析及验证企业的创新能力禀赋在企业战略导向和国际化研发强度之间的作用机制，为企业如何根据自身能力做出正确的研发决策提供有力探索；同时既有关于国际化经验的研究聚焦于对国际化经营活动的直接或调节影响，以及对国际化研发产生创新绩效的调节作用。而本章聚焦于企业战略导向，探讨其是否会影响企业的战略的不同导向与国际化研发强度之间的关系，在一定程度上丰富了企业国际化研究体系。

7.2 文献回顾

7.2.1 国际化研发：内涵、动机及影响因素

7.2.1.1 国际化研发的内涵及界定

一般认为，国际化研发是研发跨越国界的行为，是企业组织改变单一在母国进行研发活动，通过直接建立国外机构、跨国并购以及建立国际技术联盟等形式将研发活动扩展到国外，以创新源获取的全球性、创新人才的国际化、技术创新组织的国际网络化为特征的技术创新范式（贺团涛，曾德明，2008）。国际化研发本质是为了适应复杂的目标市场，满足多样性产品的要求，利用全球

各国的研发技术资源，降低新产品研发过程中的风险，使产品价值链环节的利润最大化。

国际化研发不仅包括跨国公司间国际化研发行为，还包括获得国际专利、国际科技论文、高技术产业/产品贸易等情况，以及不同国家间政府、高校、独立研发机构在研发活动方面的合作和交流等。一般来讲，国际化研发主要表现为：研发主体的国际化，即在海外建立专门从事研发活动的海外研发机构；研发资金的国际化，即对海外进行研发资金投入；研发成果的国际化，即国际联合研发所申请的专利。本研究的国际化研发只指国际化研发行为，鉴于国际化研发机构是研发国际化最直接的表现形式（吕萍，等，2008），本研究采用第一种方法，以中国企业在国外建立的研发机构数来衡量企业国际化研发强度。

7.2.1.2　国际化研发的动机

跨国公司国际化研发于 20 世纪 70 年代末期受到西方学者的重视，其中国际化投资的动因是研究的热点之一，学者们分别从推力和拉力、需求方和供给方、投入导向和产出导向等多个角度进行了阐释。在梳理和总结这些文献的基础上，本章将国际化研发动机归结为三类：市场寻求型、技术获取型和资源利用型。

（1）市场寻求型

Serapio 和 Dalton 对美国跨国企业调查表明，绝大多数企业研发国际化受到市场驱动，国际化研发是为了开发设计出符合当地顾客口味、适合当地市场的产品，为母公司在东道国的生产、销售等环节提供支持，即国际化研发投资是对生产或市场开发的一种支持性投资，主要目的是开发设计出符合东道国市场的产品来提高市场份额（Serapio，Dalton，1999）。Kuemmerie 认为跨国公司研发国际化的一个重要动机是以母国为基础进行技术开发，充分利用现有的技术优势，获取国际市场（Kuemmerie，1997）。类似地，Cordell 认为跨国企业设立国际化研发机构的目的是使母国产品和企业生产技术适应海外市场，海外的研发机构在获取、掌握和吸收东道国消费需求等市场信息（Cordell，1973）方面明显强于母国的研发机构。

（2）技术获取型

跟踪、获取东道国先进技术知识，掌握技术发展趋势，获取逆向技术溢出是跨国公司研发国际化另一个重要动机，正如 Cohen 和 Levinthal 所说，跨国公司研发国际化除了有利于创新开发外，也能吸收海外行业领先企业的技术溢出（Cohen，Levinthal，1989）。其他一些研究也指出，海外跨国企业到美国建立研发机构的动因是"美国私人研究的技术外溢"，尤其是日本的药品公司，他们到美国进行研发投资主要是为了获得美国在生物工程技术方面的新发现。类似地，Roeh 的研究也表明，获取与吸收美国的先进技术来提升企业市场竞争力是日本药品企业在美国进行研发投资的主要动因（Roeh，1996）。除了药品企业外，电子行业的跨国公司在美国建立研发中心的另一重要原因是聘用美国的科学家与工程师，以及与美国研发机构进行合作研究来跟踪美国的技术发展。

（3）资源利用型

国际化研发可以利用东道国丰富的研发技术资源，除了技术研发人员，还有研发活动所需的良好技术环境如法律政策、技术基础设施等。通过建立国际化研发机构，跨国公司能够聘用东道国的研发人员和技术骨干，在国际范围内网罗优秀研发人才，弥补母国技术人才的缺乏；同时，研发活动能够顺利进行，良好的技术基础设施、法律政策保护和社会环境必不可少。此外还需要相关技术领域的支持，而这些因素往往不是哪个国家（无论是发展中国家还是发达国家）所能全面提供的，研发国际化正是给跨国企业避开母国环境和资源缺陷的一条途径，通过在环境良好的东道国建立研发机构，研发活动成功率和效率更高。另外，各国资源有异，东道国可能拥有丰富的而母国稀缺的研发资源，或者具有廉洁但高素质的研发人员，在该东道国进行研发活动可以减少研发成本，这也是在东道国建立研发机构的另一吸引力。

7.2.1.3　国际化研发的影响因素

（1）基于东道国影响因素

从 1870 年开始，东道国因素影响跨国企业国际化研发投资战略决策是国内外学者研发的热点，通过以往文献的梳理，可以将东道国因素归纳为以下几类：东道国市场规模、研发人力资源，研发技术资源、技术基础设施和东道国研发政策。Hegde 和 Hicks 以美国跨国公司 1991 年到 2002 年这 12 年海外研发数据为样本，研究表明激发跨国企业国际化研发投资的根本因素是东道国市场规模（Hegde，Hicks，1991）；同样地，Gyerbdaez 和 Roger 通过调查发现，跨国公司海外研发考虑的主要因素是东道国先进技术、顾客需求、行业声望以及价值增值的潜力（Gyerbdaez，Roger，1991）；Kumar 在 2001 年首次较为全面地将影响企业国际化研发决策的东道国因素全部纳入研究框架,其所涉及的研究因素有东道国的市场规模、市场运作模式、研发人员的工资水平以及稀缺性、技术专业水平、逆向技术溢出大小、知识产权保护情况、经济开放度等,他也在这篇文章中以美国和日本的一些跨国企业为例,归纳总结了影响其国际化研发决策的因素(Kumar,2001)。类似地,国内学者罗鹏和史言信也研究表明,激发跨国企业国际化研发投资的重要因素之一是东道国的市场规模和市场潜力,另一因素是东道国的科技资源,这一结论不仅适用于发达国家,同样也适用于发展中国家(罗鹏,史言信,2008)。

(2)基于母国影响因素

跨国公司所在母国因素也会影响其国际化研发决策,如母国的人力资本、知识产权保护水平以及与东道国的技术落差。傅晓霞和吴利学构建了同时含有国内技术水平和国外技术研发水平的知识生产函数,通过技术增长模型分析表明跨国企业国际化研发决策受到母国与东道国技术水平差距的影响,同时,后发经济体的技术创新路线,尤其是母国与东道国成果关系会对跨国企业研发活动和研发投入规模产生决定性影响(傅晓霞,吴利学,2013)。另外,吴先明和孙正星以中国30个省份在2004—2013年的国际化研发数据为样本,结合固定效应模型实证研究发现跨国企业国际化研发受到省级同东道国的技术落差,以及省级人力资本和知识产权保护的显著正向影响(吴先明,孙正星,2017)。

(3)基于投资企业的影响因素

关于企业内生性要素对国际化研发决策的影响,学者们大都从企业国际化程度入手。Hakanson和Nobel以进行国际化研发的瑞士跨国公司为样本,通过实证分析发现跨国企业国际化程度以及国际经营经历对企业国际化研发程度具有显著的正向影响(Hakanson,Nobel,2004)。同样的结论在Odagri和Yasuda的研究中也被验证,Odagri和Yasuda以日本1500多家跨国企业为样本,分析结果表明跨国企业在东道国的生产销售比例越高,那么在该东道国建立研发机构的机会越大(Odagri,Yasuda,1994)。Zedtwize和Gassman以国际上146家知名的大型跨国企业为对象,研究企业海外出口比例与海外研发比例的关系,实证结果表明两者之间正相关,而且企业国际化研发程度与生产经营国际化程度的正向关系受到企业本身生产经营国际化程度这一无形资源的正向调节(Zedtwize,Gassman,2002)。之后,学者们尝试研究企业其他要素对新兴经济体国际化研发决策的影响，如李正卫等人运用中国计算机、通信以及其他电子设备制造业 200 家上市公司的数据，聚焦于企业公司规模、研发能力、盈利水平、产品出口、境外股权以及高管受教育程度等要素（李正卫，2014）。除此之外，企业自身要素与国际化研发动机相关，张纪凤以中国 101 家制造业上市公司为样本，其 177 个国际化研发子公司为因变量，实证结果表明母公司的研发投入对技术获取型国际化研发投资有显著正向影响（张纪凤，2014）。

7.2.2　战略特质、能力基础与企业国际化研发

7.2.2.1　战略特质与企业国际化研发

18 世纪 60 年代，Alfred Chandler 首次将"企业战略"这一概念引入到企业研究领域，同时他将企业战略定义为一个企业制定其长期目标，以及为达到这个目标所选择的行动和资源分配过程（陈志军等，2014）。利用这个逻辑，学者们认为企业的战略导向会影响国际化研发决策。首先，企业战略导向对国际化研发过程中的产品创新与新产品开发管理具有激发作用（李巍，2015），因为战略导向界定了企业国际化研发活动范围，并且配置企业资源和创新要素，从而影响企业的技术创新速度，影响新产品开发（余浩，2010）。其次，已有学者研究表明战略的不同导向在国际化研发提升企业创新绩效过程中起调节作用。企业战略导向中的市场技术导向有助于跨国企业掌握、获取东道国消费者、供应商以及竞争者等市场信息，而科学技术导向有助于企业跟踪东道国技术知识，把握技术发展趋势，有效的市场信息和技术知识才是企业实现创新的根本（Danneels，2002；Faems et al.，2010）。同样地，王晓燕等以中国科技部数据库中 414 家创新企业在 2008—2011 年的海外研发非平衡面板数据为样本，实证研究发现科学技术导向有助于政治关联企业国际化研发促进创新绩效；而市场技术导向有助于非政治关联企业国际化研发促进创新绩效。最后，企业战略导向会影响企业国际化研发多样性（王晓燕，等，2017）。张妍和魏江以中国 218 家医药制造企业为样本，研究发现市场导向与国际化研发地理多样性呈负相关，与国际化研发组织多样性呈正相关；而技术导向与之相反，其与国际化研发地理多样性呈正相关，而与国际化研发组织多样性呈负相关（张妍，魏江，2016）。

7.2.2.2　能力基础与企业国际化研发

自 1980 年以来，有关企业能力理论方面的研究众多，然而至今并未形成统

一的理论分析范式，这些理论可分为四大流派，即资源基础论、核心能力论、知识基础论和动态能力论。这些理论研究虽然视角不同，但共同揭示出：与企业外部条件相较，企业内部因素才是企业获取市场竞争优势的关键所在；企业内部能力、资源和知识的积累是解释企业获得超额收益和保持企业竞争优势的决定性概念（古奇峰，丁慧平，2009），即拥有一定的异质性资源和能力是企业实施国际化战略的前提（Kotabe et al.，2002）。能力基础对国际化研发的影响体现在三个方面。第一，鉴别和搜寻。企业会根据自己的技术、生产和产品优势对国际化研发市场进行细分，根据战略目标找到适合自己的潜在市场，一般而言，市场寻求型企业在宏观区位上通常倾向于市场规模较大的国家和地区，而技术获取型企业以跟踪和获取竞争对手的技术和信息为主要目的，其区位选择主要受竞争对手的生产水平和科技水平的影响，更愿意到专业技术程度高的国家和地区设立国际化研发机构。第二，评估。其中包括技术评估和市场评估，即根据国际研发市场环境，结合自身技术实力，对目标市场进行仔细地评估，以决定是否进入该目标市场进行研发投资。第三，整合与吸收。企业通过国际化研发活动获取的先进技术知识只有经过企业内部能力的有效吸收、整合才能获得逆向技术溢出效应，提升企业绩效（李梅，余天骄，2016）。

7.2.2.3 战略特质、能力基础与企业国际化研发间的关系

企业战略决定着企业目前经营或者将来要经营业务的基本性质。研究者表明企业内生因素是促进企业能力演化的直接动力，而在企业众多的内部因素中，企业战略导向是决定能力的关键因素。根据企业战略方法的差异，战略导向可以划分为不同导向，企业战略导向的关注点不同，资源配置也不同，进而影响企业能力构成。潘李鹏以计算机行业的上市企业为样本，研究表明战略的创业导向与企业的创造能力和运用能力呈正相关，而战略的市场导向只与运用能力有关系（潘李鹏，2016）；袁喜娜和王世伟从企业资源基础理论和配置理论视角出发，结合实证研究表明，市场导向正向影响企业的创新能力和营销能力，学习导向正向影响企业的创新能力，却负向影响企业的营销能力（袁喜娜，王世伟，2016）；焦栋在2015年运用外部环境分析（宏观环境分析和微观环境分析）、财务比率分析以及战略分析对商业零售企业进行案例分析，研究表明企业战略影响企业能力，并且企业会根据自身能力评估结果来确定下一步发展战略选择（焦栋，2015）。

将企业战略特质、能力基础与国际化经营置于同一框架，研究三者之间关系的文献有所不足。张方华和陈劲结合案例分析方法，研究表明企业自身的核心能力是企业实现国际化经营战略目标的根本所在（张方华，陈劲，2003）；奉小斌和张群祥以浙江制造企业为样本，来研究企业低成本战略、差异化战略在企业质量开发（能力基础）与企业绩效之间的调节作用（奉小斌，张群祥，2017）；袁兆亿聚焦于企业自身要素对研发能力的影响，结果表明企业的战略导向、人力资源和国际化研发经验会对企业本身的研发能力产生影响（袁兆亿，2004）。

7.2.3　我国企业国际化研发：动机与战略基础

由于新兴经济体跨国公司的国际化研发近年来才开始出现和逐渐增加，直到 2000 年，中国企业的国际化研发投资才被学者们开始关注。其中关于中国企业国际化研发战略动机与战略决策研究的特点主要以描述性定性研究为主，并且没有形成统一的结论。有的学者认为新兴经济体跨国公司国际化研发同时具有市场寻求型和技术获取型两种动机，即新兴经济体企业一方面针对海外顾客需求及技术特征等信息，拓展母国现存技术来提升创新绩效，另一方面，通过嵌入国际化研发网络获取国际先进技术创新资源（Dalton，Serapio，1999）。而有的学者研究表明，中国企业国际化研发投资的主要动机是从东道国获取知识和先进的技术即技术获取，而寻求海外市场和对当地生产研发的提供支持并不是中国企业国际化研发投资的主要目的，因为大部分中国企业的目标市场仍然在中国（毛蕴诗，等，2005），而杨震宁的研究与之完全相反，其对中国著名企业案例研究发现中国企业在海外设立的研发机构很少从事研发工作，主要动机是市场开拓和信息获取（杨震宁，等，2010）。有趣的是，有的学者认为发展中国家跨国公司向不同区域进行研发投资的动机各不相同的，向发达国家进行国际化研发投资的主要目的是获取当地先进的科技技术以提高企业技术水平；向其他发展中国家进行研发投资时，基本动机是获取当地顾客、供应商等市场信息，并为当地的生产提供技术支持；而向不发达的国家和地区进行研发投资是为了能够保持自己的先发优势（Yiu，Makino，2002；Zedtwitz，2004）。而陈劲和朱朝晖的研究则与之相反，他们认为中国企业向发达国家投资受到技术开发战略（技术导向）和技术探索战略（市场导向）的双重影响，而非单一的技术探索（陈劲，朱朝晖，2003）。

总体来说，大部分来自发展中国家的企业相对发达国家企业来说，都缺乏两种重要的资源：领先的市场地位和技术创新（Zedtwitz，Gassmann，2002）。技术获取和基于项目的技术学习是我国企业国际化研发最初的主要战略动机，而随着新兴经济体企业研发能力的不断提高，企业会逐步侧重于为拓展企业潜在的技术能力，增强企业创新能力禀赋而进行研发国际化活动（景劲松，等，2003）。

7.2.4　本章研究的切入点

自 20 世纪 60 年代起，跨国公司国际化研发问题一直是战略管理和技术创新研究领域的热门课题，学者们从跨国公司国际化研发的动机、区域选择和组织模式，以及国际化研发的绩效结果等多个角度进行了丰富的研究。其中关于跨国公司国际化研发投入强度、动因及影响因素方面的研究，学者们也从多个方面进行了阐释与尝试。以上研究体现出三个方面的特征。

首先，研究对象以美国、欧洲等发达国家跨国公司为主，对中国、印度等新兴经济体企业的关注不够。造成这种现象的主要有 3 个原因，第一是因为全球国际化研发活动大多来自发达国家企业；第二是因为发达国家国际化研发数据更容易获取，而关于新兴经济体跨国企业国际化研发的数据非常有限，并且大部分的研究数据也集中在少数几个国家，如新加坡、印度和中国。第三是新兴经济体企业国际化研发无论从规模还是数量上普遍较小，因此研究样本数量有限，研究结论的普遍性有待进一步提高。

其次，对中国的研究多以东道国视角为主，分析跨国企业对中国企业进行国际化研发的原因，而对中国作为投资母国其国际化研发投资激发因素的研究不多。随着全球化进程的加剧，越来越多的新兴经济体跨国公司将国际化研发作为提升创新能力、实现技术追赶的一种重要战略（李梅，余天骄，2016）。基于这种技术追赶的战略意图，发展中国家和新兴经济体跨国公司的动因可能呈现与发达国家不同的特点，以发达国家为研究对象的结论并不一定适用于解释新兴经济体和发展中国家。

最后，现关于企业国际化研发投资动因的现有理论，无论是技术寻求、市场开拓还是知识吸收，大都从东道国因素对企业的拉动来考虑和研究，而从企业自身特征出发，研究中国企业内生性要素对国际化研发强度的影响，即企业本身推动力对企业国际化研发强度的影响文献较少，在有关说明企业战略导向以及企业能力对国际化研发强度作用的研究更是缺乏。针对中国企业国际化研发投资动机的研究多以描述性定性研究为主，实证和计量较为缺乏。以少量企业很能判断整个中国企业国际化研发强度激发因素，而且研究结果受到研究人员的经验、能力影响较大。

针对目前有关中国企业国际化研发强度影响因素的研究现状，本章的研究切入点如下。

(1)在研究对象上，将中国作为投资母国，分析激发中国企业提高国际化研发强度的因素。企业国际化战略的相关研究和实证研究日趋成熟，但目前对于企业国际化研发的研究主要集中于发达国家跨国企业，甚少将研发目光投到新兴经济体跨国企业，研究这些企业的国际化研发活动。以中国为代表的新兴经济体企业往往并不具备发达国家跨国公司所拥有的技术和知识整合能力，国际化经验也比较匮乏，其在国际化研发动机、影响因素以及组织模式上可能不同于发达国家，因此，在这样的背景下，更有必要探讨以中国为代表的新兴经济体跨国公司的海外研发强度的激发因素，为企业制定国际化研发决策提供理论依据。

(2)在研究方向上，不同于以往的东道国拉动因素研究，而是从企业内生性要素出发，讨论企业战略导向是否能够有效激发国际化研发投资决策，对国际化研发活动的深化或持续性产生影响，并讨论两者之间的中介传导机制，以及哪些情景因素调节影响战略导向与国际化研发强度的关系，以期对我国企业的国际化研发策略提供一些政策建议。

(3)在研究方法上，从企业微观数据入手进行实证研究。采用 Stata12 软件进行泊松回归分析战略导向对国际化研发的激发作用，以及国际化经验的调节作用；同时使用 Spss19 软件进行因果逐步回归分析和 Bootstrap 方法分析对创新能力禀赋的中介作用进行检验，从而使结果更加客观并具有类推性。

7.3 研究假设

7.3.1 战略导向与国际化研发强度

战略导向决定了企业的行为，并深深地根植于指导企业战略制定的一套价值观中(Gatignon，Xuereb，1997)，这种价值观为企业在竞争性的全球市场中生存与发展提供了关键性的思维(Knight，Cavusgil，2004)，并对企业的国际化决策产生影响(Cheng，Huizingh，2014；王晓燕，等，2017)。现有文献表明，市场导向、技术导向是企业两种重要的战略导向，它们使企业具备了实现竞争优势的能力。市场导向强调高度关注市场需求，通过搜集、获取和响应市场信息来维持顾客价值和利润创造(Jaworski，Kohli，1993)，技术导向则聚焦产品研发活动，致力于获取和发展新兴技术资源，并将新技术和工艺应用于新产品开发(Wind，Mahajan，1997)。市场导向强调适应变化、利用变化，而技术导向则强调制造变化、制造差异(Zhou，Li，2010)，两者分属于"市场引领技术"和"技术驱动市场"两类战略导向，具有不同内部焦点和外在特征，在国际化研发动机、区域选择、资源分配和结构特征上存在差异(杨震宁，等，2010；Li，2005)。

市场导向的企业强调高度关注市场需求(Jaworski，Kohli，1993)，为了满足和设计出符合海外顾客的产品，不得不进行国际化研发，而国际化研发强度关系到市场导向型企业能否快速、准确地收集包括消费者、供应商在内的海外市场信息，并对自身技术进行有效改进。首先，世界各国由于文化背景和风俗习惯的差异，消费习惯和消费倾向大相径庭。跨国公司在东道国生产产品的款式和口味都必须适合当地的消费需求。加大国际化研发投资规模可以更接近国外市场，接近海外顾客，了解市场行情，这些信息是实现母国科技成果的本地化的前提(杜德斌，2005)。其次，为了设计出符合东道国市场的产品以支持其在东道国的生产销售活动，跨国企业必须根据东道国的技术差异、材料性能差别等对母国原有技术进行改进与创新，国际化研发强度关系到企业能否找到技术突破口以及利用当地原材料来研发出符合东道国市场的产品和生产工艺(Jaffe，1986)。最后，在市场调研和顾客开发过程中，市场导向企业国际化研发强度越高，与当地供应商、研发中心、客户进行学习、交流和分享的机会越多（Hitt et al.，1997），越能有效转移通过本地市场交易很难获得的隐性知识，提高学习效率，快速抢占国外市场份额。基于此，本书提出假设1。

假设1：企业战略的市场导向对国际化研发强度具有正向影响。

技术导向强的企业聚焦产品研发活动，进行全球研发布局可以从国际市场获取能迅速提升它们创新能力的先进技术和知识，克服后入者劣势，实现从"落后跟随者"到"快速跟进者"的重要"跳板"（Luo，Tung，2007；Charnley，Cupic，2005）。基于这种技术追赶的战略意图，高技术导向型企业的国际化研发强度较高：第一，大多数新兴经济体国家，政府政策倾向于行业领导者企业而不是更富有创新活力的技术创新企业，由此形成了不利于企业研发和创新活动的国内的制度环境（Peng，Zhou，2005），而研发国际化能提供给新兴经济体高技术导向企业一条绕过母国制度约束的路径（Hsu et al.，2015），为了避开母国政策限制，创造良好研发环境，高技术导向企业倾向加大国际化研发强度；第二，技术导向强的企业为了开发新产品、应用新技术需要多样化程度高的资源和知识，通过国际市场上多种类性知识的互补与融合有助于企业产生新的想法，研发出新的技术，而知识是嵌入在外部研发伙伴中的，加大研发投资力度，将研发活动扩展到全球，可以及时了解技术的最新动态和发展趋势，利于企业获取、跟踪和吸收多样化的隐性知识；第三，通过国际化研发活动获取的先进技术知识只有经过有效吸收和整合才能获取逆向技术溢出效应（Cohen，Levinthal，2000），技术导向型企业因有较高的技术能力和网络能力，能有效促进跨国界、跨组织边界的技术知识流动（彭新敏，等，2012），充分利用、整合提高国际化研发强度后所带来的国际知识技术信息，而具有更高加大研发资源投入的意愿；而国内技术导向较弱的企业，其技术吸收能力一般较弱，不易将海外研发寻求来的新技术知识消化、吸收并进一步创新，提高国际化研发强度的动机较弱。基于此，本书提出假设2。

假设2：企业战略的技术导向对国际化研发强度具有正向影响。

7.3.2　创新能力禀赋与国际化研发强度

企业创新能力的概念内涵的演进经历了"能力—核心能力—吸收能力和动态能力—创新能力"的过程，结合 Xu 和 Fang 等、陈力田和赵晓庆等的观点，企业的创新能力是指企业搜寻、识别、获取和利用外部新知识、或发现已有知识的新组合或新应用，进而产生创造市场价值的内生性新知识所需要的能力（Xu，Fang，等，2013；陈力田，赵晓庆，等，2012）。

拥有一定的异质性资源和能力是企业实施国际化战略的前提（Kotabe et al.，2002），我国企业要成功地进行国际化经营，就必须以自己的核心能力为基础，逐步推进企业的国际化战略（袁兆亿，2004），其中企业创新能力禀赋对企业国际化经营绩效有显著的促进作用（潘清泉，等，2015），事实上，创新能力禀赋的作用不仅体现在生产、销售等这些较为低端的国际化经营活动中，更体现在需要更高程度资源投入的国际化研发活动中，对国际化研发战略的深化和持续至关重要。首先，创新能力禀赋有助于企业快速根据自己的技术特征、生产和产品相对优势对海外市场进行细分，根据战略目标找到适合自己研发活动的潜在市场，一般而言，市场导向型企业在宏观区位上通常倾向于市场规模较大的国家和地区，而技术导向企业以跟踪和获取竞争对手的技术和信息为主要目的，更愿意到专业技术程度高的国家和地区设立国际化研发机构，企业创新能力禀赋越强，对海外市场的细分越加准确。其次，企业需要根据国际研发环境，并结合自身技术实力，对目标市场进行仔细地市场评估和技术评估，以决定是否进入该目标市场进行研发投资。创新能力出众的企业，往往在信息处理能力上出类拔萃，利用科学的分析方法快速、有效地对数据进行分析，判断企业在该目标市场能否实现市场获取型或技术寻求型动机。最后，实施国际化研发战略后，创新能力禀赋有助于企业在目标市场识别、获取有用的市场信息和外部新知识，或发现已有知识的新组合或新应用，进而产生创造市场价值的内生性新知识，成功实现国际化研发战略目标。基于此，本书提出假设3。

假设3：企业创新能力禀赋对国际化研发强度具有正向影响。

7.3.3 战略导向与创新能力禀赋

战略导向影响企业的行为和表现，企业的创新能力禀赋作为一种组织资源配置，一开始就内生在战略导向中，企业在根据外界环境做出回应或者探索新技术新产品的过程，潜在促进创新能力的提升，企业战略导向不同，关注点不同，资源配置也不同，影响创新能力禀赋的机理也不同。

市场导向企业因注重市场变化，能够实现对资源进行快速有效的配置，进而提高企业的创新能力禀赋。这一过程主要体现在两个方面，一是市场导向的企业会不断地跟踪、调研以及满足顾客现期与潜在的消费需求，当顾客需求发生变化时，市场导向会鼓励企业认识这些变化并做相应的改变与革新来满足顾客不断变化的偏好，如投资必要的研发资源用来开发新产品和服务或者改良产品线以及重新设计生产流程，从而使企业创新能力禀赋得到提升（Slater，Narver，1998）；二是市场导向促使企业积极跟踪、获取以及搜集与竞争对手相关的信息，并在财务指标、资源、经验以及能力方面与竞争对手对比，分析自身优势与劣势（Day，Wensley，1988），在此基础上，企业为了响应或者赶超竞争对手，不得不及时调整自己的资源和能力的配置方式（Han et al.，1998），从而促进公司构建创新能力禀赋去适应竞争者的变化。除此之外，市场信息的变动也会影响企业管理体系的调整，使企业的整个运作能够适应市场的变动。因此，战略的市场导向型有利于提高企业的适应能力和研发能力，即增强企业的创新能力禀赋。因此，本书提出假设4。

假设4：企业战略的市场导向对创新能力禀赋具有正向影响。

技术导向促使企业注重新技术的整合与研发，以及探索新产品研发思路或者积极利用新技术研发新产品，这为技术导向积极地影响创新能力禀赋提供了有力证据（Gatignon，Xuereb，1997）。技术导向企业过去的研发经验和生产流程的不断革新使企业积累了丰富的技术知识，这些技术知识一方面可以有助于企业成功地获取、识别和消化吸收外部知识（Zahra，George，2002），另一方面，企业拥有的技术知识越多，就越容易对企业已经消化吸收的知识进行维护和再激活（Garud，Nayyar，1994），当企业需要或者完善这些知识时，技术导向企业能迅速调出相关知识，减少维护和激活成本，并提高效率。而企业获取、识别、消化、维护和再激活知识的能力即是企业的创新能力，因此，企业战略的技术导向有助于创新能力禀赋的培育。陈力田和程凯林对信雅达13年发展历程进行案例分析，结果表明战略的技术导向正向影响企业技术能力的提升，战略的协调能力是创新能力提升的关键（陈力田，程凯林，2009）；Zhou和Gao表明技术导向引导企业预测及认知未来的技术发展趋势，并以之进行重新配置资源而导致企业创新能力的提高（Zhou，Gao，2005）；Katila和Ahuja认为技术导向型企业因聚焦于不断丰富和积累企业的技术创新知识，而具有高的技术创新能力这一特征（Katila，Ahuja，2002）。因此，本书提出假设5。

假设5：企业战略的技术导向对创新能力禀赋具有正向影响。

7.3.4　创新能力禀赋的中介作用

根据以往学者研究可以看出，企业战略导向、创新能力禀赋和国际化研发强度之间存在一定的关系，具体来说，企业实施技术导向或者市场导向可以提高企业的创新能力禀赋和国际化研发强度；企业创新能力禀赋的增强同样可以促使企业提高国际化研发强度；企业创新能力禀赋对其在国际化研发过程中获取市场和谋求技术至关重要。

对于市场导向的企业，其国际化研发的目的是收集海外顾客、竞争者以及市场信息，根据这些信息对原有技术进行改良和革新，开发出适合当地市场的产品和生产工艺，实施产品本地化、技术本地化。在这一过程中面临两大难题，一是海外市场知识信息是内嵌于其特定的文化社会情境中并具有路径依赖性，企业不易获得；二是企业如何吸收、整合这些信息并对原有技术进行改进。此时，市场导向型企业需要具有较强的创新能力禀赋，企业创新能力禀赋强即意味企业具有较强的搜寻、获取信息的能力，能在复杂的国际市场中有效剔除环境中的不利信息，快速、广泛地在外部环境中寻求符合本企业产品特征、技术特征的知识和信息，细分国际市场并对自身产品进行清晰准确的市场定位，也能在与海外供应商、研发中心、客户及竞争者等交流的过程中捕捉到对本企业有利的信息，解决市场导向企业在国际化研发过程中的第一大问题。此外，市场导向型企业需要借助创新能力禀赋来利用外部新知识，快速地根据所获取的信息对原有的产品进行加工、改良，才能赶上本地跨国公司的步伐，形成竞争优势（Xu et al.，2013）。基于以上两点，市场导向型企业提高国际化研发强度并非能够直接获得国外市场，而是需要通过企业创新能力禀赋搜集、获取海外市场信息和改进企业本土技术才能发挥国际化研发的优势。因此，本书提出假设6。

假设6：企业创新能力禀赋是企业战略的市场导向与国际化研发强度之间的中介变量。

技术导向的企业要想通过国际化研发成功获取国际创新资源，提高自身技术水平，创新能力禀赋在中间发挥了不可忽视的作用。首先，国外技术领先的企业一般不会轻易选择创新能力落后的企业，因为合作双方的技术差距如果过大将难以实现共赢，这样的研发合作也不易持久，而创新能力禀赋强的企业能获得更多的与国外技术领先企业合作的机会，并且与国外研发伙伴的沟通和合作也更为顺畅和高效，基于此，技术导向型企业需要具有较强的创新能力禀赋才能在寻找国际研发伙伴时更具优势。其次，企业的创新能力禀赋关乎企业能否敏锐捕捉到海外丰富而国内稀缺的异质性创新资源，这些资源对技术导向型企业降低创新成本提升创新绩效至关重要，创新能力禀赋弱的技术导向型企业可能不具备广泛范围内搜寻隐性创新知识和资源的能力，而在激烈的国际化研发浪潮中被淘汰。最后，技术导向型企业需要对从海外市场获得先进技术知识进行吸收、消化、整合才能实现逆向技术溢出，即企业需要通过创新能力禀赋来利用已有知识和信息创造新技术、整合新技术。鉴于以上三点，企业战略的技术导向促使企业提高国际化研发强度，而创新能力禀赋作为影响企业在国际化研发过程中获取逆向技术溢出大小的关键因素必然受到影响，是企业获取、吸收海外先进技术和知识的前提保证。因此，本书提出假设7。

假设7：企业创新能力禀赋是企业战略导向的技术导向与国际化研发强度之间的中介变量。

7.3.5　国际化经验的调节作用

经验是构建知识和基础资源的关键因素（Levin，2000），一个企业以往的经验往往会形成企业的行为基础并决定着企业的战略演进。国际化经验已经被证实会影响企业的国际化决策和绩效（Miller，Eden，2006；Hultman，Robson，2011），在国际化研发的过程中存在大量超负荷信息和非结构性问题，其所要求的信息量和信息处理难度超出常规人们所具备的信息处理能力，而以往国际化经验的积累有助于决策者剔除无关信息，快速掌握核心内容，解决问题，因此，国际化经验对国际化研发决策至关重要（Liang，Stump，2015）。

国际化经验从三个方面促进市场导向的企业提高国际化研发强度：第一，国际化经验能够帮助市场导向的企业更好地认识国际市场，形成新的、有价值的组织知识，并将这些知识恰当地运用到关键组织流程中，促使组织形成不可模仿的特定职能能力，例如动态能力、营销能力；第二，丰富的国际化经验有助于市场导向型企业提高海外物流供应链的敏捷性（Christopher，Towill，2001），提高产品交付管理子流程的效率，加快海外物流供应速度，提高海外顾客满意水平；第三，国际化经验有助于市场导向型企业深入分析海外顾客需求和购买偏好，便于企业对产品或服务做出正确的价值判断，从而可以有效地运用市场策略来维持和建立顾客关系（许晖，李巍，2011），并制定合理的产品发展计划，改造出适合本地并具有竞争力的国际产品（Bruni，Verona，2009）。因此，本书提出假设8。

假设8：企业国际化经验对战略的市场导向与国际化研发强度之间的关系起调节作用，即企业国际化经验越丰富，战略的市场导向对国际化研发强度的正向效应越大。

对于技术导向的企业而言，国际化经验在其国际化研发中扮演着举足轻重的角色。首先，技术导向企业所需的东道国技术知识信息内嵌于其特定的文化社会情境中，跨国公司在国际化研发过程中需要面对来自上游和下游的外来者劣势，这种劣势成为一种隔离机制阻碍逆向知识溢出效应，使国际化研发效率降低，而随着国际化的深入和经验积累，外来者劣势带来的成本会逐渐减少（Hsu et al.，2015）。其次，全球范围内大量跨地域、跨文化、跨制度边界的研发机构和项目剧增，会给母公司带来巨大的协调和控制压力，而国际化经验丰富的跨国企业由于在实践中积累了足够多的经验和知识，因而有能力降低国际化研发带来的协调和沟通成本，从而更多地进行技术知识的吸收（Brouthers，Hennart，2007）。最后，国际化经验有助于技术导向型企业积累技术知识存量，并不断提升其对东道国知识技术的吸收能力，以及对分散研发资源的整合能力，实现技术创新能力的飞跃（李梅，余天骄，2016）。鉴于此，技术导向型企业国际化经验越丰富，越易提高国际化研发强度。因此，本书提出假设9。

假设9：企业国际化经验对战略的技术导向与国际化研发强度之间的关系起调节作用，即企业国际化经验越丰富，战略的技术导向对国际化研发强度的正向效应越大。

本章主要通过文献研究及理论分析，对企业战略导向、创新能力禀赋和国际化研发强度的关系进行了假设推理，把企业战略导向分为技术导向和市场导向，分析了企业战略的不同导向通过创新能力禀赋对国际化研发强度的影响机理，以及国际化经验的调节作用，提出了相应的九个理论假设，即为企业战略的市场导向和技术导向、创新能力禀赋均对国际化研发强度产生正向影响，其中企业战略不同导向与国际化研发强度关系受到创新能力禀赋的中介作用和国际化经验的调节作用。根据上述分析构建了概念模型图，如下图7-1。

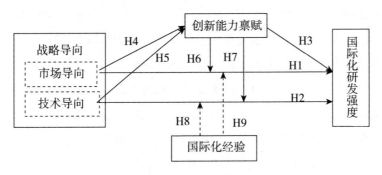

图 7-1 概念模型图

7.4 研究设计

7.4.1 样本选择

企业国际化研发主要通过设立海外研发机构、跨国并购、跨国技术联盟等多种方式开展（曾德明，等，2013），其国际化投资行为需经商务部等部门批准并向商务部备案。因此，基于数据的可获得性，本章以商务部境外投资企业（机构）名录为基础，首先，用 Excel 剔除中国澳门、中国香港、开曼群岛、英属维尔京群岛等以避税为目的的投资企业；其次，高级筛选经营范围含研发性质的企业截至 2015 年年底共有 1486 家；再次，通过百度、天眼查、企业官网和新浪等网站搜索发现 1486 家企业中只有 266 家上市公司，其中深交易所上市的企业126 家，上交易所上市的企业 47 家，新三板上市企业 92 家；最后，剔除 ST 企业样本、剔除企业年报信息中国际市场收入和研发投入数据缺失或披露不明确的样本。最终，获得共 254 个样本 324 个国际化研发机构数。

7.4.2 变量设定与数据来源

（1）国际化研发强度

关于新兴经济体跨国企业国际化研发衡量，最常用的做法是采用二值法衡量企业是否具有国际化研发活动，企业若在海外建有具有研发功能的独立子公司，或者与国外企业开展研发联盟合作等，都视为有国际化研发活动，并取值1，否则取值0（李梅，余天骄，2016），而本章研究目的是探索企业战略的不同导向性对国际化研发强度的激发作用，以及创新能力禀赋的中介作用，无法使用虚拟变量对国际化研发强度衡量，鉴于国际化研发机构是研发国际化最直接的表现形式（吕萍，等，2008），陈衍泰等曾用海外研发投资子公司数来衡量中国企业国际化研发行为（陈衍泰，等，2016）。因此，我们用上市公司国际化研发子公司数量衡量国际化研发强度（ORD），子公司数量越多，国际化研发强度越大；反之亦然。数据来源于商务部境外投资企业目录。

（2）战略导向

现有关战略导向问题的研究，多数学者采用问卷和访谈这两种方式获取数据，然而问卷质量受问卷设计者主观性影响，访谈者和受访者双方情绪与主观性也会影响访谈结果，从而获取的数据缺乏客观性和可比性。为了使研究更加准确，本章使用营销密集度和研发密集度两个客观指标来衡量战略的市场导向（MO）和技术导向（TO）（Thomas et al.，1991；秦令华，等，2012），其中营销密集度由销售费用/总销售额而得，而研发密集度由研发费用/总销售额而得，数据来源于国泰安数据库和企业年报。

（3）创新能力禀赋

关于企业创新能力禀赋的衡量，目前学者们并未达成一致认知，创新能力禀赋是企业利润创造的关键性因素，通过文献梳理发现，创新能力禀赋主要有两种衡量方式：一是通过企业所申请的专利数来进行测量（Xu et al.，2013）；二是通过企业研发技术人员占总员工人数的比例来进行测量（张平，等，2014）。尽管从中国知识产权局可以获取企业的专利申报情况，但难以查询企业的海外研发申请的专利，因此从数据可获得性和准确性角度考虑，本章采用企业研发技术人员占总员工人数的比例来衡量企业的创新能力（IC），数据来源于国泰安数据库和企业年报。

（4）国际化经验

国际化经验主要有三种测量方式：一是用企业观察年度上一年企业所拥有的国外子公司数来衡量，如企业2017年的国际化经验丰富程度数值上等于截至2016年企业全部海外子公司数（李梅，余天骄，2016）；二是用企业观察年度与企业第一个海外子公司建立时间之差来表示（Chen et al.，2012）；三是用海外销售总额占企业全部销售收入的比重来度量（宋渊洋，李元旭，2010；Sambharya，1996）。本章采用第三种做法，用国际化销售收入占比来衡量国际化经验（EXP），占比越大，国际化经验越丰富，数据来源于国泰安数据库和企业年报。

（5）控制变量

第一，企业规模。企业规模与企业吸收能力正相关，进而影响企业国际化研发决策（李梅，余天骄，2016）。因此，以企业的总资产（以亿为单位）取对数表示企业规模（SIZE），进而控制由企业规模差异所带来的影响，数据来源于国泰安数据库和企业年报。

第二，企业年龄。企业年龄越大，经验越丰富，创新能力禀赋越强，并且海外研发伙伴更倾向于与历史底蕴丰富的企业合作，从而使企业年龄影响国际化研发强度。鉴于此，我们需要控制企业年龄（AGE）引起的差异，并采用"2015年减去企业创立年份（保留到月）"的自然对数作为替代变量（李梅，余天骄，2016；Hsu 等，2015），数据来源于国泰安数据库和企业年报。

第三，所有制类型。借鉴已有关于所有制与国际化研发强度方面的研究（李梅，余天骄，2016），我们设立了所有制这一虚拟变量（STATE），当企业为国有企业时取值为 1，否则为 0，数据来自国泰安数据库和企业年报。

第四，股权集中度。控股股东因其拥有企业大量股份，既要承担战略决策带来的主要收益也要承担战略决策成本和风险，进而影响国际化研发战略的制定，我们用企业第一大股东的持股比例表示（Faccio，Lang，2002；张长征，吕悦凡，2017），相关数据来源于企业年报和国泰安数据库。

以上变量设定的详细说明见表 7-1。

表 7-1　变量定义说明

类别	变量名称	符号	变量描述	文献依据
因变量	国际化研发强度	ORD	ORD=企业国际化研发机构数	陈衍泰（2016）
自变量	战略的市场导向型	MO	MO=营销费用/总销售额	Thomas 等（1991）、秦令华（2012）
	战略的技术导向型	TO	TO=研发投入/总销售额	Thomas 等（1991）、秦令华（2012）

类别	变量名称	符号	变量描述	文献依据
中介变量	创新能力禀赋	IC	IC＝企业研发人员/总人员	张平，等（2014）、潘清泉，等（2015）
调节变量	国际化经验	EXP	EXP＝国际化营业收入/营业收入	Sambharya，R. B（1996）、宋渊洋，李元旭（2010）
控制变量	企业规模	SIZE	SIZE＝ln（企业每年年末总资产）	Hsu 等（2015）和李梅，等（2016）
	企业年龄	AGE	AGE＝ln（2015—企业创立日期）	Hsu 等（2015）和李梅，等（2016）
	所有制类型	STATE	国有制企业＝1；非国有制企业＝0	Hsu 等（2015）和李梅，等（2016）
	股权集中度	CR	CR＝第一大股东的持股比例	Faccio M，Lang L H P（2002）、张长征，吕悦凡（2017）

7.4.3 模型构建

7.4.3.1 中介效应模型构建

（1）因果逐步回归分析

温忠麟等在 2004 年将该中介效应检验方法进行总结，提炼了中介效应的检验程序和具体的操作步骤(温忠麟，等，2004)，如图 7-2 所示。

考虑到选取的因变量是中国上市企业截至 2015 年年底国际化研发子公司数，是非负整数的离散变量，对于这类计数数据，在计数模型中通常应用泊松回归模型(陈衍泰，等，2016)，泊松回归模型假设每个 y_i 都是从参数为 λ_i 的泊松分布中抽取的，这个参数与解释变量 X_i 相关。此模型使用条件是分布的期望与方差相等。经过计算，样本期望略微大于方差，不在过度分散现象；另外，通过负二项回归模型检验发现 Prob>=chibar2 =1.000，不拒绝"alpha＝0"的原假设(对应于泊松分布)，即认为应该使用泊松回归模型。因果逐步回归模型如下：

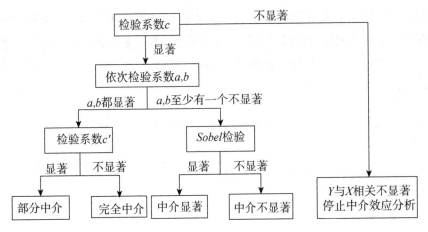

图 7-2 中介效应检验程序

资料来源：温忠麟，等．中介效应检验程序及其应用［J］．心理学报，2004，36(5)：614-620.

模型：1：战略的不同导向与国际化研发强度的泊松回归模型

$$ORD_i = \exp(\alpha_0 + \alpha_1 MO_i + \alpha_2 TO_i + \alpha_3 SIZE_i + \alpha_4 AGE_i + \alpha_5 STATE_i + \xi_1)$$

模型 2：战略的不同导向与创新能力禀赋的线性回归模型

$$IC_i = \beta_0 + \beta_1 MO_i + \beta_2 TO_i + \beta_3 SIZE_i + \beta_4 AGE_i + \beta_5 STATE_i + \xi_2)$$

模型 3：战略的不同导向、创新能力禀赋和国际化研发的泊松回归模型

$$ORD_i = \exp(\gamma_0 + \gamma_1 MO_i + \gamma_2 TO_i + \gamma_3 IC_i + \gamma_4 SIZE_i + \gamma_5 AGE_i + \gamma_6 STATE_i + \xi_3)$$

其中 i 表示企业，ORD_i 表示第 i 家企业 2015 年年底国际化研发机构数，a_0、β_0 和 γ_0 为常数，MO_i、TO_i、IC_i、$SIZE_i$、AGE_i、$STATE_i$ 分别代表第 i 家企业 2015 年年底的战略市场导向型、战略的技术导向型、创新能禀赋、企业规模、企业年龄和所有制类型，ξ 为随机扰动项。同时，为了消除量纲影响以及变量自身变异、数值大小的影响，将除因变量之外的所有变量进行数据标准化后输入 Stata12.0 进行回归分析。

（2）Bootstrap 方法

后来，一些学者指出 Baron 和 Kenny 以及温忠麟等推荐的中介效应检验程序和方法存在诸多问题。针对这些问题，Zhao 等提出了一套更为合理的中介效应检验程序（Zhao 等，2010），见图 7-3，并推荐按照 Preacher 和 Hayes 提出的 Bootstrap 方法进行中介检验，Bootstrap 方法的优点是 a * b 不用服从正态分布，且在无先验信息的情况下结果更合理。Bootstrap 方法要求中介变量必须为连续

变量，且当因变量为多分类变量时，Bootstrap 方法无法实现操作，本章的中介变量为创新能力禀赋是连续型变量，因变量为国际化研发强度时，计数型变量可以近为连续型变量处理，数据符合 Bootstrap 的要求。基于以上，本章使用Bootstrap 方法对中介效应进行稳健性检验。

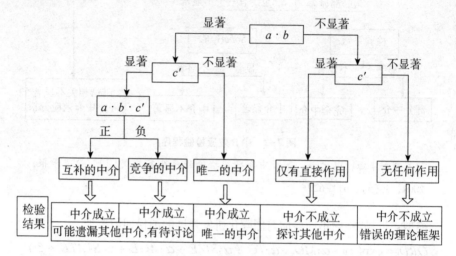

图 7-3　改进的中介效应检验程序

资料来源：ZHAO X，LYNCH J G，CHEN Q. Reconsidering Baron and Kenny：Myths and Truths about Mediation Analysis［J］. Journal of Consumer Research，2010，37（2）：197-206.

7.4.4　调节效应模型构建

根据前文对因变量国际化研发强度数据特征的分析，调节效应模型如下。

模型 4：国际化经验对战略的不同导向与国际化研发强度之间的调节模型

$$ORD_i = \exp(\eta_0 + \eta_1 MO_i + \eta_2 TO_i + \eta_3 EXP_i + \eta_4 MO_i * EXP_i + \eta_5 TO_i * EXP_i + \eta_6 SIZE_i + \eta_7 AGE_i + \eta_8 STATE_i + \xi_4)$$

其中 i、MO_i、TO_i、$SIZE_i$、AGE_i、$STATE_i$、ξ 的含义同上一节所述，EXP_i代表第 i 家企业 2015 年年底的国际化经验。为了降低多重共线性带来的潜在问题，用标准化后的数据生成交叉项输入 Stata12 进行调节效应分析。

7.5　实证检验

7.5.1　描述性统计分析与多重共线性检验

首先，在 Stata12 软件中输入代码"su."计算出各个变量的均值、标准差；其次输入代码"reg ORD MO TO IC SIZE AGE STATE CR"，进行以国际化研发强度为因变量的线性回归，然后输入代码"estat vif"得各个变量的方差膨胀因子，具体数据见表 7-2。从表中可以看出，样本中企业国际化研发机构平均数为1.276，国际化研发水平较低；市场导向均值为 9.05%，技术导向均值为8.18%，创新能力禀赋均值为20.29%，说明进行国际化研发的企业具有较强的市场导向和技术导向，并且具有较高的创新能力禀赋水平，这与我们的猜想相一致。全部变量的方差膨胀因子（VIF）均小于 10，说明变量之前不存在多重共线性干预。

7.5.2　相关分析

由于通过 Stata12 软件只能得到各个变量的相关性矩阵，并不显示显著性水平，进而通过 Spss19.0 软件对中介效应检验涉及 4 个变量进行相关性分析，结果如表7-2 所列。战略的市场导向与国际化研发强度之间具有负向且显著的关系（P<0.01），这与我们猜想相反；而企业的战略的技术导向和创新能力禀赋均与国际化研发强度之间具有正向且显著的关系（P<0.01），而且技术导向与创新能力禀赋之间具有正向且显著的关系（P<0.01），这与我们的猜想一致。然而市场导向与创新能力禀赋的正向关系并不显著，总体而言，解释变量（战略的市场导向和技术导向）与中介变量（创新能力禀赋）和被解释变量（国际化研发强度）之间均存在较为显著的相关关系，中介变量（创新能力禀赋）和被解释变量（国际化研发强度）之间亦存在显著的相关关系。通过相关性分析验证了本章所涉及变量关系之间的相关性关系，证明研究假设还需要验证变量间的因果关系。因此，后文中将通过泊松回归、多元线性回归、因果逐步回归等方法验证各个变量之间的关系。

表7-2　描述性统计和相关系数表

Variables	Mean	Std. Dev.	VIF	1	2	3	4	5	6	7	8
1. ORD	1.2795	0.8783		1							
2. MO	0.0905	0.1576	1.06	-0.199***	1						
3. TO	0.0818	0.0866	1.24	0.399***	0.182***	1					
4. IC	0.2029	0.1701	1.30	0.276***	0.079	0.355***	1				
5. SIZE	1.2324	0.8867	1.99	-0.136**	-0.077	-0.306***	0.395***	1			
6. AGE	1.0849	0.207	1.46	-0.056	0.064	-0.077	-0.266***	0.517***	1		
7. STATE	0.1417	0.3495	1.23	-0.038	-0.072	-0.044	-0.06	0.392***	0.160**	1	
8. CR	0.3835	0.1757	1.21	0.041	-0.108*	0.071	0.133**	-0.339***	-0.328***	-0.01	1

注：***、**、*分别表示在1%、5%、10%的显著水平下通过显著性检验

7.5.3　回归分析

7.5.3.1　泊松回归分析

根据本节的研究问题以及 7.3.1 节对因变量计数特征的讨论，通过 Stata12.0 软件进行泊松回归分析来检验战略导向与国际化研发强度之间的关系，同时，为了消除截面数据带来的异方差现象，本节使用带有稳健标准差的泊松分布。操作步骤如下。第一，模型 1 解释变量仅包括控制变量，观察这些因素对企业国际化研发强度的影响，代码为：poisson ORD SIZE AGE STATE CR，r；第二，模型 2 在模型 1 的基础上加入了企业战略的市场导向，检验市场导向和国际化研发强度的关系，代码为：poisson ORD SIZE AGE STATE CR MO，r；第三，模型 3 在模型 1 的基础上加入了企业战略的技术导向，检验技术导向和国际化研发强度的关系，代码为：poisson ORD SIZE AGE STATE CR TO，r；第四，模型 4 在模型 1 的基础上加入了企业创新能力禀赋，检验创新能力禀赋对国际化研发强度的影响，代码为：poisson ORD SIZE AGE STATE CR IC，r。具体结果见表 7-3。

模型 2 的结果显示，在控制了企业规模、企业年龄、所有制和股权集中度等变量之后，市场导向对国际化研发强度具有非常显著的负向影响（β = − 0.4087，P<0.01），这说明企业战略的市场导向对国际化研发具有抑制作用，与我们的假设相反，假设 1 未得到支持。模型 3 的结果显示，技术导向对国际化研发强度具有非常显著的正向影响（β = 0.6092，P<0.01），这说明企业战略的技术导向对国际化研发强度具有激发作用，假设 2 得到支持。模型 4 的结果显示，企业的创新能力禀赋对国际化研发强度具有非常显著的正向影响（β = 0.1585，P<0.01），这说明企业创新能力禀赋对国际化研发强度具有激发作用，假设 3 得到支持。

表 7-3　泊松回归结果

变量	模型 1	模型 2	模型 3	模型 4
SIZE	-0.1081^*	-0.1355^{**}	-0.0038	-0.0375
	(0.0643)	(0.0640)	(0.0611)	(0.0596)
AGE	0.01396	0.0306	-0.0237	0.0294
	(0.0452)	(0.039)	(0.0418)	(0.0423)

变量	模型 1	模型 2	模型 3	模型 4
STATE	0.0138	0.0102	−0.0101	−0.0068
	(0.0355)	(0.0347)	(0.0317)	(0.0320)
CR	−0.0051	−0.0259	0.0007	0.0016
	(0.0290)	(0.0420)	(0.0343)	(0.0366)
MO		−0.4087 ***		
		(0.1155)		
TO			0.6092 ***	
			(0.0944)	
IC				0.1585 ***
				(0.0358)
N	254	254	254	254
Log likelihood	−313.4671	−309.5593	−307.1078	−309.4802
Wald chi2	5.02	18.38	79.30	23.50
Prob > chi2	0.0047	0.0171	0.0248	0.0003

注：括号中为标准误，＊＊＊、＊＊、＊分别表示在1%、5%、10%的显著水平下通过显著性检验。

7.5.3.2 因果逐步回归分析

根据因果逐步分析的步骤及创新能力禀赋是连续型变量而国际化研发强度是计数变量的特征，本章通过 Stata12.0 进行多元泊松回归和多元线性回归，同上，本章使用带有稳健标准差的泊松分布和线性回归。首先，将战略的市场导向和技术导向同时放入模型，检验在控制另一导向时，该导向对国际化研发强度的影响，代码为"poisson ORD SIZE AGE STATE CR MO TO，r"（如下表7-4模型5结果）；其次，通过代码"reg IC SIZE AGE STATE CR MO TO，r"进行战略的市场导向和技术导向对企业创新能力禀赋的多元线性回归（如下表7-4模型6结果），检验假设4和假设5；最后，通过代码"poisson ORD SIZE AGE STATE CR MO TO IC，r"进行企业战略的市场导向和技术导向、创新能力禀赋对国际化研发强度的多元泊松回归（如下表7-4模型7结果），将其与模型5和模型6的结果结合，可以检验假设6和假设7，具体结果见表7-4。

模型 5 结果显示，在控制技术导向，市场导向对国际化研发强度仍具有非常显著的负向影响（β=-0.4929，P<0.01），在控制市场导向时，技术导向对国际化研发强度仍具有非常显著的正向影响（β=0.67，P<0.01），假设1、假设2符号都不变，说明结果具有一定的稳定性。而且，技术导向的正向作用大于市场导向的负向作用，意味着技术导向对国际化研发强度有更大的影响。模型6的结果显示，企业战略的市场导向对创新能力禀赋具有正向影响（β=0.0483），但是不显著（P>0.1），假设4未得到支持。而企业战略的技术导向对创新能力禀赋具有较显著的正向影响（β=1.079，P<0.05），这说明企业战略的技术导向对创新能力禀赋具有激发作用，假设5得到支持。模型7的结果显示，当同时把战略的市场导向和技术导向、创新能力禀赋加入解释变量后，市场导向的回归系数仍为负且非常显著（β=-0.5119，P<0.01），技术导向的系数仍为正且非常显著（β=0.6028，P<0.01），创新能力禀赋的回归系数仍为正且非常显著（β=0.1296，P<0.01）。根据因果逐步分析的步骤，自变量企业战略的市场导向与中介变量创新能力禀赋的正向结果不显著（即假设4未得到支持），说明创新能力禀赋在市场导向和国际化研发强度的关系中未起到中介作用，即假设6未得到支持。而通过创新能力禀赋对技术导向和国际化研发强度关系的因果逐步分析发现：首先，自变量技术导向对因变量国际化研发强度回归系数 c 显著；其次，自变量技术导向对中介变量创新能力禀赋的回归系数 a 显著；最后，在企业战略导向、创新能力禀赋和国际化研发强度的整体回归模型中，中介变量创新能力禀赋回归系数 b 显著，同时自变量技术导向回归系数 c'（0.6028）相对于c（0.67）减小，说明创新能力禀赋在技术导向和国际化研发强度的关系中起到部分中介作用，即假设7得到支持。

表 7-4　因果逐步回归结果

变量	模型 5：DV = ORD	模型 6：DV = IC	模型 7：DV = ORD
SIZE	-0.0281	-0.2955***	0.0154
	(0.0575)	(0.0681)	(0.0515)
AGE	-0.0081	-0.1168	0.0114
	(0.0389)	(0.0765)	(0.0371)
STATE	-0.0147	0.0857	-0.0296
	(0.0298)	(0.0599)	(0.0273)

变量	模型 5：DV=ORD	模型 6：DV=IC	模型 7：DV=ORD
CR	−0.0240	−0.0207	−0.0178
	(0.0365)	(0.0568)	(0.0342)
MO	−0.4929***	0.0483	−0.5119***
	(0.1255)	(0.1253)	(0.1289)
TO	0.6700***	1.0790**	0.6028***
	(0.1027)	(0.5883)	(0.1040)
IC			0.1296***
			(0.0283)
N	254	254	254
R−squared		0.2330	
F		8.36***	
Log likelihood	−301.7024		−299.0917
Wald chi2	70.40		80.08
Prob > chi2	0.0420		0.0000

注：括号中为标准误，＊＊＊、＊＊、＊分别表示在1%、5%、10%的显著水平下通过显著性检验。

7.5.4 中介效应的稳健性检验

通过7.3节的分析，我们使用 Bootstrap 方法重新验证"战略的不同导向—创新能力禀赋—国际化研发强度"，对企业战略的不同导向通过创新能力禀赋对国际化研发强度的间接效应进行稳健性检验。首先，由于因变量是计数型变量的特征，在使用 Bootstrap 方法回归之前，对因变量取对数，将泊松回归模型转化为线性回归模型；其次，在 Spss19.0 软件中安装 Process 插件；最后，按照简单中介效应分析步骤操作。根据本节研究目标，验证"市场导向—创新能力禀赋—国际化研发强度"这一中介过程的具体操作步骤如下：第一，将自变量(市场导向)、中介变量(创新能力禀赋)、控制变量(技术导向、企业规模、企业年龄、所有值类型和股权集中度)和因变量(国际化研发强度)选入相应的选项框，模型设置为4，样本量选择5000，并勾选偏差校正的非参数百分位法，置信度设置为90%，点击确定键即可；第二，将置信度设置为95%，其他设定不变；第三，将置信度设置为

99%，其他设定不变。经整理，结果见表7-5的模型a。同理，验证"技术导向—创新能力禀赋—国际化研发强度"这一中介过程的操作步骤基本同上，即把自变量改为技术导向，市场导向设定为控制变量，整理的结果见表7-5的模型b。

模型a的结果表明，市场导向通过创新能力禀赋对国际化研发强度的间接效应是不显著的，因为在90%、95%和99%的置信水平下，置信区间都包括0，即间接效应P>0.1，本章的假设6未得到支持，同因果逐步回归分析模型7的结论；而模型b的结果表明，技术导向通过创新能力禀赋对国际化研发强度的间接效应是显著的，因为在90%、95%的置信水平下，置信区间都不包括0，而在99%的置信水平下，置信区间包括0，即间接效应在95%的水平下是显著的(β=0.0942，P<0.05，95%CI[0.0158，0.3101])，本章的假设7得到支持，结果同因果逐步回归分析模型7的结论也一致。因此，基于Bootstrap分析的稳健性检验通过。

表7-5 基于 Bootstrap 分析的稳健性检验

	国际化研发强度			
	模型 a 市场导向—创新能力禀赋— 国际化研发强度		模型 b 技术导向—创新能力禀赋— 国际化研发强度	
Bootstrap 估计	b	SE	b	SE
控制变量				
MO			−0.2901	0.0449
TO	0.6984 ***	0.0888		
SIZE	0.0161	0.0267	0.0161	0.0267
AGE	0.011	0.0233	0.011	0.0233
STATE	−0.0154	0.0207	−0.0154	0.0207
CR	0.0006	0.0207	0.0006	0.0207
路径分析				
X−M	0.0483	0.1316	1.079 ***	2.2512
M−Y	0.0837 ***	0.0217	0.0837 ***	0.0217
总效应	−0.2859 ***	0.046	0.7926 ***	0.088
直接效应	−0.2901 ***	0.0449	0.6984 ***	0.0888

	国际化研发强度			
	模型 a 市场导向—创新能力禀赋— 国际化研发强度		模型 b 技术导向—创新能力禀赋— 国际化研发强度	
间接效应	0.0042	0.0117	0.0942**	0.0758
Bootstrap 90% CI	[-0.0109, 0.0273]		[0.0241, 0.2652]	
Bootstrap 95% CI	[-0.0153, 0.0314]		[0.0158, 0.3101]	
Bootstrap 99% CI	[-0.0248, 0.0421]		[-0.0072, 0.4500]	
R^2	0.3582		0.3852	

注：括号中为标准误，＊＊＊、＊＊、＊分别表示在1％、5％、10％的显著水平下通过显著性检验。

7.5.5 研究结果与讨论

7.5.5.1 战略导向与国际化研发强度的关系

（1）市场导向与国际化研发强度

模型2回归结果显示，企业战略的市场导向与国际化研发强度的回归系数是β=-0.4087，在1％的水平上达到显著，本章的假设1（企业战略的市场导向对国际化研发强度具有正向影响）未得到支持，并且得到相反的结果。这表明基于市场寻求型动机广泛进行国际化研发并不适合我国，我国还不具备针对国外市场信息及技术信息大规模实施技术应用型国际化研发的能力和条件，这与李梅和余天骄、Awate 和 Larsen 等的研究观点相一致（李梅，余天骄，2016；Awate，Larsen，2015）。

一方面，我国市场导向型企业在选择海外研发伙伴时具有劣势，若与那些比中国母国企业研发实力弱的国外企业合作，这要求我国母国企业自身的技术工艺强，才能实现以"利用"式为主，利用自身已有的技术工艺优势，做出简单的调整和改变，最终获得更多的国外用户需求的情报。而我国企业与国外欧美发达国家的技术存在一定差距，那些比我们研发实习还弱的企业通常会选择欧美发达国家的企业开展研发合作，并向他们学习先进的知识和技能。若与国外那些实力雄厚的跨国企业合作，需要积累一定的国际合作经验，如果缺乏很好的研发合作和平等对话的平台，国外企业不太会选择实力较差的中国本土企业开展研发合作，基于此点我国市场导向型企业很难提高国际化强度进行市场寻求。另一方面，从交易成本理论来看，世界各国由于文化背景和风俗习惯的差异，消费习惯和消费倾向大相径庭，企业获得国外顾客和国外市场信息难度大、任务重，而且协调不同地理区域或国家的研发合作伙伴之间的关系与差异的成本高。而我国市场导向型企业信息获取、收集能力同发达国家存在一定差距，在国际化研发过程中倾向于简单的调整和改变，由于单一国家的用户偏好、技术标准以及政策规制等比较相似、也容易得到满足，因此，我国市场导向强的企业更倾向于选择单一国家的研发伙伴(张妍，等，2016)或与自己文化背景相似的东道国进行国际化研发投资，具有较低的国际化研发强度。

(2)技术导向与国际化研发强度

模型 3 结果显示，企业战略的技术导向与国际化研发强度的回归系数是 β = 0.6092，在 1% 的水平上达到显著，本章的假设 2(企业战略的技术导向对国际化研发强度具有正向影响)得到支持。大多数新兴经济体国家环境制度较差(Peng，Zhou，2005)，技术导向型企业通过将研发活动布局在制度完善的发达国家能更好地保证其国际化研发和创新活动，最终有利于企业创新绩效提升；同时将研发活动分散到全球，可以及时跟踪和快速掌握技术知识的最新动态，了解技术发展趋势，获得多种类型的知识，通过知识之间的互补性和整合性更能促使企业产生新的想法，研发出新的技术；再者，技术导向型企业一般比市场导向型企业具有更强的技术吸收能力，能迅速吸收和转化国际化子公司转移回来的国外技术知识。鉴于此，新兴经济体技术导向型企业有动机、有能力加大国际化研发投资。

7.5.5.2　创新能力禀赋与国际化研发强度的关系

模型 4 结果显示，企业创新能力禀赋与国际化研发强度的回归系数是 β = 0.1585，在 1% 的水平上达到显著，本章的假设 3(企业创新能力禀赋对国际化研发强度具有正向影响)得到支持。创新能力禀赋强的企业具有较强的信息收集、数据处理以及自我认知能力，对企业根据国际市场环境以及自身技术特征，快速、准确划分海外研发市场、有效地评估目标市场至关重要；同时，扩张海外研发活动范围后，需要创新能力禀赋在高度动态、复杂的海外环境中，迅速获取外部市场和技术知识信息，寻求潜在市场和潜在需求，辨别环境中新技术的发展势头，并能对外部环境变化率先做出反应和调整，实现国际化研发的市场寻求型或技术获取型动机。

7.5.5.3 战略导向与创新能力禀赋的关系

（1）市场导向与创新能力禀赋

模型 6 结果显示，企业战略的市场导向与创新能力禀赋的回归系数是 $\beta = 0.0483$，不显著，本章的假设 4（企业战略的市场导向对创新能力禀赋具有正向影响）未得到支持。可能的原因，一是中国的很多企业在新产品开发过程中不能完全有效地执行市场导向的概念（Jeong et al.，2006），获取顾客和竞争者的信息后，忽略或者不能有效、及时地调整企业资源与能力的配置方式，未能使企业整个创新能力体系适应市场的变化，创新能力禀赋未得到提升；二是在动态市场环境下，中国的市场导向型企业通常非常关注与其所服务的市场，其市场信息往往会限于其现有的客户和竞争对手，而忽视企业长远发展所需要的新知识和新技术，从而不利于企业的创新能力禀赋的提升。

（2）技术导向与创新能力禀赋

模型 6 结果显示，企业战略的技术导向与创新能力禀赋的回归系数是 $\beta = 1.079$，在 5% 的水平上达到显著，本章的假设 5（企业战略的技术导向对创新能力禀赋具有正向影响）得到支持。一方面，技术导向型企业因强调在新产品开发中使用先进的技术，快速地整合新技术、积极地开发新技术，而注重对创新能力禀赋的培育；另一方面，技术导向的公司先前研发经验和流程所积累的丰富技术知识，可以帮助企业更成功地获取、识别和消化吸收外部知识（Zahra，George，2002），以及对知识进行维护和再激活（Garud，Nayyar，1994）。即技术导向型企业注重知识经验积累有利于培育创新能力禀赋。

7.5.5.4 创新能力禀赋的中介作用

（1）对市场导向与国际化研发强度关系的中介作用

通过对模型 7 与模型 6 的结果分析，以及 Bootstrap 中模型 a 的结果，说明创新能力禀赋在市场导向影响国际化研发强度机制中不起中介作用，假设 6（企业创新能力禀赋是企业战略的市场导向与国际化研发强度之间的中介变量）未得到支持。诚然，市场导向型企业需要借助企业的创新能力禀赋，在海外市场搜寻、获取符合本企业产品定位的市场和资源信息，并对这些信息吸收、整合来改良原有的技术。然而，正如前文所分析的那样，市场导向并非必然提高创新能力禀赋，更非必然减缓中国市场导向型企业对国际化研发强度的抑制作用。

或者，可以这样说，针对企业创新能力禀赋的形成，光有企业对市场上顾客和竞争者的关注是不行的，还需要企业搜集新技术和新知识，加强对创新能力的重视度，及时调整企业资源配置使创新能力体系适应环境的变化。

（2）对技术导向与国际化研发强度关系的中介作用

同样地通过对模型7与模型6的结果分析，以及Bootstrap中模型b的结果，这说明创新能力禀赋在技术导向影响国际化研发强度机制中起部分中介作用，假设7（企业创新能力禀赋是企业战略的技术导向与国际化研发强度之间的中介变量）得到支持。技术导向强的企业重视研发，认为新颖的研发创新和不断完善的技术方案是企业获取顾客价值和保持长期竞争优势的最好方式（Knight, Cavusgil, 2004；Grinstein, 2008），因而技术导向型企业同时关注内部技术资源与外部技术机会，从内外两个方面造就了企业独特的创新能力禀赋，形成企业难以模仿的异质性能力。在国际化研发过程中，技术导向型企业因具有较强的创新能力禀赋能获得更多的与国外技术领先企业合作的机会，与国外研发合作伙伴的沟通和合作也将更为顺畅和高效，同时在捕捉、获取、吸收、整合从国际市场上获得的先进技术知识和创新资源也更加顺利。

7.6　战略导向、国际化经验与国际化研发强度的实证检验

7.6.1　描述性统计分析与多重共线性检验

首先，将样本数据输入Stata12软件Date edition窗口，在代码窗口输入"su."计算出各个变量的均值、标准差；其次输入代码"reg ORD MO TO EXP SIZE AGE STATE CR"，进行以国际化研发强度为因变量的线性回归，然后输入代码"estat vif"得各个变量的方差膨胀因子，具体数据见表7-6。其中国际化研发强度、战略的市场导向和技术导向的均值和方差同表7-2，在此不做重复。国际化经验的均值为20.37%，国际化经验水平较高，这与我们的猜想相一致。全部变量的方差膨胀因子（VIF）均小于10，说明变量之前不存在多重共线性干预。

7.6.2　相关分析

本节的相关分析步骤同 7.4 节，仍然是通过 Spss19.0 软件对调节效应检验涉及 4 个变量进行相关性分析，结果如表 7-6 所列。其中战略的市场导向、技术导向与国际化研发强度之间的关系和显著性同表 7-2，在此本节不做重复。而企业的国际化经验(调节变量)与国际化研发强度(因变量)之间具有正向且显著的关系($P<0.1$)，这与我们的猜想一致；另外，我们还发现企业的国际化经验(调节变量)与战略的市场导向(解释变量)具有负向且显著的关系($P<0.05$)。通过相关性分析对本次的研究假设进行了初步的验证，接下来通过多元泊松和多元线性回归的方法验证调节效应。

7.6.3　层次泊松回归分析

层次回归分析方法使得研究者能够根据变量的因果关系设定变量进入模型的顺序，从而能够清晰地呈现新进入的变量解释因变量的贡献程度；再结合本章因变量计数型变量的特征，本节我们利用 Stata12.0 软件使用带有稳健标准差的层次泊松分布，逐步验证国际化经验对企业战略的不同导向和国际化研发强度之间关系的调节作用。操作步骤如下。第一，模型 8 同模型 1，解释变量仅包括控制变量，代码为：poisson ORD SIZE AGE STATE CR，r；第二，模型 9 在模型 8 的基础上加入了企业战略的市场导向、技术导向和国际化研发经验，将多个解释变量同时加入模型，体现了多元回归的概念，代码为：poisson ORD SIZE AGE STATE CR MO TO EXP，r；第三，模型 10 在模型 9 的基础上加入了企业战略的市场导向和国际化经验的交叉项，首先通过代码"gen t1 = MO ∗ EXP"生产新的变量交叉项，然后通过代码"poisson ORD SIZE AGE STATE CR MO TO EXP t1，r"来验证国际化经验在市场导向影响国际化研发强度中的调节作用；第四，模型 11 在模型 9 的基础上加入了企业战略的技术导向和国际化经验的交叉项，首先通过代码"gen t2 = TO ∗ EXP"生产新的变量交叉项，然后通过代码"poisson ORD SIZE AGE STATE CR MO TO EXP t2，r"来验证国际化经验在技术导向影响国际化研发强度中的调节作用；第五，模型 12 在模型 9 的基础上同时加入了企业战略的市场导向、技术导向和国际化经验的交叉项，通过代码"poisson ORD SIZE AGE STATE CR MO TO EXP t1 t2，r"来同时验证国际化经验在市场导向、技术导向影响国际化研发强度中的调节作用，检验模型的稳定性，具体结果见表 7-7。

表 7 - 6 描述性统计和相关系数表

Variables	Mean	Std. Dev.	VIF	1	2	3	4	5	6	7	8
1. ORD	1.2795	0.8783		1							
2. MO	0.0905	0.1576	1.08	-0.199***	1						
3. TO	0.0818	0.0866	1.16	0.399***	0.182***	1					
4. EXP	0.2037	0.2458	1.06	0.077*	-0.121**	-0.11	1				
5. SIZE	1.2324	0.8867	1.9	-0.136**	-0.077	-0.306***	0.152**	1			
6. AGE	1.0849	0.207	1.45	-0.056	0.064	-0.077	0.135**	0.517***	1		
7. STATE	0.1417	0.3495	1.23	-0.038	-0.072	-0.044	-0.028	0.392**	0.160**	1	
8. CR	0.3835	0.1757	1.21	0.041	-0.108*	0.071	-0.031	-0.339***	-0.328***	-0.01	1

注：***、**、*分别表示在1%、5%、10%的显著水平下通过显著性检验。

　　模型9的结果显示，在控制了企业规模、企业年龄、所有制以及股权集中度等变量之后，同时将企业战略的市场导向、战略导向和国际化研发经验禀赋加入回归模型，企业战略的市场导向对国际化研发强度仍然具有非常显著的负向影响（P<0.01），回归系数从-0.4087下降到-0.4752，变化幅度不大；企业战略的技术导向对国际化研发强度仍然具有非常显著的正向影响（P<0.01），回归系数从0.67上升降到0.6713，变化幅度也不大，且技术导向的正向作用仍然大于市场导向的负向作用，再次说明了变量间不具有多重共线性；与此同时，企业国际化经验与国际化研发强度具有正向且显著的关系（β=0.0680，P<0.1），这说明企业国际化经验影响国际化研发决策，对国际化研发强度具有激发作用。

　　模型10的结果显示，当加入市场导向和国际化经验的交叉项后，国际化经验与国际化研发强度的正向关系变得不显著（β=0.0118，P>0.1），并且交叉项与国际化研发强度具有负向关系但是不显著（β=-0.263，P>0.1），这说明企业的国际化经验在市场导向影响国际化研发强度中不具有调节作用，假设8未得到支持。模型11的结果显示，当加入技术导向和国际化经验的交叉项后，国际化经验与国际化研发强度的正向关系明显变大（回归系数从0.0680上升降到0.1934），并且显著性水平提高（P<0.1变为P<0.05），并且交叉项对国际化研发强度具有显著的正向影响（β=1.515，P<0.05），这说明企业的国际化经验在技术导向影响国际化研发强度中起到调节作用，假设9得到支持。另外模型12的结果显示，当同时把战略的市场导向、技术导向以及它们与国际化研发强度的交叉项同时加入解释变量后，市场导向的回归系数仍为负且非常显著（β=-0.6892，P<0.01），技术导向的系数仍为正且非常显著（β=2.3608，P<0.01），假设1和假设2符号不变，说明结果具有一定的稳定性。而且，技术导向的正向作用大于市场导向的负向作用，意味着技术导向对国际化研发强度有更大的影响。

表 7-7　层次泊松回归结果

变量	模型 8	模型 9	模型 10	模型 11	模型 12
SIZE	-0.1081*	-0.0392	-0.0384	-0.0498	-0.0544
	(0.0643)	(0.0568)	(0.0575)	(0.0559)	(0.0549)
AGE	0.01396	-0.0154	-0.0207	0.0233	0.0314
	(0.0452)	(0.0429)	(0.0454)	(0.0377)	(0.0357)
STATE	0.0138	-0.0067	-0.0074	-0.0015	0.0023
	(0.0355)	(0.0278)	(0.0284)	(0.0271)	(0.0273)
CR	-0.0051	-0.0265	-0.0255	-0.0051	-0.0327
	(0.0290)	(0.0383)	(0.0379)	(0.0293)	(0.0282)
MO		-0.4752***	-0.5156***	-0.6447***	-0.6892***
		(0.1154)	(0.1326)	(0.1759)	(0.0971)
TO		0.6866***	0.6713***	1.8593***	2.3608***
		(0.1098)	(0.1062)	(0.5261)	(0.2492)
EXP		0.0680*	0.0118	0.1934**	0.1567***
		(0.0378)	(0.0422)	(0.0890)	(0.0413)
MO * EXP			-0.2630		-0.4678***
			(0.2066)		(0.0912)
TO * EXP				1.5150**	2.2121***
				(0.6378)	(0.3091)
N	254	254	254	254	254
Log likelihood	-313.4671	-300.9477	-299.6312	-296.0623	-291.0938
Wald chi2	5.02	67.37	73.22	85.87	197.99
Prob > chi2	0.0047	0.00000	0.00000	0.00000	0.00000

注：括号中为标准误，＊＊＊、＊＊、＊分别表示在1%、5%、10%的显著水平下通过显著性检验。

7.6.4　调节效应的稳健性检验

为了进一步检验调节效应结论的稳健性，本节进行了两种方式的稳健性检验。一是借鉴李梅和余天骄的研究，用企业在观测年度上一年的海外子公司总数目来衡量国际化经验，对调节变量（国际化经验）重新取值进行稳健性检验（李梅，余天骄，2016）；二是根据陈岩、Hsu 等有关企业国际化战略的研究，增加本章控制变量资产结构（CSTR＝负总债/总资产），以及企业盈利能力（ROA＝净利润/总资产平均余额）做进一步稳健性检验（陈岩等，2015；Hsu 等，2015）。

表 7-8 报告了改变调节变量国际化经验衡量方式的稳健性结果，由模型13、模型 14 和模型 15 可以看出，企业战略的市场导向在 1%的水平下显著为负，市场导向在 1%的水平下显著为正，国际化经验在 10%的水平下显著为正；同时，国际化经验对市场导向与国际化经验之间的关系不具有调节作用，在 5%的显著性水平下对战略的技术导向与国际化经验之间的关系具有调节作用，结论基本不变。因此，改变国际化经验的衡量方式稳健性检验通过。

表 7-8　基于调节变量的稳健性检验

变量	模型 8	模型 13	模型 14	模型 15	模型 16
SIZE	−0.1081	−0.0163	−0.0098	−0.0026	−0.0021
	(0.6432)	(0.0631)	(0.0631)	(0.0648)	(0.0649)
AGE	0.01396	−0.0093	−0.0116	0.0051	0.0070
	(0.0452)	(0.0392)	(0.0395)	(0.0379)	(0.0390)
STATE	0.0138	−0.0146	−0.0087	−0.0112	0.0096
	(0.0355)	(0.0296)	(0.0288)	(0.0287)	(0.0281)
CR	−0.0051	−0.0227	−0.0256	−0.0172	−0.0196
	(0.0290)	(0.0360)	(0.0365)	(0.0347)	(0.0372)
MO		−0.4891***	−0.4408***	−0.4928***	−0.4693***
		(0.1240)	(0.1087)	(0.1236)	(0.1053)
TO		0.6770***	0.6847***	0.9553***	0.9033***
		(0.1048)	(0.1058)	(0.1607)	(0.1652)
EXP		0.0320*	0.0352*	0.0501*	0.1253**
		(0.0178)	(0.0019)	(0.0028)	(0.0511)
MO*EXP			0.3094		0.1403
			(0.2159)		(0.2927)

变量	模型 8	模型 13	模型 14	模型 15	模型 16
TO * EXP				0.9439**	0.7549*
				(0.3706)	(0.4430)
N	254	254	254	254	254
Log likelihood	−313.4671	−301.5929	−301.3083	−301.1457	−301.1107
Wald chi2	5.02	71.08	80.25	84.13	91.02
Prob > chi2	0.0047	0.00000	0.00000	0.00000	0.00000

注：括号中为标准误，＊＊＊、＊＊、＊分别表示在 1%、5%、10%的显著水平下通过显著性检验。

表 7-9 报告了增加控制变量后的稳健性检验结果，不管是主效应（模型 18）还是调节效应（模型 19 和模型 20），其估计结果都与表 7-8 中主模型估计的结果保持一致，即企业战略的市场导向对国际化研发强度仍然具有非常显著的负向影响（P<0.01），企业战略的技术导向对国际化研发强度仍然具有非常显著的正向影响（P<0.01），企业的国际化经验对国际化研发强度仍然具有显著的正向影响（P<0.1）；同时国际化经验在市场导向影响国际化研发强度中不具有调节作用，在技术导向影响国际化研发强度中具有调节作用（P<0.05）。因此，增加控制变量后稳健性检验也通过。

表 7-9　基于控制变量的稳健性检验

变量	模型 17	模型 18	模型 19	模型 20	模型 21
SIZE	−0.0821	−0.0296	−0.0298	−0.0461	−0.0556
	(0.0687)	(0.0643)	(0.0649)	(0.0625)	(0.0610)
AGE	0.01491	−0.0131	−0.0190	0.0214	0.0279
	(0.0427)	(0.0391)	(0.0414)	(0.0359)	(0.0339)
STATE	0.0074	−0.0041	−0.0045	−0.0005	0.0029
	(0.0349)	(0.0260)	(0.0264)	(0.0263)	(0.0266)
CR	−0.0041	−0.0298	−0.0296	0.0007	0.0262
	(0.0378)	(0.0365)	(0.0362)	(0.0289)	(0.0282)
CSTR	−0.2269	−0.1000	−0.0681	−0.0165	0.0985
	(0.2708)	(0.2350)	(0.2369)	(0.2072)	(0.2164)

变量	模型 17	模型 18	模型 19	模型 20	模型 21
ROA	0.6485 **	0.7938 ***	0.8846 ***	0.3807 *	0.4282 *
	(0.3269)	(0.2742)	(0.2838)	(0.2200)	(0.2420)
MO		−0.4884 ***	−0.5278 ***	−0.6421 ***	−0.6859 ***
		(0.1171)	(0.1322)	(0.1773)	(0.0952)
TO		0.8672 ***	0.8760 ***	1.8912 ***	2.4379 ***
		(0.1460)	(0.1444)	(0.5277)	(0.2777)
EXP		0.0603 *	0.0011	0.1840 **	0.1519 ***
		(0.0348)	(0.0409)	(0.0935)	(0.0445)
MO * EXP			−0.2829		−0.4476 ***
			(0.1986)		(0.0915)
TO * EXP				1.4450 **	2.1771 ***
				(0.6743)	(0.3404)
N	254	254	254	254	254
Log likelihood	−312.3842	−300.0392	−298.5752	−295.8904	−290.8401
Wald chi2	16.22	78.76	80.52	88.19	175.15
Prob > chi2	0.0126	0.00000	0.00000	0.00000	0.00000

注：括号中为标准误，＊＊＊、＊＊、＊分别表示在 1%、5%、10%的显著水平下通过显著性检验。

7.6.5　结果与讨论

（1）国际化经验对市场导向与国际化研发强度关系的调节作用

主模型 10 和稳健性检验中模型 11 以及模型 19 的结果显示，市场导向和国际化经验的交叉项与国际化研发强度的回归系数不显著，本章的假设 8（企业国际化经验对战略的市场导向与国际化研发强度之间的关系起调节作用）未得到支持。可能的原因在于，大多数新兴经济体企业基于技术获取型动机而非市场寻求型动机进行国际化研发，正如模型 2 所显示的，新兴经济体企业的市场导向与国际化研发强度负相关，虽然国际化经验有利于市场导向型企业寻求海外市场，然而新兴市场企业普遍缺乏国际市场运作经验（Luo，Tung，2007），国际化经验带来的正向影响并不显著或者说还不能抵消新兴经济体企业在海外寻求市场的劣势,从而并不影响市场导向对国际化研发强度的负向关系。

(2)国际化经验对技术导向与国际化研发强度关系的调节作用

主模型 11 和稳健性检验中模型 12 以及模型 20 的结果显示,技术导向和国际化经验的交叉项与国际化研发强度的回归系数均为正,并都在 5% 的水平上达到显著,本章的假设 9(企业国际化经验对战略的技术导向与国际化研发强度之间的关系起调节作用)得到支持,结合模型技术导向与国际化研发强度的回归系数为正,说明企业国际化经验越丰富,战略的技术导向型对国际化研发强度的正向效应越大。拥有丰富国际化经验的跨国公司更能应付复杂和动态的国际环境,这将有利于技术导向型企业的国际化研发活动从而促进创新。从组织学习视角来看,海外研发只是为技术导向型企业提供了获取国外技术资源和学习国外知识的机会,而拥有丰富国际化经验的企业能快速对这些资源和学习机会进行识别和有效利用(Elango,Pattnaik,2007),从而在国际化研发活动中取得更好的学习效果,促进企业技术进步和创新。

7.7 结论与启示

7.7.1 主要结论

本研究以中国企业国际化研发强度的激发因素作为关注的焦点,从企业内生性要素出发,综合运用了理论研究和样本统计分析的研究方法,并运用了Spss19 软件、Stata12 软件以及 Process 插件,将定性与定量分析相衔接,剖析了企业战略特征、内生的资源禀赋对中国企业国际化研发强度的影响,以及变量之间的科学关系和黑箱运作机制,得到了如下研究结论。

(1)企业战略的市场导向型对国际化研发强度具有显著的抑制作用,而企业战略的技术导向型对国际化研发强度具有显著的激发作用。与发达国家跨国企业的市场寻求型国际化研发投资动机相比,新兴经济体企业国际化研发投资的主要动机是为了充分利用海外市场获取创新资源和进行技术学习(李梅,余天骄,2016),我国企业还不具备针对国外市场信息及技术信息大规模实施技术应用型国际化研发的能力和条件,我国市场导向型企业在选择研发伙伴时具有劣势，并且收集、获取国外顾客、供应商和竞争者的信息能力不足，因而具有较低的国际化研发强度；而高技术导向型企业因其有更高的创新意愿和技术能力，能够更好地整合和利用国际化研发网络带来的先进技术知识，促进产品生产流程的改进和新技术的开发，从而提高企业的产品创新绩效，因而更倾向提高国际化研发强度。

（2）创新能力禀赋对国际化研发强度具有显著的激发作用，并且在战略的市场导向型与国际化研发强度之间不具有中介作用，而在战略的技术导向型与国际化研发强度之间起部分中介作用。创新能力出众的企业，往往在国际化研发过程中探索新知识、开发新知识、应用新知识以及吸收储备外部知识和信息能力上出类拔萃，企业创新能力越强，越易提高国际化研发强度。而中国的很多市场导向型企业一方面过分关注与其所服务的市场中现有顾客和竞争者的信息，忽略企业长期发展所需的新知识和新技术；另一方面，企业不能完全有效地执行市场导向的概念（Jeong et al.，2006），未能使企业整个创新能力体系适应市场的变化，创新能力禀赋未得到提升。而技术导向型企业注重对创新能力禀赋的培育并且其先前研发经验和流程所积累的丰富技术知识有利于培育创新能力禀赋，并且创新能力禀赋在高技术导向型企业从国际市场获取、配置、吸收技术资源过程中发挥了不可忽视的作用，关系到企业能否获得国际化研发网络的协同效应，实现从"落后跟随者"到"快速跟进者"的重要"跳板"。因此，技术导向型企业可以通过提高企业的创新能力禀赋的水平来增强国际化研发强度，获得国际化研发逆向技术溢出效应，提高技术产业化水平。

（3）企业国际化经验对战略的市场导向与国际化研发强度之间的关系未起到调节作用，而对战略的技术导向与国际化研发强度之间的关系起到正向调节作用。国际化经验虽然有利于市场导向型企业寻求海外市场，然而由于新兴市场企业普遍缺乏国际市场运作经验（Luo，Tung，2007），国际化经验带来的正向影响并不显著或者说还不能抵消新兴经济体企业在海外寻求市场的劣势，从而并不影响市场导向对国际化研发强度的负向关系。而丰富国际化经验有利于技术导向型企业应付复杂和动态的国际环境，快速对国际化研发过程中所获得的资源和学习机会进行识别和有效利用（Elango，Pattnaik，2007），促进技术导向型企业技术进步和创新，技术导向型企业的国际化经验越丰富，国际化研发强度越高。

综上，本章提出的所有理论假设以及检验结果如下表7-10所列。

表7-10 实证研究结果汇总

假设序号	假设具体描述	验证结果
假设1	企业战略的市场导向对国际化研发强度具有正向影响	未得到支持
假设2	企业战略的技术导向对国际化研发强度具有正向影响	得到支持
假设3	企业创新能力禀赋对国际化研发强度具有正向影响	得到支持
假设4	企业战略的市场导向对创新能力禀赋具有正向影响	未得到支持
假设5	企业战略的技术导向对创新能力禀赋具有正向影响	得到支持
假设6	企业创新能力禀赋是企业战略的市场导向与国际化研发强度之间的中介变量	未得到支持
假设7	企业创新能力禀赋是企业战略的技术导向与国际化研发强度之间的中介变量	得到支持
假设8	企业国际化经验对战略的市场导向与国际化研发强度之间的关系起调节作用	未得到支持
假设9	企业国际化经验对战略的技术导向与国际化研发强度之间的关系起调节作用	得到支持

7.7.2 进一步讨论

本研究的对象是新兴经济体中国企业，以探索激发中国企业提高国际化研发强度的内生性要素为出发点，将企业战略导向作为前因变量，引入创新能力禀赋这一中介变量以及国际化经验这一权变因素，逐层深入剖析了中国企业战略导向、创新能力禀赋和国际化研发强度的关系以及国际化经验对企业战略导向与国际化研发强度的调节效应，具有一定的理论贡献。

（1）与既有研究比较而言，本章一方面致力于以中国企业为样本，从企业内生性因素出发，探究企业内生的战略导向以及创新能力禀赋对国际化研发的推动作用，区别于以往以东道国资源与环境吸引力为核心要素对企业国际化研发动机的研究（陈岩，等，2015），在一定程度上拓展了研发国际化理论在中国情境的研究边界；另一方面，既有的关于企业战略导向性和国际化研发间关系的研究倾向于从结果端探讨国际化研发带来的绩效结果（王晓燕，等，2017），强调战略的市场导向型或技术导向型对国际化研发与创新绩效之间关系的扰动与调节，本章在跨国企业国际化研发中市场寻求和技术获取动机强烈的背景下，将战略的市场导向型和技术导向型纳入国际化研发前因的分析，分析新兴经济体中国企业国际化研发的动机，在一定程度上丰富了研发国际化激发动因研究的微观视角。

（2）从企业内生要素中资源能力禀赋视角出发，一方面，将企业创新能力禀赋作为中介变量进行研究，揭秘企业战略导向对国际化研发强度的作用机制，根据现有理论进行推演和假设，探讨企业战略不同导向、创新能力禀赋和国际化研发强度的关系，并通过实证论证了企业战略的不同导向对国际化研发强度的影响和后果的暗箱操作原理，尝试打开企业战略导向的现有操作方式和原理；另一方面，探讨了企业国际化经验对战略的不同导向与国际化研发强度的调节作用，凸显了企业战略的不同导向增强国际化研发强度过程的情景因素。既有的研究侧重于国际化经验影响新兴经济体企业获取国际化绩效（Brouthers，Hennart，2007），本章的研究认为国际化经验会影响企业国际化研发决策，企业进行国际化研发寻求市场或者获取技术会受到国际化经验这一关键因素的影响，或者说企业国际化经验会影响市场导向型和技术导向型企业国际化研发强度。实证结果表明技术导向与国际化研发强度受到国际化经验的影响，这个探究揭示了高技术导向企业借助企业资源发挥国际化研发优势的情景机制。

7.7.3　管理启示

（1）由于战略的市场导向型对国际化研发强度具有抑制作用，而战略的技术导向型对国际化研发强度具有激发作用，因此，就新兴经济体企业而言，针对国外市场信息及技术信息大规模实施市场寻求型国际化研发并不适合，我国企业在国际化研发过程中应当以提升创新能力、实现技术追赶为目标，广泛从国际市场获取能提升自身创新能力的先进技术和知识、创新资源，并加以吸收和利用实现逆向技术溢出。同时，企业应当注重战略的技术导向型对国际化研发投资的激发作用，而不能过度关注市场导向，忽略对未来新技术的开发和对产品的创新绩效的提升，企业可采用投入更多资源来创造高技术导向的组织文化，从而更好地发挥国际化研发投资作用。

（2）技术导向型企业在国际化研发过程中要重视自身创新能力禀赋的培育和提升。本研究结论表明，创新能力禀赋对国际化研发强度具有激发作用，并且在技术导向与国际化研发强度之间起中介作用，技术导向型企业要想推进国际化研发战略实现技术获取型动机，创新能力禀赋不可或缺，资源视角下的创新能力禀赋是吸收、转化国际化研发获取先进技术的基础所在，如果企业只是一味地扩大国际化研发规模，而忽略自身获取、吸收和转化技术知识的创新能力禀赋的重要性，只是"为他人作嫁衣裳"，在激烈的竞争环境中处于劣势，那么公司的价值也会受到影响。

（3）新兴经济体企业需要充分意识到已有国际化经验的重要性，尤其是技术导向型企业。企业在与国外供应商、顾客交流或对外贸易的过程中要尽可能多地积累国际化经验，这将成为企业今后国际化研发取得成功的宝贵财富，因为已有的国际化经验有助于企业克服后进入者劣势，应付复杂和动态的国际环境，对国外先进技术资源和学习机会进行识别和有效利用，有助于企业化解不必要的冲突、少走弯路、还能降低研发合作过程中的交易成本。

第八章 后发追赶下我国企业国际化研发网络构建中的区位选择

8.1 问题的提出

在竞争全球化的环境下，越来越多的海外跨国公司在海外进行研发投资，以便充分利用全球知识资源，保持自身的技术优势。1993—2002 年全球外国子公司的研发开支总额大约 300 亿美金，企业国际化研发投资已成为继贸易和生产的国际化、金融资本化之后，世界经济一体化的新趋势。全球 500 强企业的海外研发的比率已经超过 40%，杜邦、陶氏化学、飞利浦等公司都建立了庞大的国际化研发网络。相比之下，我国企业的国际化研发起步较晚。20 世纪 90 年代初，由于市场容量大，原材料和劳动力便宜且丰富，我国日益成为全球跨国公司研发投资的首选区域，一些国内研发机构也开始承接国外企业外包的研发任务。虽然我国企业依靠跨国公司的研发溢出效应获得了知识资源和技术资源，但是远不足以形成企业的竞争优势。随着我国经济实力的不断增强，也开始有一些国内的龙头企业逐渐走出国门，通过境外投资、收购国外先进的研发部门等方式，开始国际化研发投资尝试，实现资本项下净输出。不仅如此，部分企业借助国家层面的制度扶持克服了市场规模和技术能力的劣势，与国际行业领军企业进行研发合作。但是，由于企业内外部因素，这些研发网络规模十分有限，导致我国企业始终处于国际化研发的最底端，往往被排除在技术联盟以外。吴建南和徐萌萌等将我国与美国的研发经费投入进行比较后发现：虽然我国的研发投入量快速增长，已位居世界第二，但是我国企业对基础研究的投入仍旧较低，没有形成系统的理论支撑，我国企业进行海外研发投资很难形成优势（吴建南，徐萌萌，等，2016）。

国际化研发活动不断扩散，跨国公司的研发动机（Laurens et al，2015）、研发选址（金源，等，2017）、研发进入模式（王砚羽，等，2016）等引起了学者的关注。随着国际化研发活动的深入，一些跨国公司的整体实力得到了提高，这又使得研发绩效（彭华涛，等，2017）成了研究的重点。总体来看：第一，跨国公司的海外研发动机主要有市场和技术两个维度（杨洋，等，2017；Von Zedtwitz，Gassmann，2002）；第二，从企业所有权因素和对合作伙伴的依赖两个角度考虑，发现企业最终会在自建和并购、独资和合资中选择适合自身的进入模式（王砚羽，等，2016；陈衍泰，等，2011；Belderbos，2003），当然，无论企业选择何种进入模式，从根本来说，都是考虑的东道国因素以及自身的资源禀赋；第三，企业自身条件和东道国区位优势两个维度是影响企业研发选址的因素；第四，企业的研发绩效不仅与前三者有密切关系，同样与企业自身的能力禀赋有关。

值得注意的是，现有研究大多是从发达国家企业的视角下出发，而作为新兴经济体，我国企业的国际化研发选址也同样值得研究。首先，发达经济体企业主要是以技术探索为研发动机，而新兴经济体企业大多从事追随性研发（Awate，Larsen，Mudambi，2015），以技术获取为动机。研发动机的不同，会不会导致东道国的环境要素对我国企业的国际化研发选址产生不同影响？其次，自十八大以来，我国政府确立了市场在资源配置中的决定性作用，间接推动了我国新兴企业国际化研发的进程，并在东道国逐渐形成了集聚效应，这种母国企业的集聚效应对我国"后来"企业研发选址的影响，同样值得思考。最后，已有研究往往将东道国环境要素与企业的集聚效应进行单独研究，而集聚效应对东道国要素与研发选址的影响作用也是不容忽视的。基于此，本章从我国企业出发，分析东道国环境因素和集聚效应对我国"后来"企业国际化研发网络构建中选址的影响，并讨论集聚效应的调节作用。

8.2 文献回顾

8.2.1 国际化研发空间格局的演化

随着国际化研发范围的不断扩大，一些研究开始从地理学的角度分析发达国家跨国公司的国际化研发的情况，从宏观角度来分析跨国公司国际化研发的空间格局的演化（祝影，路光耀，2015；祝影，路光耀，2016）。

（1）市场拉动下的国际化研发格局

20世纪60年代左右，为了适应东道国市场，发达国家企业提供持续的技术支持以便建立不同的东道国生产能力和产品。在经济全球化的环境下，国际化研发格局是在市场的拉动下形成，跨国企业的国际化研发是为了获取行业知识和技术控制权，进一步巩固企业的海外市场获取垄断优势。但是这一时期下的研发主体还局限在欧、美等发达经济体的跨国公司且主要集中在欧、美等发达经济体之间（Cantwell，1989）。这一时期的国际化研发较为狭隘，研发活动也十分分散，企业的国际化研发主要是为了生产，为防止技术外溢，部分发达国家甚至停留在大学和私人实验室。

（2）技术获取下的国际化研发格局

20世纪80年代左右，科学基础性研究难度加大、多元化的市场需求和趋同化的顾客偏好并存，加重了企业国际化竞争压力。这一时期，美、欧、日等国的跨国公司加大了相互对外直接投资的力度，使得这三个地区成为研发投资的核心区域，跨国公司的国际化研发"大三角"格局逐步形成（祝影，2005）。

这主要是因为更多企业开始重视国际化研发，研发活动已经开始体现出了独立化、专业化和组织化（Schumpeter，2017）。有组织的国际化研发在这日渐复杂的国际化研发中更加体现效率，技术轨道理论认为组织化的国际化研发比缺乏组织的研发活动更具有效率是对这一观点的有力支撑。

（3）新兴经济体参与下的国际化研发格局

20世纪90年代末期，国际化研发的空间格局发生重大变化：新兴经济体企业开始尝试进行国际化研发投资。这得益于国际化研发投资出现"集聚"和"扩散"并存的现实背景(祝影, 2005)。"大三角"地区的国际化研发优势越发明显,造成了发达国家跨国企业的国际化研发更加"集聚";而国际劳动分工进一步发展促使了研发外包的形成,与此同时,中国、印度等国家凭借良好的基础设施和性价比高的劳动力成为研发外包的主要国,使得发达国家企业的研发活动逐步分散到新兴经济体,企业的国际化研发开始出现"扩散"的现象。国际化研发的"扩散",在研发活动中形成的分工合作关系,为新兴经济体进行国际化研发提供了有利条件。新兴经济体企业通过自主研发很难实现技术赶超,但是通过国际化研发寻求在母国无法获得的海外知识资本和技术资源,在战略上弥补了技术缺陷,最终实现后发性赶超。例如:华为和三星利用国际化研发,选用适合企业自身的发展战略和路径实现了行业领先(刘凤朝,马逸群,2015)。

8.2.2　跨国企业国际化研发选址影响因素

对于企业国际化研发选址,在宏观层面,企业要根据本国的优势以及东道国的优势来进行选择(Von Zedtwitz, Gassmann, 2002);在微观层面,企业要同时具备所有权优势,内部化优势以及区位优势(Dunning, 1981)。根据杜德斌的观点,企业国际化研发活动受企业内部因素和东道国环境的影响(杜德斌, 2001)。总体而言,影响企业国际化研发选址的因素主要来自企业组织条件和东道国优势两个方面。此外,随着东道国的区位优势越来越突出,跨国公司更加倾向于在该国进行研发投资,从而形成了集聚效应。现有研究主要从三个方面讨论了跨国公司国际化选址的影响因素:企业内部要素、东道国因素以及跨国企业和东道国因素衍生的集聚效应。

8.2.2.1　企业内部要素

跨国公司的国际化研发投资可分为两类:技术开发型(HBE)和技术增长型(HBA)。前者注重东道国的市场开拓,后者注重东道国的技术获取。进入21世纪,随着全球竞争的加剧,跨国企业逐渐重视基础性研究,也就导致了研发国际化动机由需求驱动型向供给驱动型转变。跨国公司对市场因素逐渐淡化,技术和知识动机变为了主要的驱动力(Ito, Wakasugi, 2007; Iwasa, Odagiri, 2004; Moncada-Paternò-Castello, Vivarelli, Voigt, 2011)。Patricia Laurens等利用全球大型跨国公司的研发专利数据,也发现跨国公司的研发动机越来越偏向于技术寻求和技术利用,市场的作用越来越小(Patricia Laurens等, 2015)。考虑到跨国公司的需求不同，所以在进行国际化研发投资时，其对市场和技术的侧重点会不同，最终会导致跨国公司的研发区位选择出现差异。

Duning 认为，企业的所有权优势，包括有形与无形技术、专利、商标、管理与协调技巧等，是企业对外投资的关键因素（Duning，1981）。结合现有文献，国内外学者对于企业自身优势讨论重点主要有技术优势（李青，钟祖昌，2017）、企业内部管理机制（Hosono，Tomiyama，Miyagawa，2004）。其中，技术优势主要通过专利体现出来，而管理机制是从企业股权分配的角度进行分析。此外，也有少部分是针对企业自身规模进行研究的（Kleinknecht，Reijnen，1992）。

（1）技术优势

华为作为我国 IT 行业的领头羊，其通过主动技术获取的途径获取了技术资源，同时也将专利成果收归华为所有，建立了自身的优势并由此加大了企业自身对外的研发投资强度（司月芳等，2016；刘凤朝，马逸群，2015）。此外，华为公司在营销上采取"农村包围城市"路线的同时，在研发国际化上采用了"城市（发达国家）"到"农村（发展中国家）"的道路（刘凤朝，马逸群，2015）。但是，Mehmet Demirbag 质疑：中国企业对外研发投资在自身所有权优势不够明显的情况下，贸然进入高专利数的国家是否是明智之举（Mehmet Demirbag，2010）？这是因为中国企业在对外投资时，会受到东道国企业的技术许可约束（Dunning，1981）。当东道国企业的技术能力和技术深度都远高于我国企业时，该国企业能够对我国企业的研发活动进行控制，所以东道国不大可能采用排他性许可。这导致了过多的竞争者进入，从而影响了我国企业从中获取和发挥自身的专利优势。所以也有学者提出了构建企业研发网络，以便企业降低交易成本（Ito，Wakasugi，2007）。

我国企业处于研发网络中，组织能够通过关系网络形成有效的分工、资源互补。以网络形式的紧密联结关系使得研发网络节点成员可以有效获取互补资源和即时信息，有效改善企业自身拥有的资源质量（程聪，等，2013；潘松挺，郑亚莉，2011）。从而能够避免东道国的技术许可排他性对我国技术优势形成的影响。李青将研发网络进一步具体化，从企业的海外研发专利布局入手，发现发明专利的布局和数量，对我国企业对外直接投资有积极的促进作用（李青，2017）。同时这种影响存在 3 年的滞后效应。这是因为企业发明专利的布局和数量提升，说明企业在研发网络中的所有权优势得到了强化，经过时间的积累最终形成了企业自身在东道国的技术优势，从而对企业加大自身研发投资有积极的作用。

（2）企业管理机制

在两权分离的现代商业体系中，由于研发投资的风险较高，公司高管会降低研发投入，追求自利。而股东为了保证企业在竞争全球化的背景下强化自身的优势而加大对研发的投入。这也容易导致二者的利益发生冲突（Laurens et al，2015）。继而，Hosono 和 Tomiyama 认为，股权结构的合理化是促进研发投资的重要因素（Hosono，Tomiyama，2004）。同样，杨风认为，公司的股权结构对研发投资有显著关系：第一大股东持股比例越高，研发投资水平越低、股权制衡程度越高，研发投资水平越高（杨风，2016）。高层管理人员的持股比例适中（5%~25%）时，公司会加大对研发投资的投入，而高管过高或者过低的持股比例都会产生管理防御效应（Ito，Wakasugi，2007）。周瑜胜也认为股权制衡能够对我国企业对外研发力度起促进作用；此外，企业所有权和管理权的分离程度对外研发产生负向作用。当然，企业内部高管是否与政府有关联，也是企业管理机制的重要环节（周瑜胜，2016）。杨风认为，母国媒体的治理能力越强，公司的研发投入就越多；然而如果企业的政治关联度越高，则会抑制这种作用（杨风，2016）。

（3）企业规模

针对企业规模对企业海外研发的作用，学术界并没有达成统一的共识。Kleinknecht 和 Reijnen 认为虽然国际研发合作较为常见，但是企业的规模对研发合作并没有显著的影响（Kleinknecht，Reijnen，1992）；程聪和谢洪明在此基础上进一步解释，企业规模越大，研发网络的关系对其在研发活动中形成自身优势并没有显著的影响，这是因为大型企业在研发网络中起到关键的作用，其对研发网络的依赖作用并不够明显（程聪，谢洪明，等，2013）。Chih-Hai Yang 和 Hayakawa 则认为企业的规模越大，企业越倾向于进行研发合作，企业的规模越大，它对整个市场资源的需求也就进一步加大，而选择合理的节点城市构成其研发网络能够为企业提供足够的市场资源（Yang，Hayakawa，2015）。

8.2.2.2　东道国因素与区位选择

根据国际生产折衷理论，东道国拥有的相对区位优势有利于跨国公司的直接投资，例如：东道国在特定领域所具备的技术优势（Demirbag，Glaister，

2010)、东道国的研发人力成本(Athukorala, Kohpaiboon, 2010)、东道国专利保护制度以及政治稳定性(陈兆源, 2016; Yoo, Reimann, 2017; Yang, Hayakawa, 2015)、东道国高等院校研发强度以及产学研合作深度(Belderbos, Leten, Suzuki, 2017; Suzuki, Belderbos, Kwon, 2017)、东道国市场规模(Shah, Samdani, 2015)、东道国研发强度(Chung, Alcácer, 2002)、东道国与母国的地理距离(Wach, Krzysztof; Wojciechowski, Liwiusz, 2016)等。汤建中提出的全球区位论将东道国因素系统地分为了7个影响因子：通讯、交通等基础设施；科技、人才、信息；市场化程度和经济制度；社会环境；生态环境；高层次集聚的管理和全球化扩散的生产；地理位置(汤建中, 盛强, 2000)。国际化研发作为对外直接投资的一部分, 同样需要考虑东道国因素对其选址的影响。

(1)地理距离

由于企业研发国际化的驱动因素有差异, 导致了企业的研发单位与母公司在地域上产生了分离。Hakanson 和 Nobel 认为地理位置的相对差距对企业对外研发选址会产生影响(Hakanson, Nobel, 1993)。陈健利用全球跨国企业对外研发的数据进行回归分析, 发现母国与东道国的相对距离越大, 企业在该国进行研发投资的可能性就越低(陈健, 等, 2009)。Pankaj Ghemawat 也认为地理距离与区位选择呈负向关系(Pankaj Ghemawat, 2001)。魏江、应瑛以及吴剑锋、杨震宁对此给出了解释, 企业国际研发合作的地域广度与企业的创新绩效之间存在着倒 U 形的关系, 企业只有在合适的地理范围内, 才能获得较高的研发绩效(魏江, 应瑛, 2013; 吴剑锋, 杨震宁, 2015)。

(2)市场规模

并不是所有的发达经济体在研发网络中占有绝对优势的地位。比如澳大利亚、比利时和西班牙, 虽然他们拥有良好的经济发展水平以及突出的研发实力, 但是其国内外市场需求不足, 也就导致了其在研发网络中的地位无法进一步提升。此外, Nagesh Kumar 通过对美国和日本的跨国企业海外研发活动的选址决定因素进行分析, 发现东道国的国内市场规模越大、国家研发技术规模越大, 跨国公司越有可能在该国进行投资研发(Nagesh Kumar, 2001)。对于新兴经济体, 中国和印度公司一般都会寻求大型市场的国家进行研发投资。可见, 东道国的市场规模能够提升其在研发网络中的关键作用。因为市场规模越大, 意味着市场需求和潜力越大, 跨国公司能够从中获取更多的研发机会。

（3）研发人力成本

大多数企业在进行海外研发时，低成本是很重要的因素。美国跨国企业在东道国招聘研发人员的成本，直接影响了其在该国的研发。而我国企业在国内研发人员提高工资时，会越来越偏向于将研发机构设立在具有成本优势的国家。所以，东道国的研发人力成本越低，越会吸引中国企业海外研发投资区位选择。然而Filip De Beule和Duanmu利用中国和印度企业对外研发投资的区位选择发现，东道国的人均收入水平对企业是否在该国进行研发投资没有显著的影响（Filip De Beule，Duanmu，2012）。这是因为，一方面，新兴经济体由于自身经济特性导致了其拥有应对低收入消费市场的经验；另一方面，因为新兴经济体的研发动机主要是以获取技术为主（杨洋，魏江，王诗翔，2017）。发达经济体与欠发达经济体的跨国公司研发动机存在不同，会导致研发节点选择的侧重点不同（金源，等，2017）。当企业东道国的研发能力和技术实力明显时，企业愿意支付高昂的研发人力成本。可见针对研发人力成本的高低，并没有一致的结论。

（4）制度质量

东道国的制度环境能够为企业的海外研发提供良好的条件（李梅，余天骄，2016），国内外针对东道国的政治制度因素的研究，主要是专利保护的角度来分析的。Nagesh Kumar认为专利保护或限制性贸易制度对跨国公司和该国进行研发投资有正向调节的作用（Nagesh Kumar，2001）。阎大颖也认为研发类投资对东道国政治、经济和法律制度的水平要求很高（阎大颖，2013）。陈兆源则将国家的政策制度上升到政治制度的层面，他认为东道国的民主程度越高，企业越不会在该国选择投资（陈兆源，2016）。这是因为民主程度高的国家意味着高的政治竞争性，这对行政过程有很大的约束，而企业投资的准入过程往往是行政部门主导的，随着东道国的制度质量的进一步提升，市场需求、技术水平与中国企业海外研发投资之间的正向关系在加强，研发人力承兑与中国企业海外研发投资的负向关系在加强。然而，Yang and Hayakawa却得出了相反的结论，他们通过政治稳定性对中国和印度的海外并购进行研究，发现东道国政治稳定性对两国的研发是具有负面的影响。因为东道国法制不够完善，能够带给投资企业更多的机会进入该国市场。可见，企业在从事国际化研发合作时，政府资源有可能是双刃剑（Yang，Hayakawa，2015）。

(5)研发能力

研发合作按照合作对象划分有大学和科研机构，也有产业链上下游企业、同行企业。东道国的大学的研发能力对于企业在该国进行研发投资有显著的正向影响，然而这种影响与跨国公司的研发动机有关系。当跨国公司的研发动机有较强的科学导向时，企业会倾向于在基础性研究能力强的国家进行研发投资。但是企业如果在东道国进行科学研究，企业很难从逆向技术溢出中获益，因为大学和科研机构与企业的研发类型不同，并且很容易收到专利保护（Belderbos，Leten，Suzuki，2017）。此外，如果东道国的企业与研发机构的合作强度高的话，会吸引企业在该国进行应用性研究。综合来看，东道国的研发能力对跨国企业的研发活动具有极大地吸引力，而企业的研发动机会影响其与哪种研发组织合作，从而影响其区位的选择。

(6)集聚效应

包括资本市场良好的外部性和技术扩散在内的集聚效应在跨国公司的经济地理中起着重要的作用（ALFARO，Laura，CHEN，Maggie Xiaoyang，2016）。生产的集聚促进了知识的快速溢出以及供应链网络的相互依赖，这有助于实现企业的规模经济。所以企业的对外直接投资选址往往会参照之前其他企业投资选址。当然，东道国的集聚效应也有不同的类型。Martí，Josep 等通过对西班牙企业在发展中国家和转型经济体的投资进行研究，发现无论是西班牙本国企业的集聚，还是在东道国投资的他国企业的集聚，都会吸引企业进入该国投资（Martí，Josep，2017）。Yanjing CHEN 则从地理层面，分析区域内和区域间的集聚效应，利用发达国家在我国进行投资的数据进行分析，发现跨区域集聚效应对区位选择的影响最为显著（Yanjing CHEN，2009）。然而，有一些研究从国家层面进行分析，却得出了矛盾的结论，例如：Jonathan Jones 等将集聚经济分为东道国企业集聚经济和母国企业集聚经济，从吸引外商投资的效果来看，前者的作用更大（Jonathan Jones，2017）。而潘镇针对中国企业在美国的投资进行研究，却发现母国企业的集聚经济对投资吸引更大（潘镇，2015）。

8.2.3　本章研究的切入点

第一，新兴经济体国际化研发选址开始受到关注。之前的研究大多从发达经济体的角度出发，研究东道国要素和企业要素对跨国公司研发选址的影响。

随着跨国公司研发国际化的空间布局不断向新兴经济体扩散(祝影,路光耀,2015;祝影,路光耀,2016),间接推动了新兴经济体企业的海外研发,其研发选址也引起了学者们的广泛关注。

第二,新兴经济体国际化研发选址的影响因素也存在争议。例如有的研究认为东道国制度质量能够吸引我国企业的国际化研发(Okafor,2015);也有研究认为当东道国法律制度不够完善时,我国和印度企业越倾向于在该国进行研发活动,因为东道国法制不够完善,能够带给投资企业更多的机会进入该国市场(Ito,Wakasugi,2007)。

基于此,本章将围绕我国企业的国际化研发选址,借鉴已有研究从东道国因素的角度探究企业研发选址的影响因素,同时分析我国企业的行业集聚效应在其中的作用机理,运用计量经济学等分析手段从实证角度探究影响我国企业国际化研发选址的影响因素。

8.3 研究假设

8.3.1 东道国因素

根据国际生产折衷理论,东道国拥有的相对区位优势有利于跨国公司的直接投资,例如:东道国在特定领域所具备的技术优势、东道国的研发人力成本、东道国专利保护制度以及政治稳定性、东道国高等院校研发强度以及产学研合作深度、东道国市场规模、东道国研发强度、东道国与母国的地理距离等,汤建中更是系统地提出全球区位论,将东道国因素系统地分为了7个影响因子:通讯、交通等基础设施;科技、人才、信息;市场化程度和经济制度;社会环境;生态环境;高层次集聚的管理和全球化扩散的生产;地理位置。而国际化研发作为知识和资本密集型投资,是对外直接投资的特殊组成部分,同样需要考虑东道国因素对其选址的影响。考虑到国际化研发投资具有的知识和资本密集的特性,所以针对企业国际化研发选址的研究应重点关注东道国的市场经济环境、东道国对研发的投入以及对研发成果的知识产权保护。所以,本章将重点探讨东道国的市场规模、制度质量和研发投入对我国企业的国际化研发选址的影响。

（1）东道国市场规模

东道国的市场规模影响了企业国际化研发绩效，使得其成为吸引企业国际化研发投资的关键因素（Shah，Samdan，2015；陈衍泰，等，2016）。一般而言，企业的国际化研发绩效主要包括两个方面：获取先进技术和拓宽海外市场（Ito，Wakasugi，2007）。

首先，从获取先进技术的角度来看。新兴经济体企业要形成自身的技术优势，往往需要与先进技术拥有者展开研发合作。但是先进技术信息获取渠道较少且企业在选择研发合作对象时的盲目性较高，使得企业获取先进技术的时间成本和风险大幅提高（Okafor，2015）。然而，市场规模较大使得东道国拥有研发机会和信息公开程度双高的优势，以便企业在获取新兴技术和合作对象的信息时可以进行比较性选择，从而降低企业获取先进技术的风险。反之，东道国的市场规模较小，企业获取研发资源的成本增加，甚至会因为无法获得研发合作的机会而导致企业在东道国的国际化研发中失去现实意义。

其次，从拓展海外市场的角度来看。市场规模较大的东道国往往意味着市场消费者的个性化需求较大，为迎合海外市场的需求，企业基于市场接近原则会异质化自身产品。一方面，企业以异质化产品拓展了海外市场；另一方面，企业通过这种渐进式创新的过程，间接提升了自身的研发能力。我国企业的国际化研发动机主要是为了获取海外先进技术和拓宽海外市场，在市场规模较大的东道国进行国际化研发投资有助于企业实现后发追赶，由此假设1如下。

假设1：东道国的市场规模对我国企业国际化研发选址具有显著的正向作用。

（2）东道国制度质量

随着跨国企业竞争强度增大，导致国际化研发中的技术和知识的寿命周期缩短，部分技术和知识甚至存在不成熟的可能性，容易造成国际化研发支出变为沉没成本。在这种背景下，企业的国际化研发更加需要东道国高水平制度质量对知识资源提供有力的保障，以免因创新供给不足而导致企业研发投资可收益性降低，不利于提高研发者将技术知识创新转化为经济收益的能力。那么，东道国的制度质量会怎样影响企业的国际化研发选址？首先，从垄断收益的角度看。企业获得合作者的排他性技术许可会比其他竞争者有更高的研发绩效

（Arora，Fosfuri，Gambardella，2002），从而驱使企业在进行国际化研发时争取从合作者获得先进技术的排他性许可。然而排他性技术许可需要东道国高水平的制度质量形成约束力才能保障企业的研发垄断收益。其次，从保护研发成果的角度来看。除了排他性技术许可，东道国企业对于非核心技术往往采取非排他性技术许可，以便提高自身技术的利用价值和效率。但是这种合作模式使得竞争对手能够利用信息不对称和机会主义的契机，通过研发合作中的技术溢出最终获取合作研发成果的技术，所以在国际化研发合作中需要依赖东道国制度来避免恶性竞争而导致企业研发成果受到侵犯。

然而，高水平的制度质量可能也会成为企业获取先进技术的壁垒。新兴经济体为实现技术赶超需要更多的机会接触高新技术，而东道国的法律制度越完善意味着高新技术受到法律保护的程度就越高，企业很难获取核心技术，所以大部分新兴经济体的企业越倾向于在东道国制度质量越低的国家进行国际化研发。结合我国企业的研发情境。第一，我国企业早期的对外投资是由国有企业进行引导，政府一般会相应承担更多的风险，而我国政府如今减少对市场的干预会导致企业加强风险规避的意愿而选择在制度水平较高的东道国进行研发投资。第二，我国企业由于技术水平有限且在国际化研发网络中往往处于底端，东道国制度质量越高会导致我国企业能够接触到先进技术的机会越少。可见，东道国高水平的制度质量对我国企业国际化研发选址可能是把双刃剑（吴剑峰，杨震宁，邱永辉，2015），由此假设 2a 和 2b。

假设 2a：东道国制度质量对我国企业国际化研发选址具有显著的正向作用。

假设 2b：东道国制度质量对我国企业国际化研发选址具有显著的负向作用。

（3）东道国研发投入

随着基础科学技术研发的难度加大，研发活动的资本密集型特点逐步体现，单纯依靠企业自身投入的国际化研发越发暴露其短板。在这一背景下，东道国的研发投入能够弥补企业的国际化研发资金空缺。东道国研发投入主要体现在政府补助上（武咸云，等，2017；蔡冬青，周经，2012），政府补助指企业从政府无偿取得的货币性或非货币性资产（雷鹏，等，2015）。首先，国际化研发的外部性通常导致了社会收益远大于私人受益，而政府补助可以弥补这一差距从而调动企业在东道国进行国际化研发的积极性；其次，企业获得的货币性资产能够缓解企业的资金压力，从政策鼓励、税务减免等方面降低企业的研发成本和收益风险；最后，企业获得政府补助体现了公司较高的声誉，这会增强东道国研发合作者的信心甚至加大合作力度从而进一步提高企业的研发绩效。所以企业会为获得更多的资金支持而青睐于研发投入较高的东道国进行国际化研发（Chung，lcacer，002；iedschlag et al，013）。

但是东道国研发投入产生的"挤出效应"也可能会对企业的国际化研发选址造成消极影响。因为东道国的研发资源一般是由政府支配，导致了企业为获得垄断的研发资源往往会采用寻租的手段（Athukorala，OHPAIBOON，010）。此外，东道国的研发投入往往采用直接补助的形式，由此造成的信息不对称现象更是扩大了寻租活动的空间。但是跨国企业为获取寻租带来的垄断资源就必须将用于研发投资的部分研发资源转移到寻租活动中（刘锦，学军，2014），这将导致跨国企业面临研发和寻租两方面的压力，使得企业因研发资源得不到合理的利用而影响企业的国际化研发绩效。进一步地，寻租企业通过不正当手段获得东道国的超额研发补助后，又会迫使政府向非寻租企业增税以弥补资金空缺，这进一步降低了企业在东道国进行国际化研发的意向。

对于我国企业而言，市场发展两极分化严重、不同企业规模差距较大的特征明显。一方面，由于国际化研发起步较晚，一些企业因规模较小无法为国际化研发提供持续的技术和资金支撑，东道国的研发投入有助于弥补企业的技术和资金短板；另一方面，部分企业为加速对发达国家企业的技术赶超，利用获得的东道国政府补助直接购买东道国企业的先进技术，扰乱了市场秩序，降低了东道国对后来企业的国际化研发投资的吸引力，由此提出假设3a和3b。

假设3a：东道国研发投入对我国企业国际化研发选址具有显著的正向作用。

假设3b：东道国研发投入对我国企业国际化研发选址具有显著的负向作用。

8.3.2　集聚效应

（1）集聚效应与企业国际化研发选址

企业在某一地区集中而形成的集聚效应使得该地区的资本市场外部性和研发信息的流通性得到提升，所以集聚效应在跨国公司的经济中起着重要的作用（Alfarol，Maggie Xiaoyang CHEN，2016）。本章的集聚效应是指我国企业在东道国进行国际化研发的企业数量。集聚效应的加强会吸引更多企业向该地区不断靠拢，尤其母国的同行企业在东道国形成的集聚效应是影响企业研发选址的重要因素(Procher, 2011)。从市场知识学习的角度来看。第一,集聚效应有利于后来企业熟悉市场。母国与东道国间的价值观、消费习惯等隐性市场知识差异性较大,已经进入东道国的企业能够将在东道国获取的市场知识辐射给后来企业,帮助其克服外来者劣势。第二,由于同行企业在母国成长的社会环境相似,其内部员工间容易产生的共鸣也就提高了知识解码的准确性(潘镇,2015)。母国企业在东道国的集聚降低了后来者适应东道国的时间成本和经济成本,这为后来企业学习市场知识创造了有利条件。

从研发绩效的角度来看,企业在东道国的集聚促进了知识的快速溢出以及研发网络的相互依赖(Elango, Chen, 2012),为企业提供的良好研发环境往往可以增强企业的创新能力(CHEN, 2009),所以企业的国际化研发投资选址往往会参照之前其他企业投资选址。我国企业的国际化研发活动面临的外来者劣势、新兴者劣势需要依靠母国企业的集聚效应予以克服,所以提出假设4。

假设4:我国企业的集聚效应对"后来企业"的国际化研发选址具有显著的正向作用。

(2)集聚效应的调节作用

一般而言,研发企业在东道国的集聚会产生两个子效应:稀释企业获得的东道国的研发资源和强化企业之间的合作关系。我国企业的国际化研发网络构建起步较晚,现有规模还不足以对东道国的研发资源产生依赖。但要实现对发达国家的技术超越,我国企业必须通过合作或者购买的形式获得先进技术以形成自身优势,所以利用集聚效应来强化与合作企业、集聚企业之间的合作关系往往是我国企业的关注重点。

首先,在对研发合作对象进行选择时,可以利用东道国市场规模大而带来的研发机会和信息公开程度双高的优势。但我国企业却面临信息解码时的外来者劣势,集聚企业会加速信息共享速率,提升企业掌握东道国研发信息的能力,从而充分利用东道国在企业国际化研发网络中的区位优势。其次,企业集聚促进了信息共享,提高企业与东道国地方政府的谈判能力从而部分克服东道国制度质量对企业研发投资的影响,弥补东道国的制度质量的缺陷。由此,本书提出假设5a、5b和5c。

假设5a:我国企业在东道国的集聚效应在市场规模与我国企业国际化研发选址之间起着正向的调节作用。

假设5b：我国企业在东道国的集聚效应在制度质量与我国企业国际化研发选址之间起着正向的调节作用。

假设5c：我国企业在东道国的集聚效应在研发投入与我国企业国际化研发选址之间起着正向的调节作用。

根据以上的理论分析，本章提出如图8-1所示的模型。

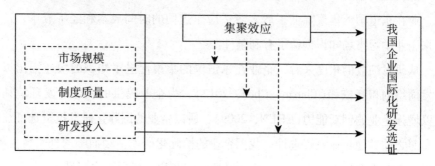

图8-1　理论模型

8.4　研究设计

8.4.1　样本选择

根据商务部备案的境外投资企业(机构)备案名录选择分析样本，该样本涵盖1984年至2015年间，我国企业对外直接投资的信息，主要有"证书号""投资目的国家/地区""境内投资主体""境外投资企业(机构)""所在省市""经营范围""核准日期"六项信息，为样本的选择提供了参考依据。对于样本的选择，本章的思路是：第一，筛选出具有研发功能的跨国公司；第二，剔除以避税为目的而进行国际化研发的公司；第三，将跨国公司进行分类，选择适当的行业进行研究；第四，根据选择的海外公司确定具体需要分析的东道国。就具体的筛选过程来看：第一步，依据"经营范围"信息栏，以"研发""研究"为关键词进行检索，共计检索出2002年至2015年间的1656家具有研发功能的海外子公司；第二步，将在中国香港、中国澳门、开曼群岛、英属维尔京群岛、百慕大群岛等地区进行研发投资的海外子公司删除；第三步，按照"经营范围"中的业务描述，根据国民经济行业分类标准进行行业分类。这当中有食品制造业企业 86 家，纺织服装、鞋、帽制造业 107 家，家具制造业 17 家，文教体育用品制造业 43 家，石油加工、炼焦及核燃料加工业 39 家，医药制造业 170 家，交通运输设备制造业 113 家，通信设备、计算机及其他电子设备制造业 248 家；第四步，选择通信设备、计算机及其他电子设备制造业进行研究，通过对这 248 家企业的研发东道国进行统计，得到本节研究的数据样本企业，这些企业分布于世界 39 个东道国，具体见表 8-1。

表 8-1　样本数据分布

东道国	数量	东道国	数量	东道国	数量
阿联酋	1	韩国	12	苏里南	1
爱尔兰	1	荷兰	10	泰国	1
澳大利亚	3	加拿大	11	土耳其	1
巴西	2	捷克	1	委内瑞拉	1
波兰	1	卢森堡	1	文莱	1
丹麦	5	马来西亚	3	新加坡	10
德国	10	毛里求斯	1	西班牙	1
俄罗斯	2	美国	122	以色列	2
法国	2	蒙古	1	意大利	2
菲律宾	2	墨西哥	1	印度	1
芬兰	1	南非	2	英国	8
古巴	1	日本	15	越南	2
哈萨克斯坦	1	塞舌尔	2	智利	1

资料来源：作者整理

需要指出的是，第一，本研究之所以选择通信设备、计算机及其他电子设备制造业，是出于以下三点考虑。首先，该行业的国际化研发投资具有代表性。在国际化研发中，技术获取往往是企业关注的重点，而在通信设备、计算机及其他电子设备制造业中，技术知识是企业的重要资源，其国际化研发投资更加注重技术的获取。其次，该行业的国际化研发投资明显。近年来，我国计算机、电气和通信行业的发展势头迅猛，并且技术知识快速更新迭代的特点，迫使了我国企业加强研发力度，不断进行国际化研发。最后，从国际化研发活动的数量来看，该行业相对较多，能使检验结果更具说服力。第二，在整理数据时，是按照先后顺序将东道国纳入分析，例如我国企业在 2010 年才首次在德国进行国际化研发，那么就从 2010 年开始分析德国的因素对我国企业研发选址的影响。我们认为这样做能够体现出企业在选址时，东道国已经形成的集聚效应对研发选址的影响。

8.4.2 变量定义与测量

（1）因变量、自变量

本章将我国企业是否在东道国进行国际化研发作为因变量。对于样本企业，"0"代表其在该年度未对东道国进行研发投资，"1"代表其在该年度对东道国进行研发投资。

本章将东道国的市场规模、制度质量和研发投入作为自变量。关于市场规模的衡量方式，以往研究是将东道国市场规模采用不同的指标进行测量，比如进出口规模、投资规模、消费规模，但是这些指标对于国际化研发而言都具有相对的局限性。国际化研发合作不仅需要东道国有高水平的消费能力以及投资回报率，更需要获得规模经济的潜力和知识资源。而国内生产总值（GDP）较好地解释了东道国在内资企业和外资企业合力下的经济增加值，体现了国际化研发的合作性。故而参照马丁（Martí）等的研究方法，用 GDP 测量东道国的市场规模，同时用各国在不同时期 GDP 的对数形式来降低多重共线性问题对实验的干扰（Martí，2009）。

制度质量的衡量方式，陈健等以双边是否签订贸易协定的方式来衡量东道国的制度质量（陈健，2009），但这种方式过于简单，母国与东道国之间签订自由贸易协定并没有体现出东道国对国际化研发知识产权保护的关注度。吴亮等采用东道国风险衡量东道国的制度环境，这种做法对东道国制度质量的体现过于片面（吴亮，等，2016）。而考夫曼（Kaufmann）等整合了国际组织的各种指标数据，发展了有效评估世界各国治理状况的指标体系—WGI，该数据库包括了 6 个聚合性维度：言权与问责、政局稳定与无暴力、政府效能、监管质量、法治以及腐败控制。其中，法治（Rule of law）较好地体现了在国际化研发中，东道国在对合作双发研发成果保护方面的重视程度。该数据值设定在-2.5 到 2.5 之间，越高代表制度质量越好。故而，本研究参照陈衍泰的方法，运用 WGI 数据库中的 Rule of law 指标衡量东道国制度质量(陈衍泰,2016)。

研发投入的衡量方式主要有两种:东道国研发投资的绝对金额和东道国研发投资占 GDP 的比重。前者忽视了东道国本身的经济体量,从而无法体现东道国对研发投资的重视程度。故而本章的研发投入参考 Siedschlag 等的研究方法,采用各国在研发中的投入数额占 GDP 的比重大小来衡量,数据来源于世界银行数据库(Siedschlag,2013)。

(2)调节变量

集聚效应衡量指标的选择因研究的侧重点不同而改变。本章将我国企业在东道国的集聚效应作为调节变量。运用参照拉西奇特(Rasciute)等、潘镇等的做法,利用企业数量来衡量东道国的集聚程度(Rasciute,2017;潘镇,2015)。本章用企业在进入样本国进行研发投资前,我国同行企业的已有数量进行衡量。为了区别进入东道国的先后顺序,将企业获得商务部境外投资的"核准日期"作为参考依据。

(3)控制变量

为控制其他变量对本研究的干扰,本章将东道国的通货膨胀率、东道国与我国的地理距离以及企业年龄作为控制变量。

地理距离:两国的地理距离往往意味着双方的政治文化差异,会提升国际化研发的沟通成本。考虑到国际化研发属于知识密集型投资,地理距离一方面影响交通成本,另一方面会降低知识解码的效率,这不利于国际化研发的有效产出,继而影响到企业的国际化研发选址。本章根据 CEPII 数据库中,北京与东道国首都的距离测量地理距离。

通货膨胀率:由于本章采用的是面板数据,东道国的通货膨胀率会直接影响到市场规模以及研发投入,通货膨胀率的变化容易对企业研发选址产生间接影响。本研究的通货膨胀率来源于世界银行。

企业年龄:随着国际化研发时间的推移,企业在研发选址方面的经验也逐渐积累。此外,企业规模会随企业年龄的增加而扩大,也会影响企业的研发战略和动机。本章利用全国企业信用信息公示系统,利用母公司成立的年长衡量企业年龄。

上述指标的详细说明见表8-2。

表 8-2 变量说明与数据来源

变量类型	变量名称	变量代码	描述	数据来源
自变量	市场规模	$Lngdp$	东道国的 GDP（对数形式）	World bank 数据库
	研发投入	rde	东道国研发投入占该国 GDP 的比重	World bank 数据库
	制度质量	law	世界治理指标中的"法制情况"	WGI 数据库
调节变量	集聚效应	agg	企业进入东道国前，我国企业已有数量	商务部境外投资企业（机构）备案名录
控制变量	地理距离	$Lndis$	我国北京与东道国首都的地理距离	CEPII 数据库
	企业年龄	$Year$	母公司成立的年长	全国企业信用信息公示系统
	通货膨胀率	$infla$	东道国的通货膨胀率	World bank 数据库

8.4.3 模型设定

本章的基本模型是：企业在东道国研发与否=f(市场规模，研发投入，制度质量，市场规模·集聚效应，ε)。由于本研究的因变量是二元变量，对于这类计量数据选择建立二元 Logit 选择模型，所以将本章的基本模型设为：

$$IFR\&D_{ij} = C0 + \alpha1 \cdot Ln(DIS_{ij}) + \alpha2 \cdot INFLA_j + \alpha3 \cdot YEAR_i + \alpha4 \cdot Ln(GDP_j) + \alpha5 \cdot RDE_j + \alpha6 \cdot LAW_j + \alpha7 \cdot AGGL_j + \varepsilon \tag{8.1}$$

在研究集聚效应对东道国因素与研发选址间的调节作用时，模型是：企业在东道国研发与否=f(市场规模，研发投入，制度质量，市场规模·集聚效应，研发投入·集聚效应，制度质量·集聚效应，控制变量，ε)。即

$$IFR\&D_{ij} = C0 + \alpha1 \cdot Ln(DIS_{ij}) + \alpha2 \cdot INFLA_j + \alpha3 \cdot YEAR_i + \alpha4 \cdot Ln(GDP_j) + \alpha5 \cdot RDE_j + \alpha6 \cdot LAW_j + \alpha7 \cdot AGGL_j + \alpha8 \cdot Ln(GDP_j) \cdot AGGL_j + \alpha9 \cdot RDE_j \cdot AGGL_j + \alpha10 \cdot LAW_i \cdot AGGL_j + \varepsilon \tag{8.2}$$

其中 *IFR&D* 代表我国企业国际化研发选址的二元选择变量。C 代表常数项，

α_i (i=1, 2, 3, ……, 9)表示回归系数, i 和 j 分别代表公司以及公司所投资的东道国, ln 为自然对数符号, ε 表示残差项。

8.5 实证检验

8.5.1 变量的描述性统计

为了检验数据间的多重共线性问题, 表8-3列出了变量的方差膨胀因子和相关系数矩阵, 同时, 针对各个变量列出了均值和标准差。从表中看出, 企业平均年龄超过7年, 说明这部分企业已经初具规模, 能够为企业自身的国际化研发提供有力支持。企业国际化研发的集聚效应为4.69, 结合中位数来看, 说明我国企业在海外的集聚效应处于中等水平。此外, 从结果分析来看, 方差膨胀因子(VIF)均小于5, 说明本章中的各个变量间不存在多重共线性问题, 可以进行下一步的回归分析。

8.5.2 东道国因素与研发选址的检验

本章采用层级回归方法, 运用 Eviews3.0 分析软件逐步加入控制变量、自变量和调节变量以检验理论假设, 具体操作如下: 首先, 打开 Eviews3.0 应用程序, 点击"File"建立新的"Workfile"文档; 其次, 点击"Import"录入式8.1中已经整理的 Excel 文档; 最后建立新的"Object"文档, 选择 Binary chioce 建立回归函数。在方程栏中输"If c lndis year infla", 得到 Model-1 的结果; 在方程栏中输"If c lndis year infla lngdp law rde aggl", 得到 Model-2 的结果。具体结果如表8-4所列。

表8-3 描述性统计和相关系数矩阵

8. Infla	7. Year	6. Lndis	5 . Aggl	4. Law	3. Rde	2. Lngdp	1. IFR&D	
2.25	7.75	8.83	4.69	0.89	1.80	26.91	0.04	均值
2.23	7	8.88	0	1.62	2.34	26.63	0	中位数
5.96	6.14	0.62	13.35	0.99	1.13	1.81	0.19	标准差
1.11	1.00	1.34	1.49	1.75	2.19	1.47	1.21	VIF

续表

8. *Infla*	7. *Year*	6. *Lndis*	5 . *Aggl*	4. *Law*	3. *Rde*	2. *Lngdp*	1. *IFR&D*	
0.017	−0.003	0.042 **	0.412 ***	0.103 ***	0.128 ***	0.267 ***	1	1
0.015	0.008	0.040 **	0.474 ***	0.172 ***	0.368 ***	1		2
−0.091 ***	0.007	−0.311 ***	0.244 ***	0.597 ***	1			3
−0.137 ***	0.003	0.011	0.196 ***	1				4
−0.042 **	0.001	0.075 ***	1					5
0.251	0.005	1						6
−0.013	1							7
1								8

注：1. 上表为 Pearson 检验结果，*、* *、* * * 分别代表 0.10、0.05、0.01 的统计显著水平(双尾检验)。

2. 样本数 6518

表 8-4　东道国因素与研发选址回归结果

变量	Model-1	Model-2
C	−6.8388 ***	−23.5579 ***
	(−5.8939)	(−9.6726)
Lndis	0.4174 **	0.0434
	(3.2041)	(0.2552)
Year	−0.0032	−0.0041
	(−0.3021)	(−0.3455)
Infla	−0.0394 **	−0.0009
	(−3.125)	(0.0213)
Lngdp		0.6844 ***
		(8.8851)
Law		0.3046 *
		(1.8125)
Rde		0.1123
		(0.7771)

续表

变量	Model-1	Model-2
Aggl		0.0184***
		(5.6452)
LR	16.4867***	493.1456***
N	6518	5786
McFadden R-squared	0.0078	0.2453

注：1. 括号中为 t-statistic 值；2. *、**、***分别代表 0.10、0.05、0.01 的统计显著水平。

Model-1 首先检验了控制变量对我国企业国际化研发选址的影响，地理距离在 1%的水平下正向影响研发选址，通货膨胀率在 5%的水平下负向影响研发选址。Model-2 在 Model-1 的基础上加入了自变量以及调节变量。结果显示：东道国的市场规模在 1%的水平下显著为正，说明东道国的市场规模越大，我国企业选择在该国进行国际化研发的意愿越大，假设 1 得到了验证。一般而言，企业的国际化研发绩效主要包括两个方面：获取先进技术和拓宽海外市场。第一，从获取先进技术的角度来看，我国企业要形成自身的技术优势，往往需要与先进技术拥有者展开研发合作。但是先进技术信息获取渠道较少且企业在选择研发合作对象时的盲目性较高，使得企业获取先进技术的时间成本和风险大幅提高。然而，市场规模较大使得东道国拥有研发机会和信息公开程度双高的优势，使得企业在获取新兴技术和合作对象的信息时可以进行比较性选择，从而降低企业获取先进技术的风险。其次，从拓展海外市场的角度来看。市场规模较大的东道国往往意味着市场消费者的个性化需求较大，为迎合海外市场的需求，企业基于市场接近原则会异质化自身产品。一方面，企业以异质化产品拓展了海外市场；另一方面，企业通过这种渐进式创新的过程，间接提升了自身的研发能力。

东道国制度质量在 10%的水平下显著为正，说明东道国的制度质量越高，我国企业选择在该国进行国际化研发的意愿越大，假设 2a 得到了验证。第一，从垄断收益的角度看，企业获得合作者的排他性技术许可会比其他竞争者有更高的研发绩效，从而驱使企业在进行国际化研发时争取从合作者那里获得先进技术的排他性许可。然而排他性技术许可需要东道国高水平的制度质量形成约束力才能保障企业的研发垄断收益。第二，从保护研发成果的角度来看，一般而言，企业如果只为获得新兴技术，往往会从合作对象那里获得非排他性技术许可。这种合作模式使得竞争对手能够利用信息不对称和机会主义，获取企业研发成果的核心技术（Moncada-Paternò-Castello，Vivarelli，Voigt，2011）。所以就需要依赖东道国制度来避免恶性竞争而导致企业研发成果受到侵犯。

东道国研发投入的回归系数为正，但结果不显著，假设 3a 和 3b 没有得到验证，这可能是由于样本中的企业大多属于新兴企业，由于企业规模较小且研发力度较低而导致了企业对东道国的研发投入敏感度不高。集聚效应在 1% 的水平下显著为正，说明企业的集聚效应越高，我国企业选择在该国进行国际化研发的意愿越大，假设 4 得到了验证。

8.5.3 集聚效应的检验

集聚效应的调节作用，采用集聚效应与东道国的交互项进行衡量。参照8.5.2 节中的操作方式，在方程栏中输入"If c lndis year infla lngdp law rde aggl *Lngdp · Aggl*"，得到 Model-3 的分析结果；在方程栏中输入"If c lndis year infla lngdp law rde aggl *law · Aggl*"，得到 Model-4 的分析结果；在方程栏中输入"If c lndis year infla lngdp law rde aggl *rde · Aggl*"，得到 Model-5 的分析结果。

Model-3 在 Model-2 的基础上，加入了东道国市场规模与集聚效应的交互项，结果显示，其在 1% 的水平下显著为正。说明东道国的集聚效应在东道国市场规模与我国企业国际化研发网络节点选择之间起着正向的调节作用。我国企业在东道国的集聚效应越高，该国市场规模更能吸引我国企业在该国进行国际化研发，假设 5a 得到检验。

Model-4 在 Model-2 的基础上加入东道国制度质量与集聚效应的交互项，结果显示该交互项的回归系数为正，但不显著，假设 5b 没得到检验。这可能是由于我国企业的国际化研发网络规模较小，集聚效应在提升制度质量对企业国际化研发网络节点选址影响的作用较小。

Model-5 在 Model-2 的基础上加入了东道国竞争研发投入与集聚效应的交互项，结果显示该交互项在 5% 的水平下显著为负，这与假设 5c 的结论相反。结合假设 3a 和 3b 来解释，虽然样本中的大部分企业对东道国的研发投入不敏感，但对于少部分较为依赖东道国研发投入的企业而言，东道国的研发资源有限，研发企业在东道国的集聚会稀释企业获得的研发资源。具体分析结果见表8-5。

表8-5　调节作用分析结果

变量	Model-3	Model-4	Model-5
C	−18. 9658 ***	−22. 7216 ***	−22. 3218 ***
	(−7. 4168)	(−9. 0764)	(−9. 0518)
Lndis	−0. 2772	−0. 0532	−0. 1634
	(−1. 4827)	(−0. 299)	(−0. 8629)
Year	−0. 0044	−0. 0038	−0. 0038
	(−0. 3639)	(−0. 3068)	(−0. 3148)
Infla	0. 0277	0. 0034	0. 0308
	(0. 6142)	(0. 0843)	(0. 6725)
Lngdp	0. 6271 ***	0. 6939 ***	−0. 6906 ***
	(8. 4175)	(8. 9242)	(8. 9589)
Law	0. 5826 **	0. 046	0. 2185
	(3. 1595)	(0. 1996)	(1. 2454)
Rde	0. 0765	0. 1578	−0. 2911 *
	(1. 084)	(0. 5436)	(1. 8184)
Aggl	−2. 1658 ***	−0. 2057	0. 2282 ***
	(−3. 8438)	(−1. 4877)	(2. 5916)
Lngdp · Aggl	0. 0717 ***		
	(3. 8766)		
Law · Aggl		0. 1401	
		(1. 6212)	
Rde · Aggl			−0. 0749 **
			(−2. 3842)
LR	510. 9085 ***	495. 8669 ***	498. 5689 ***
N	5 786	5786	5 786
McFadden R-squared	0. 2542	0. 2467	0. 248

注：1. 括号中为 t-statistic 值；2. ＊、＊＊、＊＊＊分别代表0. 10、0. 05、0. 01 的统计显著水平。

8.6 我国企业国际化研发的地理分布

上一节利用通信设备、计算机及其他电子设备制造业的 249 家企业，39 个样本国为样本，从东道国因素和集聚效应的角度实证分析了我国企业国际化研发选址的影响因素。东道国市场规模、制度质量正向影响我国企业国际化研发选址，研发投入的作用却不显著。集聚效应对企业的国际化研发选址具有正向作用，更是促进了东道国市场规模对企业国际化研发选址的影响，对研发投入与企业国际化研发选址的关系有抑制作用。本章将样本量进一步扩大，分析我国企业的国际化研发机构地理分布特征，同时将我国企业国际化研发成果的分布与机构分布进行一致性分析。

8.6.1 我国企业国际化研发机构的地理分布

20 世纪 90 年代初期，我国企业通过与对华投资的跨国企业进行研发合作进行国际化研发的尝试，但由于企业自身规模有限以及技术障碍导致国际化研发收效甚微。基于此，部分企业开始选择适合企业自身的东道国，通过自建和海外并购的手段，利用独资或合资的方式进行国际化研发，提升了我国企业的国际化研发能力。目前，我国企业的国际化研发已初具规模，企业的国际化研发选址分布也呈现不同的侧重点。

8.6.1.1 数据来源

通过对商务部境外投资企业机构名录进行筛选，最终整理得出我国企业国际化研发选址分布。商务部境外投资企业机构名录中，涵盖了 1984 年至 2015 年间，我国企业对外直接投资的信息，主要有"证书号""投资目的国家/地区""境内投资主体""境外投资企业（机构）""所在省市""经营范围""核准日期"七项信息。首先，以"研发""研究""开发"作为关键词对企业的"经营范围"对境外投资企业名录进行检索，从 41216 条记录中删选出 1740 条我国企业的研发投资。其次，从这 1740 条研发记录中，根据"投资目的国家/地区"进行分类。据此，我国企业国际化研发选址状况见表 8-6。

表 8-6 我国企业国际化研发机构分布表

国家或地区	投资次数	国家或地区	投资次数	国家或地区	投资次数
阿尔及利亚	1	阿富汗	1	阿拉伯	13
阿曼	1	埃及	3	埃塞俄比亚	5
爱尔兰	5	安哥拉	2	奥地利	2
澳大利亚	22	澳门	1	巴基斯坦	2
巴西	6	白俄罗斯	1	百慕大群岛	1
保加利亚	1	贝宁	1	比利时	5
波兰	5	玻利维亚	1	布隆迪	1
朝鲜	2	丹麦	4	德国	79
多哥	1	俄罗斯联邦	16	厄瓜多尔	1
法国	15	菲律宾	7	芬兰	5
刚果	3	哥伦比亚	2	古巴	2
哈萨克斯坦	8	韩国	40	荷兰	22
吉尔吉斯斯坦	3	几内亚	2	加拿大	49
加纳	3	加蓬	2	柬埔寨	7
捷克	2	津巴布韦	1	卡塔尔	1
开曼群岛	28	科威特	1	肯尼亚	1
老挝	8	利比里亚	1	卢森堡	1
罗马尼亚	2	马来西亚	7	马里	2
蒙古	4	美国	418	孟加拉国	2
秘鲁	1	缅甸	5	摩洛哥	2
墨西哥	6	南非	8	尼泊尔	2
挪威	3	葡萄牙	2	日本	59
瑞典	14	瑞士	8	塞拉利昂	1
塞舌尔	4	沙特阿拉伯	3	斯里兰卡	1
苏丹	2	斯洛伐克	2	塔吉克斯坦	2
中国台湾	18	泰国	16	坦桑尼亚	2
突尼斯	1	土耳其	1	瓦努阿图	1
委内瑞拉	3	乌干达	2	乌克兰	1

续表

国家或地区	投资次数	国家或地区	投资次数	国家或地区	投资次数
乌兹别克斯坦	3	西班牙	4	西萨摩耶	1
新加坡	37	新西兰	5	匈牙利	4
叙利亚	2	伊拉克	1	伊朗	3
以色列	8	意大利	19	印度	18
印度尼西亚	13	英国	37	英属维尔京群岛	21
乍得	1	越南	13	中非共和国	1
中国澳门	3	中国香港	544		

8.6.1.2 研发机构分布现状的分析

结合表 8-6 来看，我国企业的国际化研发选址覆盖全球，我国企业的研发选址既包括美国、日本、澳大利亚和欧洲部分发达国家等，同时也覆盖了非洲和南美部分国家。研发分布主要为三个梯度：美国、德国、日本和加拿大等作为我国企业国际化研发的高密集投资东道国，分别被投资 418 次、79 次、59 次、49 次；澳大利亚、英国、韩国、新加坡和意大利等作为中等密度投资东道国，分别被投资 22 次、37 次、40 次、37 次、19 次；挪威、秘鲁等作为低等密度投资的东道国，仅被投资 3 次、1 次。参照第四节收集到的市场规模、制度质量和研发投入数据，结合不同投资密度国家的被投资数据，最终得出表 8-7。总体而言，市场规模越大、制度质量越高的东道国被投资的次数越多，这与第五节中的结论相匹配。尤其是当市场规模越大、研发投入程度越高的情况下，东道国对企业的国际化研发更有吸引力。由此可见，由于东道国自身因素和同源国企业在东道国集聚效应存在较大差异，而国际化研发又十分依赖技术资源和资本资源，导致了我国企业的国际化研发选址侧重于传统强国，对非洲和南美地区的国际化研发缺乏深度。然而，虽然我国企业的国际化研发选址几乎覆盖全球，但已有研发投资是否有理想的研发绩效却值得思考。

表8-7　东道国因素与被投资次数

区域类别	国别	研发次数	市场规模（亿）	制度质量	研发投入
高密度投资	美国	418	18万	1.60	2.79%
	德国	79	346	1.78	2.87%
	日本	59	493	1.51	3.28%
	加拿大	49	152	1.82	1.9%
中密度投资	澳大利亚	22	120	1.83	2.18%
	英国	37	261	1.80	1.71%
	韩国	40	141	−1.56	1.53%
	新加坡	37	30	1.88	2.3%
	意大利	19	185	0.25	1.33%
低密度投资	挪威	3	37	2.02	1.93%
	秘鲁	1	19	−0.53	0.11%

8.6.2　我国企业国际化研发成果的地理分布

企业通过国际化研发，往往能提高自身的研发能力，从而影响企业的盈利能力和行业竞争力。结合现有研究，企业通过国际化研发获得的专利数量最直接地体现了企业通过与东道国企业构建的国际化研发关系所取得的研发成果。本节利用国际化研发专利来分析我国企业国际化研发成果的地理分布。

8.6.2.1　数据来源

目前，针对国际化研发绩效的研究主要使用USPTO（美国专利局及商标局）和WIPO（世界知识产权组织）作为数据来源。前者在针对国际化研发的研究中存在明显不足，该数据库主要是包括美国境内公司向USPTO的专利申请，它无法客观地反映企业在全球范围内的研发创新。而WIPO建立的PCT数据，能够将位于世界不同地域的众多国家纳入具有统一性的数据平台下，使得国际化研发专利有比较客观和准确的体现。故而，选择WIPO下的PCT数据更加适用于本章研究。

根据本章的研究需要，采用结构式检索对我国企业的国际化研发数据进行收集。登录世界知识产权组织的数据库检索网页，在控制检索范围的选项上选择申请者国籍(Applicant Nationality),鉴于本章研究在相应检索栏内输入中国的国际代码"CN";接着在控制检索范围栏内输入发明者国籍(Inventor Nationality),在相应检索栏内输入需要查询的国际代码;最后在控制检索范围的选项上选择申请日(Application date),由于本章需对2015年前我国企业所有国际化研发进行检验,故在对应日期内输入"[01.01.2016 TO 01.11.2018]"。例如:检索我国申请者与美国研发人员或机构的合作专利,具体操作见图8-2。

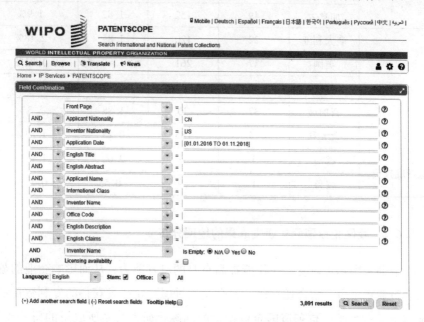

图8-2　WIPO 数据库 PCT 专利组合式检索

检索专利结果分为六类:中国籍研究人员独立申请专利、中国籍研究人员与东道国研究人员联合申请专利、中国籍研究人员与东道国企业的联合专利、中国企业独立申请专利、中国企业与东道国企业的联合专利以及中国企业与东道国研究人员的联合专利。由于研究重点是我国企业的国际化研发,故而需要将前三类专利删除。首先,对241个国家或地区进行分别检索,共删选出109个国家或地区有中国籍申请者;其次,将这109个国家或地区的检索结果进行筛选,删除中国籍研究人员独立申请专利、中国籍研究人员与东道国研究人员联合申请专利、中国籍研究人员与东道国企业的联合专利,共剩下45个国家或地区的中国企业独立申请专利、中国企业与东道国企业的联合专利以及中国企业与东道国研究人员的联合专利。共计3173条中国企业独立申请专利、中国企业与东道国企业的联合专利以及中国企业与东道国研究人员的联合专利。具体分布情况见表8-8。

表8-8 我国企业国际化研发成果分布表

东道国	专利数量	东道国	专利数量	东道国	专利数量
开曼群岛	1	巴巴多斯	1	白俄罗斯	1
波黑	1	波兰	1	多米尼加	1
古巴	1	纳米尼亚	1	葡萄牙	1
沙特阿拉伯	1	土耳其	1	委内瑞拉	1
文莱	1	亚美尼亚	1	挪威	2
阿根廷	2	阿联酋	2	孟加拉国	2
乌克兰	2	希腊	2	南非	3
丹麦	4	越南	4	瑞士	5
爱尔兰	7	荷兰	8	西班牙	9
马来西亚	11	比利时	12	俄罗斯	15
芬兰	18	以色列	19	韩国	22
法国	24	意大利	25	奥地利	29
新加坡	36	澳大利亚	50	印度	53
英国	88	瑞典	181	日本	217
德国	352	加拿大	752	美国	1342

8.6.2.2 研发成果现状的分析

从2016年到2018年11月，我国企业的国际化研发成果在澳大利亚、印度、英国、瑞典、日本和德国等国的研发成果丰硕，均高于50项专利成果，在美国的研发成果更是高达1342项。考虑到国际化研发作为知识和资本密集型投资，具有共担风险和知识独占的特性，我国企业能在以上国家取得较高的研发成果，在于国家加大了研发投入力度、重视对知识产权的保护。例如：日本在2016年的R&D投入占GDP高达3.141%；而美国每年所投入的研发资金已经达到4960亿美元，占据全球研发投入的26%。此外，世界银行发布的WGI数据中，"rule of law"较为客观地评价了世界各国的法律制度，在-2.5至2.5的评分区间中，日本年均评分1.5，而美国高达1.6。除此之外，我国企业在其余东道国的研发成果较低，这与东道国本身经济体量较小有一定联系，例如丹麦、南非、韩国等。

8.6.3　研发机构与研发成果地理分布的一致性分析

将国际化研发选址分为高等密度投资、中等密度投资和低等密度投资，将国际化研发绩效分为高等密度产出、中等密度产出和低等密度产出。对比我国企业的国际化研发选址分布情况和研发专利分布情况，得出以下结论。

第一，我国企业在部分发达国家的中、高等密度的国际化研发投资中获得了较高水平的国际化专利产出。例如：在我国企业在美国进行了累计 418 次的国际化研发投资，此外在德国、日本、澳大利亚、新加坡、意大利、韩国分别进行了 79 次、59 次、22 次、37 次、19 次和 40 次的国际化研发。相应地，美国的国际化研发产出有 1342 项、德国 352 项、日本 217 项、澳大利亚 50 项、新加坡 36 项、意大利 25 项，韩国 22 项。

第二，我国企业在部分发达国家进行了中等密度或者低等密度的国际化研发投资，也获得超出水平的国际化研发专利产出。例如：我国企业在英国、瑞典、芬兰的国际化研发投资达到了 37 次、14 次和 5 次，相应的国际化研发专利分别达到了 88 次、181 次、18 次。

第三，我国企业在部分国家进行了国际化研发的投资，但国际化研发专利较少甚至没有。例如：我国企业在非洲、中东和南美地区的大部分地进行了国际化研发投资，但是收效甚微，如南非、越南和伊朗；部分地区甚至没有研发产出，如巴西、新西兰以及非洲大部分和南美中部地区。值得注意的是，部分地区的研发投资密度很高，但是没有国际化研发的产出，例如中国香港、中国澳门、英属维尔京群岛等地区。这也支持了部分针对国际化研发的研究结论，即认为企业对上述地区的国际化研发投资是以避税为主要目的，而并非为了提升企业自身研发能力。

通过对我国企业的国际化研发分布情况进行分析，发现我国企业的国际化研发选址几乎覆盖了全球所有地区，但两极分化的程度也较为严重。同时，在不同东道国所对应的国际化研发的产出也出现了极大的差异，由此可见国际化研发选址对我国企业的国际化研发至关重要。

8.7   结论与启示

8.7.1   主要结论

本章从我国企业的视角出发，利用 2001—2015 年我国电子、电器和通信类行业中具有研发性质的海外公司数据，分析东道国市场规模、制度质量、研发投入以及我国企业在东道国的集聚效应对我国企业国际化研发选址的影响，在此基础上分析集聚效应对前三种关系的调节作用，得到结论如下。

第一，与先前的大多数研究一致，本章发现市场规模对我国企业国际化研发选址有显著的正向作用。无论企业的国际化研发动机获取先进技术还是扩张海外市场，市场规模较大意味着东道国的研发合作对象和研发信息的获取更为有效，这为企业降低获取先进技术的时间成本和风险提供了有利条件。因此，企业应当结合自身考虑在市场规模较大的东道国进行研发投资，以便克服外来者劣势从而提升研发效率。

第二，东道国制度质量正向影响我国企业的国际化研发选址。我国企业在构建自身国际化研发网络时，更加注重对已经获得的合作技术的排他性许可以及对自身研发结果的保护。这与之前 Belderbos 认为我国企业的国际化研发倾向于在制度环境不稳定的地区进行国际化研发，以避免高水平制度质量下东道国形成的技术壁垒存在不同（Belderbos，2017）。这种差异可以有如下解释：我国企业的国际化研发已经从"探索阶段"进入"获取阶段"，更加关注东道国制度质量对研发成果的保护。所以在鼓励企业"走出去"的同时，我国政府也应重视与各国建立良好的知识产权保护机制。

第三，东道国研发投入对我国企业的国际化研发网络节点选择作用不显著。Siedschlag 认为企业会为减轻研发活动的经济压力而青睐研发投入较高的东道国进行国际化研发（Siedschlag，2013）。这是由于我国进行国际化研发的企业大多规模较小且研发力度较低，导致了企业对东道国的研发投入敏感度不高。而发达国家企业的国际化研发网络规模更加成熟，更加依赖东道国的研发投入。在这种背景下，我国企业的国际化研发选址应该注重市场规模和研发投入双高的东道国，以期利用东道国的研发基础设施、知识资源和资本集聚的优势，提高我国企业的研发能力和研发绩效。

第四，集聚效应负向调节东道国研发投入与我国企业国际化研发选址的正向关系，但市场规模与研发选址之间的关系却因集聚效应而加强，从总体来看集聚效应正向影响我国企业的国际化研发选址。这与吴绍玉等从发达国家视角认为集聚效应会稀释东道国研发资源的观点不同(吴绍玉，等，2016)。可以解释的是集聚效应在国际化研发中往往带来两个子效应：稀释企业获得的东道国的研发资源和强化企业之间的合作关系。对于发达国家企业而言集聚效应带来的稀释作用大于强化作用，而我国企业更加注重企业间的合作关系，二者的侧重点的不同使得集聚效应的影响结果发生了变化。我国企业在东道国的集聚效应还远不足以对东道国的研发资源产生稀释，我国企业的国际化研发选址要充分利用集聚效应的外部化优势。

8.7.2 管理启示

我国企业要实现对发达国家企业的后发追赶，选择符合企业自身的东道国进行国际化研发是必经之路。以下基于研究结论，针对我国企业的国际化研发选址提出管理建议。

第一，利用东道国优势克服外来者劣势。我国企业与东道国企业开展国际化研发合作，无论选择绿地投资、合资还是并购的合作模式，都必须在短期之内利用东道国因素克服外来者劣势。例如：市场规模较大使得东道国拥有研发机会和信息公开程度双高的优势，以便企业在获取新兴技术和合作对象的信息时可以进行比较性选择，从而降低企业获取先进技术的风险；随着基础科学技术研发的难度加大，研发活动的资本密集型特点逐步体现，单纯依靠企业自身投入的国际化研发越发暴露其短板。而东道国的研发投入能够弥补企业的国际化研发资金空缺。我国企业在考虑东道国进行国际化研发投资时，要充分考虑到自身劣势能否被东道国优势弥补，以便降低企业国际化研发风险，提升研发绩效。

第二，结合集聚效应调整研发选址战略。后发企业的国际化研发选址往往参照行业先行者的选择，继而会衍生集聚效应，而集聚效应在国际化研发中往往带来两个子效应：稀释企业获得的东道国的研发资源和强化企业之间的合作关系。东道国的市场资源、政策制度的适用性会随着企业的不断集聚产生变化，以至于后来企业的研发资源被进一步稀释，不利于中小型企业克服自身劣势。我国企业在进入东道国进行国际化研发后，要关注企业自身是否在东道国形成优势，例如：技术排他性许可。如果企业获得的东道国研发资源产生稀释，应适时调整自身的研发战略，例如：减少研发投入力度、建立新的研发合作关系。

第三，结合研发专利对企业研发选址进行再评估。通过对我国企业的国际化研发分布情况进行分析，发现我国企业的国际化研发选址几乎覆盖了全球所有地区，但两极分化的程度也较为严重。我国企业在部分发达国家的中、高等密度的国际化研发投资获得了较高水平的国际化专利产出，但在部分国家进行国际化研发的投资时，国际化研发专利较少甚至没有。企业的国际化研发属于资本密集型投资，且经济回报周期较长。要降低研发投资变为沉没成本的风险，企业应结合短期内研发合作专利成果对国际化研发选址进行评估，根据行业整体变化调整国际化研发选址战略：加大投资力度、退出东道国市场或更换投资目标国。

第九章　后发追赶下我国企业国际化研发
网络中的关系维持

在竞争全球化的环境下，越来越多的跨国企业试图借助"国际化"的跳板作用，实现从技术的模仿到技术的创新（吴先明，高厚宾，等，2018）。企业国际化研发投资已成为继贸易和生产的国际化、金融资本化之后，世界经济一体化的新趋势。全球500强企业的海外研发的比率已经超过40%，跨国企业国际化研发投资机构的数量和投资额迅猛增长，研发基地国际化转移进程明显加快。随着国际化进程的不断深入，企业更倾向于构建更具组织优势的国际化研发网络，寻求优势企业技术/知识资源形成互补资源弥补自身企业不足，以适应海外市场（吴先明，杜丽虹，等，2018），同时利用信息的不对称性在全球布局研发活动，构建更为复杂的分工合作网络，通过对网络中的资源进行重组、整合内化为企业自身的核心竞争力（范兆斌，苏晓艳，2008）。作为技术能力禀赋、知识基、制度体系劣势的后发经济体企业，我国企业也逐步从早期的对内投资转而加入国际化网络构建的进程中，通过加大研发投资、扩张海外研发基地的方式，克服地理隔离机制对知识溢出效应的逆向影响（Minyoung，2016），逃离饱和的中国市场以及激烈的低价竞争环境，实现知识渠道扩宽以及自主创新能力的提升。

但在此过程中，我国海外研发失败的案例逐年攀升，尤其以跨国并购的夭折居多。2011年飙升至19起，2016年因海外并购失败而损失金额365亿美元，是2015年的18倍之多（郭璐，2018；王启洋，任荣明，2013）。以华为为例：2008年，华为试图与贝恩资本并购3COM，被美国外国投资委员会否决；2009年，AT&T与华为达成4G设备合约，被美国国家安全局出面干预；2010年，华为试图收购摩托罗拉的无线资产被美国政府拒绝，试图并购宽带网络厂商2wire

也失败，与 Sprint 达成的 4G 设备合约，遭到了美国商务部干预；2018 年，美国、英国、澳大利亚、加拿大和新西兰共同组成的"五眼联盟"共同抵制华为 5G 技术，阻碍华为在海外市场的研发活动。我国企业国际化研发活动的开展举步维艰，一个重要的原因在于我国企业与研发网络中的成员企业或者成员国家紧张的国际关系，使得我国在进行跨国研发活动的过程中频频受阻。作为国际化研发的后发经济体企业，我国企业进行国际化研发的动因之一在于识别和获取海外先进技术知识（李林，高严瑞，等，2018）。而社会网络理论的研究表明，网络中知识的流动依赖网络成员间共同愿景的存在以及良好的关系建立，信任友好的关系更能促使合作的有效进行（李林蔚，蔡虹，等，2014）。而紧张的网络关系使得我国在国际化研发的进程中遭受着严重的政策壁垒以及技术壁垒（高国伟，2014）。在此情形下，我国企业还深陷嵌入困难与低端锁定的"追赶瓶颈"（张战仁，杜德斌，2016），网络开放程度的经验欠缺又导致"开放式"悖论与"与狼共舞"悖论的产生（应瑛，刘洋，等，2018）。因此，如何建立友好的研发合作关系以及如何对研发网络进行治理，以提高我国国际化研发的效率，降低我国企业遭受政策壁垒和技术壁垒的可能性，是我国国际化研发顺利进行的关键举措与重要途径。基于此，本研究从新兴经济体企业的角度出发，讨论了影响我国企业国际化研发网络关系稳定的因素，继而探讨我国企业国际化研发的关系管理与网络治理。

9.1　我国企业国际化研发网络中的关系稳定性问题

9.1.1　国际化研发网络结构演变

（1）开放式创新理论

早期的企业仅通过提高对内研发投入从而占据竞争优势、获取更大的市场收益，是一种较为封闭的创新思想理论。伴随着激烈竞争的市场波动以及高技术开发的市场需求，仅靠单个企业自身进行内部研发已经无法达到市场要求。因此，企业不可避免地需要寻求外部资源，弥补自身企业不足，在此过程中发现外部资源对于企业创新的重要性（Teece，1986），Cohen 等认识到合理学习更新外部资源是企业创新的重要一环(Cohen，1989)，未能有效利用外部资源的企业将很难占据市场竞争优势。20 世纪 90 年代到 21 世纪初期，企业逐步从封闭的对内投资研发转而谋求网络式的发展。最初的研发网络构成包含企业内部总公司、子公司和其余分支结构等组成的内部网络以及当地合作伙伴、供应商、消费商等组成的外部网络(Zanfei，2000)。跨国企业在利用内部网络提供的已有知识技术资源之余，还要不断构建外部网络体系并从中学习吸收新的技术知识资源，更新企业知识技术储备。

在已有理论知识的基础上，Chesbrough 第一次创造性地提出开放式创新网络这一概念，在同时拥有内部网络以及外部网络资源的情况下，目的性的集聚内部以及外部知识资源，重新整合到同一个结构体系中实现商业化价值的提升(Chesbrough，2004)。Sikimic 从另一角度解释这一概念，他认为开放式创新的范式强调的是技术/知识"内化流"以及技术/知识"外化流"两种。"内化流"着眼于利用整合供应商、大学、政府、竞争者等外部资源，通过合资、兼并收购等方式提供自身企业所需基础资源；"外化流"则通过组织合作、技术授权、剥离等方式对外扩散自身技术知识资源(Sikimic 等，2016)。而不论是以上哪种，在开放式网络创新的整个过程中，均涉及跨组织边界的探索式(Exploration)创新网络战略和利用(Exploitation)式创新网络战略(Huizingh，2011)。

(2)集中研发与分散研发网络理论

全球化研发网络集中理论和分散理论是基于向心作用和离心作用提出的。作为国际化研发网络中的节点，研发机构由于向心力而集中，例如，内部交流、集聚和国模经济等，而离心力则是作为研发机构分散化的依据，例如，从外部获取的关键性基础资源、嵌入机构所在地或区域系统的作用机理等(Pearce，1992)。这在一定程度上也与跨国企业选取研发活动开展地址相契合，研发国际合作比国内合作更能激励创新(Arvanitis，2013)。在对华为、三星国际化研发模式演化的研究中，SHAI(他国研发重要性)指数反映了企业是否更侧重独立利用他国研发资源进行研发活动，而 SHII(跨国研发重要性)指数则强调的是机构间的集聚合作效应(刘凤朝，马逸群，2015)。

(3)嵌套研发网络理论

"嵌入型"(Embeddedness)最早于 1994 年提出，主要运用于经济领域以及社会领域。"嵌入"一般被界定为"关系型嵌入"和"结构型嵌入"，"关系型嵌入"关注网络密度、企业在网络中的网络位置以及在这种机理下的创新绩效；而"结构型嵌入"则聚焦于所处社会结构的影响，主要用关系的内容、方向等来测度。Uzzi 在对企业创新绩效与嵌入型关系的实证分析中，开创性地提出"关系嵌入型悖论"，即嵌入程度过低将导致企业创新绩效过低，而过度嵌入则会约束企业创新能力（Uzzi，1996）。但也有研究认为嵌入型是正向影响企业创新绩效的（张悦，梁巧转，等，2016）。

国际化研发与嵌入网络第一次在理论上的融合是由 Andersson 提出的（Andersson，2011）。跨国公司研发子公司的外部网络嵌入性在一定程度上会稀释其内部网络嵌入性（Yamin 等，2011）。同时，研发网络的内部网络嵌入性以及外部网络嵌入性对进行国际化研发企业研发角色的影响也是不可忽视的（Achcaoucaou，2014）。除此之外，部分学者从另一个角度考量了研发子公司作为一个研发小网络嵌入母公司这个大型研发网络中形成的嵌套网络对企业创新绩效的影响（王丽，2017）。

（4）全球创新网络理论

全球创新网络是指在经济全球化的浪潮下，跨国企业借助全球基础资源，建立以创新为导向的分布全球的关系网络。地理分散式以及空间切割式的跨国研发共同决定了企业在全球布局研发节点的事实（黄亮，盛垒，2015），每个东道国所不具有的资源禀赋都可以通过全球创新网络与在此专业领域具有绝对优势的强势企业建立合作关系获取，形成一种开放式的社会互动。这种互动主要表现为孤岛中心型、开放中心型、多心分散型、中心边缘型以及网络协同型，是一种基于地理结构和空间关联的资源流转（祝影，杜德斌，2005）。

9.1.2 我国企业国际化研发网络构建：困境与突破

网络中的各个主体企业通过结构合理稳定的创新网络能够有效地实现信息共享，同时减少交流成本，提升企业自身的核心竞争力（Majchrzak 等，2014；Singh 等，2016）。然而，由于网络模式以及网络范式的动荡性使得大多数创新网络并未形成稳定的网络惯例，致使网络联接缺乏牢固性，网络主体企业间的合作呈现较高的失败率（Schilling，2015），这一现象产生的原因在于网络主体企业间复杂多样的合作模式难以形成具有高度效应的网络惯例。网络惯例作为网络管理中协同创新的重要举措，是网络运行各个阶段协调组织间关系、提升企业间合作效率的关键一步（Gupta 等，2015）。然而，大多数对于网络的研究中鲜有考虑到网络惯例的形成问题以及对创新网络的管理问题。如何对网络进行有效的治理才能构建根基稳定、合作协调的创新型网络，我国企业应该选择什么样的合作方式、构建怎样的合作网络、应当选择怎样的关系纽带，均是我国企业跨国研发网络构建中应该考虑的问题（王伟光，2015）。目前，对于网络构建的困境与突破的研究主要在于以下几个方面。

（1）后发嵌入

普遍研究认为，国际化研发网络的嵌入方式包含建立独立的海外研发机构、建立战略联盟以及跨国并购等方式。海外研发机构的建立是促进我国直接面对海外市场、快速捕取国际信息、网罗海外优秀人才、紧跟国际先进步伐的重要途径（于晓宇，2013），通常要求跨国企业具有独立的研发经费以及完整的研发体系，并且能够在企业强大的技术支撑下，独立进行新技术、新产品的研发。而建立战略联盟的方式普遍存在与发达国家具有优势核心技术的跨国企业之间，战略联盟的方式有利于联盟中的跨国企业相互汲取对方企业的创新型资产，或者强强联合，共同构建创新资源。这种方式的建立依赖于跨国企业间的能力差异性，能力差异小的企业间更容易构建此种关系，形成互补性资源共同提升国际化研发能力。而跨国并购的方式更多的出现于先进知识技术资源欠缺的跨国企业之中，核心技术资源欠缺的劣势使得某些企业更多地谋求技术的全部占领与吸收，包括市场不存在或者难以寻求的独占性知识资源。企业倾向于在国际化研发网络中采取怎样的方式策略嵌入与其所受到的资源、环境约束有关（刘洋，魏江，等，2013）。早期的国际化研发机构局限于为当地企业提供本地化技术服务（Alexander 等，1999），而当下的国际化研发更多时候将自身定位于一个网络节点，与母国机构企业之间通过网络关系相连接，致力于跨国企业国际化研发活动的开展。然而，现有研究表明，为了实现知识独占，跨国企业海外研发机构大多采取单独完整的自投资体系，使得当地企业难以嵌入实现真正意义上的全球化研发网络（张战仁，占正云，2016）。

企业倾向于在国际化研发网络中采取怎样的关系管理以及网络治理策略与其所受到的资源、环境约束有关（张炳雷，2011）。我国作为制造业大国，在国际化研发领域落后于欧美等发达国家，自主创新能力明显不足，跨国并购的嵌入方式可以有效弥补我国在创新能力方面的缺陷，快速吸收欠缺的知识/技术资源，占据当地企业绝对控制权，塑造我国国际化研发企业独有的核心竞争力。通过海外并购式的嵌入全球化研发网络，我国大多数跨国企业才能克服自身缺陷，跨越创新鸿沟，实现技术的进一步追赶，提升自身企业在国际上的核心竞争力（胡曙虹，2018）。

（2）低端锁定

我国凭借资源丰富、成本低廉的劳动力市场积极融入国际化研发网络，但这种边缘化的参与方式使得我国在国际化研发网络中存在明显的低端锁定现象，研发能力与市场占有能力很难得到提升，我国在国际化研发网络中的分工明显处于劣势。普遍观点认为，技术支撑不足、自主创新能力匮乏是这种现象的内生原因，我国跨国企业自身资源的短板使得我国在国际化研发网络的垂直分工体系中只能接触到处于生产链末端的简易性重复工作，而很难掌握核心技术，不利于我国国际化研发企业形成自主研发体系（Knorringa 等，2000）。严重的内需不足导致我国国际化研发企业只能采取贴牌代工的外向型链条模式，而摒弃依靠国内市场的内向型链条模式，使得我国国际化研发企业长期处于国际化研发活动底端（任保全，刘志彪，等，2016）。而外生原因在于能力距离、沉没成本、转型成本等，我国国际化研发企业缺乏高技术研发人才以及核心研发技术，在研发活动中吸收能力过弱，这种创新能力的差距使得我国长期依附发达国家进行边缘化研发活动。

有研究认为后发经济体企业可发展高级生产要素、引进高技术劳动力帮助企业实现转型升级（沈康伟，2016），在此基础上累积自身实力，在区域范围内打造以自我为核心的垂直一体化研发链（丁宋涛，刘厚俊，2013）。同时打造母国效应、提升自我创新能力，通过政策补贴的方式突破我国国际化研发企业低端锁定现象（杜传忠，冯晶，等，2016）。从短期视角出发，可采取渐进式突破路径，通过生产能力、技术能力以及营销能力扩展路径，引进改造高新技术，实现内源性研发创新，实现自主创新国际化。而从长期视角出发，则可采取跨越式突破路径，利用技术、市场等吸引力，将研发先进产能引入其他发展中国家或者不发达国家，开展自我主导的价值链合作研发活动，通过外延价值链构建自身主导的国家化研发网络，突破低端锁定现象（孙慧莹，2018）。作为制造业大国，响应"智能制造"，打破产业发展依赖廉价劳动市场的"比较优势陷阱"，在政策引领下实施"智能制造"战略（刘佳斌，王厚双，2018）。

（3）政策壁垒

我国不断扩张的海外研发活动以及日益强大的投资规模对相关东道国企业的冲击逐渐加大，引起了这些国家对我国从事海外研发活动的制度监管以及政策抗衡。我国企业海外研发并购活动由于遭遇国际化政策监管壁垒而夭折的案例逐步攀升，2011年飙升至19起，2016年因海外并购失败而损失金额365亿美元，是2015年的18倍之多。作为我国国际化研发领先企业的华为公司，近年来在美国市场频频受阻。2008年，华为试图与贝恩资本并购3COM，被美国外国投资委员会否决；2009年，AT&T与华为达成4G设备合约，被美国国家安全局出面干预；2010年，华为试图收购摩托罗拉的无线资产被美国政府拒绝，试图并购宽带网络厂商2wire也失败，与Sprint达成的4G设备合约，遭到了美国商务部干预。除此之外，我国其他跨国研发企业在国际市场上也遭受到了严重的政策打击。内部原因在于我国国际化研发企业产业结构逐步完善、市场竞争能力稳步提升，以往发达国家占据的优势丧失，继而对相关东道国国家造成了威胁；外部原因在于以美为代表的发达国家为迎合民众以获取执政权而改变开放态度，转而采取保护主义，利用政策监管制度保障自身利益（Colantone，2016）。在此情况下，国际利益竞争以及政治博弈加剧，我国国际化研发活动效率低下、开展困难。

处于国际化研发网络中的研发企业在政策层面的管理主要存在两种视角。对外管理指的是作为占领核心技术的发达国家，出于政治、经济、军事安全等方面考虑，制定相关政策限制东道国企业准入准出程度以及跨国研发相关合作活动。而对内管理则主要指发展中国家以及不发达国家在应对发展中国家制定的政策监管制度之时所采取的举措。我国国际化研发企业在与欧美等发达国家企业进行研发合作的过程中，遭遇着严重的针对性政策壁垒与技术管制，制约了我国国际化研发企业研发能力的提升以及国际地位的提升。这种技术性政策壁垒的设置普遍是为限制新兴经济体发展中国家的科技发展以及经济发展，同时维护自身霸权地位以及利益优势（朱士兰，1999）。早期的美国采取全面抵制禁运的方式隔绝我国企业与高新技术企业的接触，20世纪70年代，为抵制苏联，美国放松对我国跨国企业的管制政策力度。但随着中国国力的逐步崛起，美国在危机意识下重新加大"遏制"与"接触"政策范围，加强对我国国际化研发企业的政策管制（袁嫣，刘运顶，2006）。美国设置的政策性壁垒基本出于自身与其余合作国家的亲疏关系(Gao，2007)，作为与其关系紧张的发展中国家，我国在美投资遭遇的政策性壁垒主要体现在其外资委员会进行的安全审查、相关机构进行的反垄断审查以及利益集团活动驱使下的美国国会实施的打击政策(余官胜，都斌，2016)。

(4)开放度

跨国企业从事研发活动的目的在于提升企业创新能力，这在很大程度上依赖于企业的知识溢出效应以及知识吸收禀赋。知识储备丰富的企业以及拥有核心知识的企业往往在网络交易过程中更具有话语权，处于网络中心位置(潘文卿，张晓寒，2016)，而网络中心位置对于国际化研发绩效具有正向调节作用(曾德明，刘珊珊，2014)。然而，在单个企业与多个企业合作伙伴进行研发合作的过程中，知识冗余、知识外泄与知识浪费的"开放式"悖论是难以避免的(Zobel，2017)。同时，我国作为新兴经济体后发追赶国家，技术以及经验的欠缺使得我国国际化研发企业在与强大的发达国家进行合作研发的过程中，自身资源价值可能被合作者所破坏(Diestre 等，2012)。因此，"怎样开放以及开放的程度"成为我国国际化研发的一大关键困境(Laursen 等，2014)。而合作网络中的关系优势、他方推荐以及文化因素能够对网络结构产生影响，通过网络成员中的关系优势或者他方推荐能够在一定程度上影响所在网络的网络结构，进而提升网络中主体成员间的凝聚力以及协同合作能力(胡欣悦，孙飞，2016)。在网络关系的初始阶段、发展阶段以及结束阶段的治理研究中发现，网络成员间信任的网络关系有利于在创新活动中产生默契、达成共识，进而形成有序运营的网络惯例(魏龙，党兴华，2017)，拥有更高声誉的合作伙伴通常更易与网络中的成员建立关系纽带。党兴华等在对网络治理机理的研究中，将创新网络分为网络层级、二元合作层级以及企业层级。对于不同的关系层级机制，融合三种网络层级的处理方式并不是最优解，对于不同的关系层级机制应当针对性地采取不同的治理方式(党兴华，肖瑶，2015)。在对网络关系治理的相关研究中，关系治理通常包含关系质量、满意程度以及冲突层面的管理，这在网络治理中隶属于非正式治理。网络关系治理的非正式治理主要从合作惯例以及道德层面出发，与依靠法律、契约等手段的正式网络治理不同，网络的非正式治理依赖于信任、声誉、合作文化以及联合制裁等手段(Vaaland 等，2003)。这在一定程度上与制度治理和情感治理相契合，制度治理与正式治理契合，情感治理与非正式治理契合。基于制度的关系治理适用于对非线性多变协同合作具有需求网络，而基于情感的关系治理有助于实现网络中高嵌入性的知识流动(白鸥，魏江，2016)。

综上，对于后发追赶情境下我国企业国际化研发网络关系的稳定性而言，仍存在两个方面的问题值得进一步探讨。

第一，总体趋势上，新兴经济体企业研发国际化问题越来越受到关注。构建国际化研发网络也是后发企业创新追赶的重要手段。但不少研究表明，目前我国企业在国际化研发网络中的位置与角色制约了自主创新能力的提升(杨震宁，等，2010)，被动地嵌入国际化研发网络有使我国企业被锁定在价值网络末端的危险，因此需要进一步探讨，在技术能力禀赋、知识基和制度体系都与发达国家存在差异的情境下，新兴经济体企业(尤其是我国企业)应当如何定位研发国际化战略，如何治理合作网络关系，才能规避对外研发合作风险，形成知识汇聚效应。

第二，我国企业在构建国际化研发网络的过程中，严重的政策壁垒以及技术壁垒限制了我国企业国际化研发活动的顺利开展，因此需要探讨这种政策壁垒与技术壁垒产生的原因，在此基础上，寻求能够降低我国企业遭受政策壁垒以及技术壁垒的可能性。

9.2 我国企业国际化研发网络稳定性的影响因素探索

9.2.1 研究设计

(1)研究思路

本章采用扎根理论质性研究方法进行数据的分析，以国际化研发相关文献作为初始素材，逐级归纳，提炼理论，自上而下地分析我国企业国际化研发网络关系模式及其制约因素。现有文献数据库为研究提供充分的研究资料，而扎根理论适用于资料导向的框架重构(Timmermans，2012)，保证了研究的可行性与完整性。本章结合扎根理论的研究流程如图9-1所示(杜晓君，杨勃，2015)。

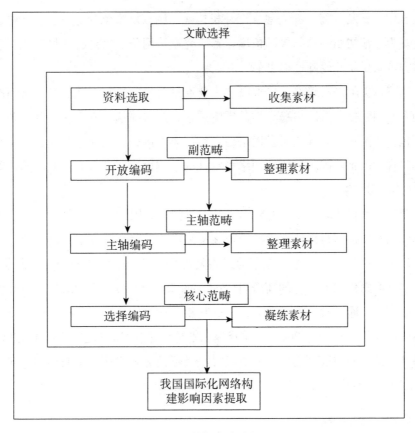

图 9-1 扎根理论流程图

（2）文献资料收集

本章文献资料的收集检索以 CNKI 数据库为基础，将检索类型选定为期刊论文，期刊来源设定为核心及以上期刊。检索的具体过程包括：

第一，文献检索。在 CNKI 数据库中，设定主题词或关键词为"国际化研发"得出 75 条检索结果；设定主题词或者关键词为"跨国研发"，得出 268 条检索结果；共计 343 条检索结果。同时，为了保证研究的信度，邀请两名辅助人员协同进行文献检索，三次检索结果均为 343 条。但两次结果中有文献重合，经删选，共 23 条检索结果重合，剩余 320 条结果作为最终的初始文献素材。

第二，文献初始筛选。由于国际化研发网络通常以多种形式展开，例如开展项目式合作、组建研发联盟、独立建立海外机构等，但针对国际化研发网络的文献素材可能未明确指出研究对象隶属于国际化研发网络。因此，初始筛选主要通过读取论文"摘要"进行判定：若文献研究内容涉及国际化研发，包括项目式合作、研发联盟、独立建立海外机构等，则该篇文献通过筛选，否则，不通过。为保证初始筛选结果的信度，本研究邀请两位专家进行协同审核，意见一致方可采用。此轮筛选得出197条结果。

第三，文献二次筛选。二次筛选主要通过对论文进行深入分析，进而提炼我国企业国际化研发网络稳定性的影响因素。此次筛选的判定标准为，若文献素材包含我国企业国际化研发网络稳定性的影响因素，则通过筛选；若文献素材不包含我国企业国际化研发网络稳定性的影响因素，则舍弃。此轮筛选共得出75条检索结果。

第四，资料编码设计。资料编码是对我国企业国际化研发网络关系模式及其制约因素的提炼与概括，最后进行逐层编码的过程。开放编码是扎根理论的初始环节，这个环节的重点在于通过将初始资料素材分解、整合再重新提炼，进而得到概念化和范畴化的新资料（Forkuominka，2018）。主轴编码是在开放编码的基础上，通过对比不同范畴，按照其相关性及属性重新分类组合，得到主范畴的过程（Petrini等，2009）。选择编码则是在开放编码和主轴编码的基础上，精炼其他范畴的"核心"范畴，并通过"故事线"的方式将所有范畴连到一起的过程（Kolers，1983）。

9.2.2 文献编码

（1）开放编码

开放编码是将已有资料素材概念化提取以及范畴化提取的过程。开放编码的具体步骤包含：一是将筛选出的75篇文献素材重新整合，在其中找出可能影响我国企业国际化研发网络稳定性的因素条件，精炼文字使其概念化并提取初始范畴，本研究共提取出124个初始范畴；二是在初始范畴的基础上，通过类比将具有类似机理的初始范畴归类到同一副范畴下，得到56个副范畴。在编码过程中，在概念化之后得到的初始范畴的末尾编码"a"，在初始范畴归结后的副范畴的末尾编码"A"（表9-1）。

表 9-1　初始编码示例

Title-题名	概念采集点	初始范畴	副范畴
研发国际化与企业创新绩效——吸收能力和地理多样性的调节作用	该研究发现意味着中国企业在国际化过程中应该加大海外研发投资力度以提升母公司创新绩效，且为更好地实现外部知识的逆向转移，应同时提高企业总体研发投入强度。但作为新兴经济体企业，不宜在地理分布上实行快速扩张，否则较高的沟通和协调成本将弱化逆向知识转移的程度，而不利于母公司创新绩效的提升。	协调成本 a1 沟通成本 a2	关系成本 A1（a1 a2 a3 a4 a53 a54）
本土企业与跨国公司合作研发诱发机制研究	结果显示违约成本与交流成本都对合作研发有负向阻碍作用。	违约成本 a3 交流成本 a4	关系成本 A1（a1 a2 a3 a4 a53 a54）
无形资产的特别纳税调整应关注跨国企业在华研发中心的利润归属问题	总体上制度距离与海外研发区位存在倒 U 型关系	制度距离 a5	制度体系 A2（a5 a6 a10 a104）
基于 PSOI 框架的我国企业研发国际化政策研究	并据此对我国企业研发国际化政策进行比较研究，进一步从优化政府管理体制、加强需求侧政策工具应用、提高公共信息平台建设与运营服务水平等方面提出优化建议。	政府管理体制 a6	制度体系 A2（a5 a6 a10 a104）
跨国研发中心嵌入 NIS 影响的实证研究	本章模型拟合得出了跨国研发中心嵌入及其要素（关系嵌入、结构嵌入和虚拟嵌入）对 NIS 影响的效应系数。	研发嵌入要素 a7	网络嵌入要素 A3（a7）
跨国公司研发投资的前向关联模式	从前向关联模式角度入手，研究了跨国公司与东道国本土企业通过 R&D 投资建立产业关联的动因、关联溢出效应及技术溢出路径	前向关联模式 a8	技术溢出 A4（a8 a21 a22）

Title-题名	概念采集点	初始范畴	副范畴
母公司非垄断者条件下跨国公司研发模式选择研究	研究结果表明，母公司竞争对手的知识转移给母公司的份额、母公司的知识转移给子公司的份额、子公司所在市场上的产品替代率和子公司的知识转移给竞争对手的份额对集中研发模式有正向影响，对分散研发模式有负向影响；	知识转移份额 a9	知识溢出 A5 （ a9 a34）
跨国公司在华研发机构管控模式、创新开放性对突破性创新绩效的影响	跨国公司母公司对研发机构采取集权式管控模式会抑制突破性创新绩效，而分权和混合式管控模式并不是促进突破性创新绩效的重要因素。	管控模式 a10	制度体系 A2(a5 a6 a10 a104)

（2）主轴编码

主轴编码是在不同的副范畴之间发现规律并重新构建联系的过程。本研究基于"情形表现→行为策略→结论/结果"的逻辑范式（王海花，彭正龙，2012），整合符合情形的副范畴，提炼新的主轴范畴。例如："知识溢出""知识互动""知识流向""知识交流渠道"这四个副范畴在同一条主轴线上可以整合为同一范畴。国际化研发网络中的主体企业建立多样的知识交流渠道，通过不同的知识流向进行知识的溢出，形成知识互动的结果。基于此逻辑范式，本研究共归纳了 14 条主轴范畴（见表 9-2）。

表 9-2　主轴编码

主轴范畴	副范畴
网络知识互动	知识溢出、知识互动、知识流向、知识交流渠道
网络技术互动	技术溢出、技术获取能力、研发技术实力
网络主体互动	关系成本、项目合作关系强度、研发主体互动、网络主体位置、合作关系
网络嵌入	网络嵌入要素、研发本地嵌入性、网络嵌入模式、网络嵌入困境
网络组织模式	研发组织结构、研发组织形式、研发模式

续表

主轴范畴	副范畴
研发技术壁垒	研发任务分配、竞争效应、利益集团冲突
研发政策壁垒	政策工具、法律环境、东道国危机、政府质量
人才资源	人才资源、人才集聚效应、境外居留权、人才流动
研发产出保护机制	知识产权保障、研发成果整合
制度质量	制度体系、政府补贴、政策扶持
研发战略	人才本地化战略、战略地位、联盟战略、研发战略、国际化战略
市场能力	市场条件、东道国发展水平、行业特征、研发相关性
基础设施资源	投资地条件、研发经验、科技能力、研发投入、基础资源实力、政治关联、资源冗余
新兴经济体特征	挤出效应、研发外溢、外来者劣势、技术依赖、技术低端锁定

（3）核心编码

核心编码的任务在于利用故事线的情景，描述整个现象，提炼主轴范畴，归结成为包含其他所有范畴的核心范畴。通过对所有主轴范畴的不断比较、归纳与总结，本研究发现，企业自身能力禀赋、网络组织结构、网络关系互动、后发经济体特征四个核心范畴基本对我国企业国际化研发网络稳定性影响因素进行了的完全描述。其中，人才资源、市场能力、研发产出的保护机制、基础设施资源以及研发战略都是企业自身的能力禀赋；而网络嵌入、网络组织模式、制度质量则归结在网络组织特征的核心范畴下，这三者在不同层面反映了网络组织结构对我国企业国际化研发网络关系稳定性的影响；而网络知识互动、网络技术互动、网络主体互动则是网络主体间的互动，不论是知识还是技术的互动，以及主体企业间的关系互动，都是网络内部资源的一种流转，因此统一归结到网络关系互动的核心范畴之下；而其余研发企业或者东道国国家对我国设置的技术壁垒和政策壁垒以及我国企业的新兴经济体特征则是我国企业构建与管理国际化研发网络的后发特征表现（见表9-3）。

这四大核心范畴提取出的故事是指：我国国际化研发企业在后发经济体特征明显的基础上，需通过提升自身能力禀赋，同时与研发网络中其余主体企业建立良好的关系互动，适应我国企业国际化研发的网络组织特征，并在网络中谋求自身的角色定位，建立一个稳定发展的国际化研发网络。

表 9-3 核心编码

核心范畴	主轴范畴
企业能力禀赋	人才资源、研发产出保护机制、市场能力、基础设施资源、研发战略
网络组织特征	网络嵌入、网络组织模式、制度质量
网络关系互动	网络知识互动、网络技术互动、网络主体互动
后发特征	研发政策壁垒、研发技术壁垒、新兴经济体特征

9.2.3 研究结果与讨论

(1)企业能力禀赋与国际化研发网络稳定性的关系讨论

企业能力禀赋包含网络权利位置、市场能力、研发人才集聚、研发经验累积、研发设施资源实力等,我国企业在国际化网络构建中扮演怎样的角色以及获取怎样的成效都要建立在自身能力禀赋的基础上。占据网络的核心位置是我国企业拥有网络话语权的关键所在,但事实表明,我国国际化研发企业在网络中往往从事边缘性工作,在网络中不具主导地位。市场能力、人员集聚、经验累积等能力禀赋是企业构建研发网络的重要要素,我国拥有大量的市场资源,劳动力丰富,这是我国国际化研发网络构建的优势所在;但经验欠缺,技术资源长期处于低端锁定的情形又使得我国国际化研发网络的构建与管理困难重重。

作为后发经济体企业,我国国际化研发企业可侧重发展高级生产要素,引进高技术劳动力帮助企业实现转型升级(Laursen 等, 2014),在此基础上累积自身实力,在区域范围内打造以自我为核心的垂直一体化研发链(Majchrzak 等,2014)。同时打造母效应市、提升自我创新能力,通过政策补贴的方式突破我国国际化研发企业低端锁定现象。从短期视角出发,可采取渐进式突破路径,通过生产能力、技术能力以及营销能力扩展路径,引进改造高新技术,实现内源性研发创新,实现自主创新国际化。而从长期视角出发,则可采取跨越式突破路径,利用技术、市场等吸引力,将研发先进产能引入其他发展中国家或者不发达国家,开展自我主导的价值链合作研发活动,通过外延价值链构建自身主导的国家化研发网络,突破低端锁定现象(Schilling, 2015)。作为制造业大国,响应"智能制造",打破产业发展依赖廉价劳动市场的"比较优势陷阱",在政策引领下实施"智能制造"战略(Gupta 等, 2015)。

（2）网络组织特征与国际化研发网络稳定性的关系讨论

网络组织机构是我国国际化研发网络构建的关键所在，可以直接影响我国国际化研发网络的根基稳定性。网络嵌入模式、网络组织模式、管理制度机制从不同层面影响我国国际化研发网络的构建，网络嵌入模式是指在网络构建之前，选择何种嵌入方式。独立建立海外机构的方式使得研发网络能够直接面对海外市场，快速笼络国际人才以及国际领先技术，但这往往要求企业有足够的经费支撑以及完整的研究体系；建立战略联盟的方式更容易获取互补性资源以提升研发企业自身不足，但这往往适合于强势企业间的联合，否则可能导致"与狼共舞"悖论现象的发生；而跨国并购的方式则能快速跨越技术差距，笼络式地获取东道国企业的研发优势。而网络组织模式则是在市场、技术环境不同的情境下，决定我国国际化研发网络是以组织人员为主的纽带网络还是以资金为主的纽带网络。网络管理制度机制是研发网络的保障机制，独裁式管理决定了网络的单向性，而分散式管理则决定了网络的多向性。作为后发经济体企业，在技术能力禀赋劣势的情形下，我国通常选择跨国并购的方式，以资金为纽带，加大投资力度，通过适当的制度约束，更能跨越技术鸿沟，快速掌握独占性技术资源，实现技术赶超。

（3）后发特征与国际化研发网络稳定性的关系讨论

我国国际化研发企业在与欧美等发达国家企业进行研发合作的过程中，遭遇着严重的针对性技术壁垒与政策管制，制约了我国国际化研发企业研发能力的提升以及国际地位的提升。这种技术壁垒与政策壁垒的设置普遍是为限制新兴经济体发展中国家的科技发展以及经济发展，同时维护自身霸权地位以及利益优势。我国所遭遇的壁垒式抵制主要来源于美国，早期的美国采取全面抵制禁运的方式隔绝我国企业与高新技术企业的接触，20世纪70年代，为抵制苏联，美国放松对我国跨国企业的管制政策力度以及技术锁定。但随着中国国力的逐步崛起，美国在危机意识下重新加大"遏制"与"接触"政策范围，加强对我国国际化研发企业的政策管制。美国设置的技术性壁垒与政策性壁垒基本出于自身与其余合作国家的亲疏关系，作为与其关系紧张的发展中国家，我国在美投资遭遇的壁垒主要体现在其外资委员会进行的安全审查、相关机构进行的反垄断审查以及利益集团活动驱使下的美国国会实施的打击政策。这种技术壁垒与政策壁垒的设置严重阻碍了我国国际化研发网络的构建与管理。

提升自主研发能力、增强国家科技创新力、优化政策吸引专业人才回流等方式是我国打破国际化研发政策壁垒的重要途径(王伟光，冯荣凯等，2015)。同时，合理选择投资时机以及投资区位可以减少遭遇政策壁垒的可能性，同时提升我国研发企业与东道国企业的发展方向兼容性(徐娜娜，徐雨森，2016)。承担社会责任制度的缺失也被认为是我国国际化研发遭遇政策性壁垒的重要原因，而建立良好的企业文化、制定长期性可实施战略、构建公关信息平台则能有效缓解(张炳雷，2011)。

(4)网络关系互动与国际化研发网络稳定性的关系讨论

关系互动的测度指标通常包含信任、沟通以及信息共享。信任和沟通主要是指网络主体间的互动，而信息共享则往往是指网络中的知识互动以及技术互动。网络间信息共享的基础在于网络信任和网络沟通，有效的沟通能够促使合作方了解各自意愿，减少不必要的冲突。国际化研发网络中知识技术以及人员间的互动是网络资源在内循环的结果与表现。网络中知识以及技术的流向决定网络是单向性主导网络还是多向性主导网络。研发网络单向性主导指的是网络某一成员在资源流动过程中，主要是扩散资源而非获取资源，而研发网络多向性主导则是指成员企业在资源流动过程中，相互扩散资源和获取资源。我国作为后发经济体国家，在网络构建的过程中更注重知识/技术的吸收，因此更倾向于以资金为纽带，采取海外并购的方式，通过加大投资的方式建立合作网络，以此寻求更大的利益共享。在这一视角下，网络关系互动也决定了我国国际化研发网络的组织结构。另外，对于网络主体的互动则是指在网络关系的初始阶段、发展阶段以及结束阶段的运维中，网络成员间信任的网络关系有利于在创新活动中产生默契、达成共识，进而形成有序运营的网络惯例。网络惯例的形成规范了网络市场以及研发产出的保护机制，同时能够有效提升我国企业在网络中的知识/技术获取能力。对于我国国际化研发企业，良好的网络关系互动能够促进网络惯例的形成，进而提升我国企业自身的能力禀赋。然而，我国企业与其他网络成员紧张的国际关系导致我国遭受严重的政策壁垒以及技术壁垒，近年来的研发合作更是因此频频夭折，使得我国国际化研发困难重重。

总体而言，网络关系互动是我国企业国际化研发顺利进行的核心。网络间知识/技术的互动能够决定我国国际化研发的网络组织结构，而良好的网络主体互动能够提升我国企业自身能力禀赋，减小我国企业与其他发达国家企业的研发实力差距,同时缓解企业间的国际关系,降低我国企业在网络中遭受技术壁垒以及政策壁垒的可能性(见图9-2)。因此,关系治理应当作为我国国际化研发网络治理的基础,良好的关系互动更有利于我国国际化网络的构建以及管理。处于国际化研发网络中的研发企业在管理层面存在两种视角。基于制度的关系治理适用于对非线性多变协同合作具有需求的网络,而基于情感的关系治理有助于实现网络中高嵌入性的知识流动。作为后发经济体企业,我国企业目前更追求高嵌入性的知识流动,因此,基于情感的关系治理或许更适合我国企业进行国际化研发网络管理。

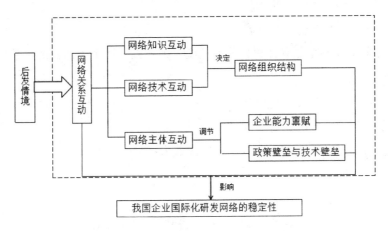

图9-2 我国企业国际化研发网络稳定性的影响因素

9.3 对等合作网络关系的稳定性探讨

9.3.1 模型建立

任意选取我国企业国际化研发网络中的企业 A 和企业 B 组成合作研发网络,无论何种形式的合作研发,网络成员都要进行对应的成本投资。在此处,假设企业 A 与企业 B 在此国际化研发合作研发构建过程中,双方企业均需要投入 T 单位的成本。同时,由于合作研发的最终目的在于获取利润,在数学上,利润意味着通过更低的成本获取更高的收益,在此,假设企业由于结成合作研发,

单位成本将从 C_x 降低到 C_y ，其中， $C_y \leq C_x$ 。

在假定合作研发中成员企业单位产品成本相同的情况下，企业产品需求量与产品价格间的需求函数 $Q_d = d(p)$ 则可以表示成： $Q = a - p (a > 0)$ ，而逆需求函数表达式则为 P=a-Q，成本函数表达式为 $C_i(q_i) = c * q_i$ 。用 W 表示企业 i 的利润。则企业 i 的利润函数为：

$$W = (a - Q) * q_i - c * q_i$$

因此，在企业 A 和企业 B 缔结研发网络的之前，企业 A 和企业 B 的利润函数可以分别表示为（其中， $Q = q_1 + q_2$ ）：

$$W_1 = (a - Q) * q_1 - C_x * q_1$$

$$W_2 = (a - Q) * q_2 - C_x * q_2$$

要使企业 A 和企业 B 能得到最大利润，则要以上两个表达式的一阶求导为 0，即：

$$W_1{}' = a - 2q_1 - q_2 - C_x = 0$$

$$W_2{}' = a - 2q_2 - q_1 - C_x = 0$$

由此可知，企业 A 和企业 B 的反应函数为：

$$q_1 * = 0.5(a - q_2 - C_x)$$

$$q_2 * = 0.5(a - q_1 - C_x)$$

再对这两个反应函数进行求解，可以得到纳什均衡解为：

$$q_1 * = q_2 * = \frac{1}{3}(a - C_x)$$

此时，企业 A 和企业 B 的最大利润则为：

$$W_1 * = W_2 * = \frac{1}{9}(a - C_x)^2$$

而在缔结国际化研发合作研发以后，企业 A 和企业 B 的共同利润为：

$$W_{1+2} = (a - Q_{1+2}) * Q_{1+2} - C_y * Q_{1+2} - 2T$$

（1）情况一：企业 A 与企业 B 在构建国际化研发合作研发过程中，严格遵守承诺，则要使此国际化研发合作研发获取最大利益，其一阶条件表达式的值应为 0，即：

$$W_{1+2}{}' = a - 2Q_{1+2} - C_y = 0$$

此时，此国际化研发合作研发的最佳产量为 $Q_{1+2} = 0.5(a - C_y)$ ，此国际化研发网络联盟的最大利润为 $W_{1+2} = 0.25(a - C_y)^2 - 2T$ 。合作研发中的成员企业 A 和成员企业 B 的产品产量为：$q_{(1+2, 1)} = q_{(1+2, 2)} = 0.25(a - C_y)$，最大利润分别为 $W_{(1+2, 1)} = W_{(1+2, 2)} = 0.1255(a - C_y)^2 - T$。

（2）情况二：企业 A 和企业 B 在构建国际化研发合作研发过程中，企业 A 严格遵守联盟承诺，企业 B 违背联盟承诺。此时企业 A 维持承诺的产量 $q_{(1+2', 1)} = 0.25(a - C_y)$。

此时企业 B 的利润表达式为：

$$W_{(1+2', 2')} = (a - q_{(1+2', 1)} - q_{(1+2', 2')} * q_{(1+2', 2')} - C_y * q_{(1+2', 2')}) - T$$

要使企业 B 获得最大利润，则其一阶表达式的值为 0，即：

$$q_{(1+2', 2')'} = a - q_{(1+2', 1)} - 2q_{(1+2', 2')} - C_y = 0$$

求解可得：

$$q_{(1+2', 2')} = 0.375(a - C_y)$$

由此可知，国际化研发合作研发构建过程中，若企业 A 遵守联盟承诺，企业 B 违背联盟承诺，企业 A 将获得的最大利润为 $W_{(1+2', 1)} = \dfrac{3}{32}(a - C_y)^2 - T$，

企业 B 将获得最大利润为 $W_{(1+2', 2')} = \dfrac{9}{64}(a - C_y)^2 - T$。

（3）情况三：企业 A 和企业 B 在构建国际化研发合作研发过程中，企业 A 违背联盟承诺，企业 B 严格遵守联盟承诺，此时企业 B 遵守承诺的产量 $q_{(1'+2, 2)} = 0.25(a - C_y)$。

此时企业 A 的利润表达式为：

$$W_{(1'+2, 1')} = (a - q_{(1'+2, 1')} - q_{(1'+2, 2)} * q_{(1'+2, 1')} - C_y * q_{(1'+2, 1')}) - T$$

要使企业 A 获得最大利润，则其一阶表达式的值为 0，即：

$$q_{(1'+2, 1')'} = a - 2q_{(1'+2, 1')} - q_{(1'+2, 2)} - C_y = 0$$

求解可得：

$$q_{(1'+2', 1')} = 0.375(a - C_y)$$

由此可知，国际化研发合作研发构建过程中，若企业 A 违背联盟承诺，企业 B 遵守联盟承诺，企业 A 将获得的最大利润为 $W_{(1'+2, 1')} = \dfrac{9}{64}(a - C_y)^2 - T$，

企业 B 将获得最大利润为 $W_{(1'+2, 2)} = \dfrac{3}{32}(a - C_y)^2 - T$。

9.3.2　博弈过程

（1）单次博弈过程研究

囚徒困境的假设前提在于博利双方均是自利理性的主体，也即只要给出两种可选择的策略，每一方都将选择其中对自己更有利的那种策略。同时，博利双方都将在不知对方决策的情况下独立做出选择。在这种情况下，将上一章节所得到的计算结果带入囚徒困境的博弈中，可以得到如表9-4所列的支付矩阵：

表9-4　研发网络的支付矩阵

		企业 B	
		遵守承诺	不遵守承诺
企业 A	遵守承诺	$0.1255(a-C_y)^2-T$, $0.1255(a-C_y)^2-T$	$3/32(a-C_y)^2-T$, $9/64(a-C_y)^2-T$
	不遵守承诺	$9/64(a-C_y)^2-T$, $3/32(a-C_y)^2-T$	$1/9(a-C_y)^2$, $1/9(a-C_y)^2$

若只存在单次博弈，对以上情况求解纳什均衡，可以得到以下情境：

第一，若 $1/9(a-C_y)^2 > 3/32(a-C_y)^2-T$，此时，仅存在唯一一个纳什均衡，也即（不遵守承诺，不遵守承诺）；

第二，若 $1/9(a-C_y)^2 \le 3/32(a-C_y)^2-T$，此时，存在两个纳什均衡，也即（遵守承诺，不遵守承诺），（不遵守承诺，遵守承诺）。

通过以上单次博弈模型的分析我们可以知道，无论采取怎样的方式，在此囚徒困境中，始终不能得到（遵守承诺，遵守承诺）的纳什均衡。这说明，在国际化研发合作研发构建过程中，企业无法通过投入高额的结盟成本来加强此研发合作研发的稳定性；同时，也不能通过降低产品的单位产品来加强国际化研发网络联盟的稳定性。这也更进一步的证实了国际化研发网络联盟的高波动性。

（2）重复博弈过程研究

若存在重复博弈：在重复性的囚徒困境中，很难做到双方一致的持续性遵守约定，博弈双方都很有可能作弊违背国际化研发合作研发的契约。而对于重复性的博弈来讲，一般可以采取"冷酷策略"或是"针锋相对策略（Tit-for-Tat Strategy）"，也即"触发策略（Trigger Strategy）"和"胡萝卜加大棒策略"。"冷酷策略"是指如果在国际化研发合作研发缔结过程中，任意一方采取不遵守联盟承诺的策略，则另外一方也将采取不遵守联盟承诺并且用不遵守联盟承诺的策略，以此终结此后的合作。而"针锋相对策略"是指在此国际化研发合作研发中的主体企业，根据上一轮合作方企业做出的选择而选择应当策略。若上一回合作方选择遵守联盟承诺，则此轮我方选择遵守联盟承诺；若上一轮对方企业选择不遵守联盟承诺，则此轮回合我方选择不遵守联盟承诺。对于以上两种策略的具体体现如下：

表 9-5　研发网络重复博弈支付矩阵

		企业 B	
		遵守承诺	不遵守承诺
企业 A	遵守承诺	U_1，U_1	U_3，U_2
	不遵守承诺	U_2，U_3	U_4，U_4

在此过程中，假设国际化研发网络中的成员企业 A 和成员企业 B 的折现系数均为（其中，$0 < \overline{\omega} < 1$）。

情形一：若国际化研发合作研发中的任一企业选择一直遵守承诺的策略（以企业 A 为例），应用"冷酷策略"进行探讨可以知道，企业 A 在此过程中可以为自己博得的全部利润为 $W_1 = U_1 + \overline{\omega}U_1 + \overline{\omega}^2 U_1 + \overline{\omega}^3 U_1 + \overline{\omega}^4 U_1 + E$，也即 $W_1 = U_1/(1 - \overline{\omega})$。

如若企业 A 采取不遵守联盟承诺的策略，则应用"冷酷策略"，企业 A 在此过程中可以为自己博得的最大利润为：$W1' = U_3 + \overline{\omega}U_4 + \overline{\omega}^2 U_4 + \overline{\omega}^3 U_4 + \overline{\omega}^4 U_4 + E$。也即：$W1' = U_3 + \overline{\omega}U_4(1 - \overline{\omega})$。

通过对以上情境的分析，若 $W1 = U_1/(1 - \overline{\omega}) > W1' = U_3 + \overline{\omega}U_4(1 - \overline{\omega})$，则企业 A 与企业 B 会选择（遵守承诺，遵守承诺）的策略，也就意味着，当 $\overline{\omega} > (U_3 - U_1)/(U_3 - U_4)$ 的时候，（遵守承诺，遵守承诺）是此时的纳什均衡，此时的国际化研发合作研发是低波动性的。

情形二：若国际化研发合作研发中的任一企业选择一直遵守承诺的策略（以企业 A 为例），应用"针锋相对策略"进行探讨可以知道，企业 A 在此过程中可以为自己博得的全部利润为 $W1 = U_1 + \overline{\omega}U_1 + \overline{\omega}^2 U_1 + \overline{\omega}^3 U_1 + \overline{\omega}^4 U_1 + E$，也即 $W1 = U_1/(1 - \overline{\omega})$。

此种情境与情况一采取"冷酷策略"的结果是一致的，企业 A 在此过程中可以获取的全部利润为 $W1 = U_1/(1 - \overline{\omega})$。

而若是企业 A 在国际化研发合作研发第一次构建的过程中采取不遵守承诺的策略，此时通过对"针锋相对策略"的探讨可以知道，在国际化研发合作研发构建的第二次联盟过程中，企业 B 将针对第一回合企业 A 不遵守联盟承诺的策略做出相应反应，也即在第二次联盟过程中不遵守承诺，而在第三次联盟过程中继续采取遵守承诺的策略，以此维持国际化研发合作研发中双方企业的合作。在此过程中，企业 A 可以获取的全部利润为：$W1' = U_3 + \overline{\omega}U_4 + \overline{\omega}^2 U1 + \overline{\omega}^3 U1 + \overline{\omega}^4 U1 + E$。也即 $W1' = U_3 + \overline{\omega}U_4(1 - \overline{\omega}^3)$。

通过对以上情境的探讨可以知道，若 $W1 = U_1/(1 - \overline{\omega}) > W1' = U_3 + \overline{\omega}U_4(1 - \overline{\omega}^3)$，则企业 A 与企业 B 会选择（遵守承诺，遵守承诺）的策略，也就意味着，当 $\overline{\omega} > (U_3 - U_1)/(U_3 - U_4)$ 的时候，（遵守承诺，遵守承诺）是此时的纳什均衡，此时的国际化研发合作研发是低波动性的。

9.3.3　结果分析

（1）单次博弈模型结果分析

通过以上单次博弈模型的分析可以知道，影响国际化研发合作研发是否具有高波动性的关键性因素主要在于构建过程中成员企业所需要付出的结盟成本以及在结盟所带来的产品单位成本的下降。然而无论采取怎样的方式，在此囚徒困境中，始终不能得到（遵守承诺，遵守承诺）的纳什均衡。这说明，在国际化研发合作研发构建过程中，企业无法通过投入高额的结盟成本（T）来加强此研发合作研发的稳定性；同时，也不能通过降低产品的单位产品来加强国际化研发网络联盟的稳定性，这也更进一步地证实了国际化研发网络联盟的高波动性。在国际化研发合作研发的缔结过程中，企业极大可能由于自身的博利性为自身争取更大的利润空间，而很少为了国际化研发合作研发的整体利益做出妥协，因此导致国际化研发合作研发的缔结夭折。

但是，由于国际化研发合作研发中的成员企业往往更看重长久的合作以及发展，因此，单次博弈在国际化研发合作研发的现实构建过程中是很难出现的。更现实的情景是合作研发网络中不同主体进行多次重复博弈。

（2）重复博弈模型结果分析

在我国企业国际化研发网络的构建过程中，重复博弈的情况屡见不鲜。重复博弈既是企业在合作过程中所追求的战略长久性的体现，又是企业在国际化研发联盟搭建过程中目标导向型的体现。而在对国际化研发合作研发博弈模型的研究当中，我们可以看出，影响国际化研发网络中关系稳定性的因素主要在于重复博弈的次数和时限、国际化研发合作研发中成员企业间的关系治理以及折现系数。这些要素情景的变化将带来不同的结果。

第一，博弈次数和时限。在国际化研发合作研发的构建过程中，如果合作研发中的网络成员企业已经在网络搭建过程中要求了联盟的时限或者结盟的次数，抑或合作研发中的网络成员通过别的方式已经提前知晓双方结盟的时限或者次数，此时的国际化研发联盟过程也就转化成为有限次数的重复博弈过程。而在这种情况之下，合作研发中的成员企业都将在每次的结盟过程中选择遵守承诺，维持合作关系，此时并没有纳什均衡的解。也就是说当国际化研发合作研发中的成员企业提前要求结盟的时限或次数，抑或通过其他方式提前知晓结盟时限或次数的情况下，国际化研发合作研发不存在一种有效的方式削弱联盟的高波动性，因此，在这种情况下，国际化研发合作研发容易以非正常的形式溃解。

第二，合作研发成员间的关系治理。在国际化研发合作研发的搭建过程中，如若合作研发中的成员企业在网络搭建过程中对结盟企业保持足够的信任，并且在合作研发搭建的过程中并未要求合作研发的搭建次数以及时限，同时也不能通过任何渠道知晓合作研发的搭建次数以及时限，此时，国际化研发合作研发中的结盟过程则是无限次数的重复博弈过程。而通过之前对于重复次博弈模型的研究可以知道：

A. 如果国际化研发合作研发的成员企业间具有足够的信任关系，则在结盟过程中，如果有一方企业在上一次合作中违背承诺，则与之合作的联盟企业更倾向于选择"针锋相对策略"，也就是在此次合作中选择违背承诺，但在下一次合作中选择遵守承诺，以此维持国际化研发合作研发的长久性，并且削弱国际化研发合作研发的高波动性。

B. 如果国际化研发合作研发的成员企业间不具有足够的信任关系，在企业缔结国际化研发联盟的过程中，如果由一方企业在上一次的合作中违背承诺，则与之合作的联盟企业更倾向于选择"冷酷策略"，也即在此次合作中也选择违背承诺，双方结束国际化研发合作研发的缔结，并且永不进行合作。

第三，净收益折现系数。折现系数（discount factor），也就是将来的现金流量折算成现值的介于0—1之间的一个数，折现系数在数值上可以理解成为贴现比率，也就是一个份额经过一段时间后等同于现在的份额。在本研究博弈模型中，折现系数用来体现国际化研发网络中成员企业的可接受程度，折现系数数值越大，代表成员企业在国际化研发合作研发的缔结过程中可接受程度更高。事实上，Gibbons将折现系数定义为"货币的时间价值"，折现系数 $\overline{\omega} = 1/(1 + P)$（$p$ 表示收益的期望比率）。对于国际化研发合作研发而言，如果企业收益的期望值过高，那么折现系数相对较小；而企业如若期望收益过低，那么相应地，折现系数则会相对较大。收益的期望比率在一定程度上反映了国际化研发合作研发中成员企业选择替代计划1和舍弃计划2所能得到的机会成本。如果国际化研发合作研发中成员企业的期望比率 p 较大，那么成员企业在合作研发的缔结过程中，接受程度较低，更不愿意妥协。相反，如若国际化研发合作研发中网络成员企业的期望比率 p 较小，那么成员企业在合作研发的缔结过程中，接受程度较高，愿意为了更好地缔结联盟而做出妥协。

第四，合作研发成员企业信息保障。开放竞争的时代，掌握更大量、更核心信息的企业在市场上更具有竞争优势。在国际化研发合作研发缔结的过程之中，成员企业间的信息交流很大程度上决定了合作研发缔结的可行性以及稳定性。在上述国际化研发合作研发的博弈模型建立过程中可以知道，企业是否能在合作研发的缔结过程中提前知道对方企业的选择，很大程度地影响了企业自身在此次结盟过程中的决策，也即是否选择遵守承诺维持联盟的"针锋相对策略"或是选择终止结盟过程的"冷酷策略"。同时，也在一定程度上决定博弈模型是有限重复性的还是无限重复性的。因此，国际化研发合作研发中成员企业的信息保障是否完备，对于合作研发是否能够可持续的存在并发展具有很大程度的影响。

9.4 不对等合作网络关系的稳定性探讨

9.4.1 模型建立

事实上，大多数国际化研发网络中的成员企业都存在关系不对等的情况。

此处假设合作研发网络中成员企业 A 和成员企业 B 存在不对等的合作地位。此时，假定独立进行国际化研发的市场风险系数为 q（$0 \leq q \leq 1$），企业 A 和企业 B 在组建合作研发网络之前，独立研发的收益分别为 R_1 和 R_2，在独立研发所承担的市场风险分别为 R_{1q} 和 R_{2q}。而在组建合作研发网络的过程中，国际化研发网络的市场风险将降低 p（$0 \leq p \leq 1$），此时，研发网络中的成员企业将承受的市场风险系数为 $t = q - p$，企业 A 和企业 B 分别投入 V_1 和 V_2 的初始资源，并且在组建过程中，各自分摊组建合作研发网络的成本 T，因此，企业 A 和企业 B 在组建国际化研发合作网络的过程中将分别承担的总成本为 $R_{1t} + T$，$R_{2t} + T$。假设组建合作研发网络后的研发效率为 θ，企业 A 和企业 B 在合作研发网络中的收益分配比例为 β，则企业 A 和企业 B 在选择都继续合作的情况下，能够获得的收益分别为 $\theta\beta(V_1 + V_2)$，$\theta(1 - \beta)(V_1 + V_2)$。此时，国际化研发合作网络的收益矩阵如表 9-6。

表 9-6　研发网络收益矩阵表

		企业 B	
		继续合作	放弃合作
企业 A	继续合作	$\theta\beta(V_1 + V_2) - tV_1 - T$ $\theta(1 - \beta)(V_1 + V_2) - tV_2 - T$	$R_1 - tV_1 - T$ $R_2 - qV_2$
	放弃合作	$R_1 - qV_1$，$R_2 - tV_2 - T$	$R_1 - qV_1$，$R_2 - qV_2$

假设企业 A 和企业 B 选择继续合作关系的概率分别为 α 和 γ，则企业 A 和企业 B 放弃合作的概率分别为（$1 - \alpha$），（$1 - \gamma$）。因此，企业 A 选择继续研发合作关系的利润函数为：

$$W_{(1+2,\ 1)} = \gamma[\theta\beta(V_1 + V_2) - tV_1 - T] + (1 - \gamma)(R_1 - tV_1 - T)$$
$$= \gamma\theta\beta(V_1 + V_2) + R_1 - tV_1 - T - \gamma R_1$$

而企业 A 选择放弃研发合作关系的利润函数为：

$$W_{(1-2,\ 1)} = \gamma(R_1 - qV_1) + (1 - \gamma)(R_1 - qV_1)$$
$$= R_1 - qV_1$$

企业 A 总共能够获得利润的函数为：

$$W_1 = \alpha W_{(1+2,\ 1)} + (1 - \alpha)W_{(1-2,\ 1)}$$

企业 B 选择继续研发合作关系的利润函数为：

$$W_{(1+2, 2)} = \alpha[\theta(1 - \beta)(V_1 + V_2) - tV_2 - T] + (1 - \alpha)(R_2 - tV_2 - T)$$

$$= \alpha\theta(1 - \beta)(V_1 + V_2) + R_2 - tV_2 - T - \alpha R_2$$

而企业 B 选择放弃研发合作关系的利润函数为：

$$W_{(1-2, 2)} = \alpha(R_2 - qV_2) + (1 - \alpha)(R_2 - qV_2)$$

$$= R_2 - qV_2。$$

企业 B 总共能够获得利润的函数为：

$$W_2 = \gamma W_{(1+2, 2)} + (1 - \gamma)W_{(1-2, 2)}$$

分别对企业 A 和企业 B 的利润函数求一阶导数可以知道：

$$F(1) = \frac{d\alpha}{dt} = \alpha(W_{(1+2, 1)} - W_{(1-2, 1)})$$

$$= \alpha(1 - \alpha)\{\gamma[\theta\beta(V_1 + V_2) - R_1] - T + pV_1\}$$

$$F(2) = \frac{d\gamma}{dt} = \gamma(W_{(1+2, 2)} - W_{(1-2, 2)})$$

$$= \gamma(1 - \gamma)\{\alpha[(1 - \beta)(V_1 + V_2) - R_2] - T + pV_2\}$$

9.4.2　博弈过程

在合作研发网络中，企业 A 和企业 B 将根据市场、资源、技术等不同影响因素而选择不同的博弈策略，这将直接影响国际化研发合作网络的稳定性。因此，为了分析各类因素对国际化研发网络的稳定性的影响，做出以下演算：

令 $L = (F(1), F(2))^T = F(L, t) = 0$，可知，要使国际化研发网络达到稳定，其均衡点必须为 $L_1 = (0, 0)^T$, $L_2 = (1, 0)^T$, $L_3 = (0, 1)^T$, $L_4 = (1, 1)^T$，

$$L_5 = \left(\frac{T - PV_1}{\theta(1 - \beta)(V_1 + V_2) - R_1}, \frac{T - PV_2}{\theta\beta(V_1 + V_2) - R_2}\right)^T, \quad 其中，\quad 0 <$$

$\frac{T - pV_1}{\theta(1 - \beta)(V_1 + V_2) - R_1} < 1$ 且 $0 < \frac{T - pV_2}{\theta\beta(V_1 + V_2) - R_2} < 1$，也即 $0 < T - pV_1 < \theta(V_1$

$+ V_2) - R_1$, $0 < t - pV_2 < \theta(1 - B)(V_1 + V_2) - R_2$。

为找到这个研发网络稳定点的最优逼近，采取 Jacobi matrix 方法，得出其矩阵方程的表达式为：

$D(L) =$

$$\begin{bmatrix} (1 - 2\alpha)\gamma(1 - \beta)(V_1 + V_2) - R_2, & \gamma\alpha(1 - \gamma)\theta\beta(V_1 + V_2) - R_1 \\ \gamma(1 - \gamma)[\theta(1 - \beta)(V_1 + V_2) - R_2], & (1 - 2\gamma)[\alpha[\theta(1 - \beta)(V_1 + V_2) - R_2] - T + PV_2] \end{bmatrix}$$

该雅克比矩阵的迹为：

$$\mathrm{tr}D = (1 - 2\alpha)[\gamma[\theta\beta(V_1 + V_2) - R_1] - T + PV_1] + (1 - 2\gamma)$$

$$[\alpha[\theta(1 - \beta)(V_1 + V_2) - R_2] - T + PV_2]$$

该雅克比矩阵的行列式为：

$$\det D = (1 - 2\alpha)(1 - 2\gamma)[\gamma[\theta\beta(V_1 + V_2) - R_1] - T + PV_1]$$

$$* \begin{bmatrix} \alpha \\ [\theta(1 - \beta)(V_1 + V_2) - R_2] - T + PV_2 \end{bmatrix} -$$

$$\alpha\gamma(1 - \alpha)(1 - \gamma[\theta(1 - \beta)(V_1 + V_2) - R_2] * [\theta\beta(V_1 + V_2) - R_1]$$

要使国际化研发网络模型达到稳定，该雅克比矩阵的迹 $trD < 0$ 且行列式 $\det D > 0$，也即当满足条件 $\begin{cases} 0 < T - PV_1 < \theta\beta(V_1 + V_2) - R_1 \\ 0 < T - PV_2 < \theta(1 - \beta)(V_1 + V_2) - R_2 \end{cases}$ 时，无论企业 A 和企业 B 在国际化研发合作网络中采取何种博弈策略，国际化研发网络模型都将趋近于点 $L_1 = (0, 0)^T$ 和点 $I4 = (1, 1)^T$，也即，在此种情况下，国际化研发合作网络趋于稳定。具体情况分析见表9-7：

表 9-7 稳定性分析

均衡点 Lx	L_1	L_2	L_3	L_4	L_5
迹	$- P(V_1 + V_2) + 2T$	$+ \theta\beta(V_1 + V_2) - R_1 + P(V_1 - V_2)$	$\theta(1 - \beta)(V_1 + V_2) - R_2 + P(V_1 + V_2)$	$-(\theta + P) \times (V_1 + V_2) + R_1 + R_2 + 2T$	
行列式	$(PV_1 - T) * (PV_2 - T)$	$[\theta\gamma(V_1 + V_2) - R_1 + PV_1 - T] * (T - PV_2)$	$[\theta(1 - \beta)(V_1 + V_2) - R_2 + PV_2 - T][T - PV_2]$	$[\theta\beta(V_1 + V_2) - R_1 + PV_1 - T] \times [\theta(1 - \beta) \times (V_1 + V_2) - R_2 + PV_2 - T]$	
稳定性	ESS	否	否	ESS	鞍点

9.4.3 结果分析

通过以上模型的分析可以知道，在不对等合作关系的国际化研发网络中，影响此研发网络稳定性的原因众多，但大体可以分为以下几个方面：

(1)市场风险降低系数 p

事实上，无论是企业独立进行研发所面对的市场风险系数 q，还是企业进入国际化研发网络所面临的市场风险系数 t，均不能真正地影响国际化研发合作网络的稳定性，真正在国际化研发合作网络中起关键性作用的是市场风险的降低系数 p，市场风险的降低系数 p 在数值上体现为 $p = q - t$。市场风险的降低主要在于进入国际化研发网络进行合作研发的情况下，企业间的协同合作将加大企业抵御市场风险的能力，市场风险相对企业独立进行国际化研发势必降低，在这种情况下，企业参与国际化研发网络合作的积极性更高，国际化研发合作网络的稳定性越高。也即，市场风险的降低系数越大，研发合作网络中企业选择继续合作的收敛速度越快，国际化研发合作网络也就更加趋于稳定。

(2)研发效率 θ

国际化研发网络的构建原因之一就在于获取更高的研发效率，加快研发进程，提高研发质量，谋求更高的研发利润。然而，并不是所有的合作研发都能使得研发效率的提高。企业在进行独立的国际化研发时，往往更具自主性，外界对于研发的约束性相对较小，在此情况下，企业独立进行研发的效率较高，企业更倾向于退出国际化研发合作网络进行独立研发，此时，国际化研发网络的稳定性将受到威胁。相反，若是企业在进行国际化研发的过程中，并未受到很大的约束，并且由于研发网络所提供的更具优势的资源条件，企业在进行合作研发的过程中，研发效率极大提高，合作研发的效益更佳，企业则更倾向继续合作研发以获取更高的效益，此种情况下，国际化合作研发网络则更加稳定。

(3)收益分配比率 β

收益的分配比率是国际化研发合作网络稳定性的关键性问题，企业进行国际化研发的重要目的在于获取利润，因此，合理的利益分配将能促使企业在国际化网络中发挥更加积极的作用。利益分配是国际化研发网络中最易产生冲突的部分，国际化研发网络中的企业都是相对独立的个体企业，彼此间都为获取更大的利益进行合作研发，但在此过程中，容易产生矛盾从而导致合作关系的不稳定，国际化合作研发网络的稳定性也将受到极大影响。利益分配的不合理，将导致部分企业放弃研发合作选择独立进行国际化研发，因此，在国际化研发网络中，如何进行合理的利益分配将是极为重要的问题，这对国际化研发网络的稳定性将产生重要的影响。

（4）基础资源 V

各个企业在国际化研发网络中进行合作研发时投入的资源 V 也是影响国际化研发网络稳定性的重要因素，这些基础资源包含技术、知识以及设备等等。从整体上来说，各个企业投入的基础资源越丰富，国际化研发网络进行合作研发的过程将更为顺利，由此产生的利益将更大，在此良性循环中，企业选择继续进行合作研发的意愿更强烈，国际化研发网络也就更为稳定。但对企业个体而言，每个企业所具有的资源投入量越大，或者是投入的核心资源（技术、知识）等更为丰富，企业所具有的独特性资源更易泄露，这对企业本身而言或许是更大的损失，这将造成企业更大利润的流失。因此，在此情况下，企业往往选择放弃研发合作转而进行独立的国际化研发活动，以此保护自身企业的独特性，而这也将造成国际化研发网络的不稳定。所以，企业在国际化研发网络中投入资源的丰富性以及独特性，也将在很大程度上影响国际化研发网络的稳定性。

（5）独立研发收益 R

企业进入国际化研发网络进行合作研发，势必要放弃企业自身独立进行国际化研发的收益，一定程度上来说，企业独立进行国际化研发的收益 R 就是企业的机会成本。然而，如若企业独立进行国际化研发能够产生更大的收益，企业很有可能由于机会主义，放弃合作研发转而进行独立研发。此种情况下，国际化研发网络的稳定性将受到威胁，企业参与国际化研发合作的机会成本越大，企业放弃国际化研发合作的可能性越大，国际化研发网络的稳定性也就越差。也即企业独立研发的收益更大，企业更容易放弃国际化合作研发，转而退出国际化研发网络，影响国际化研发网络的稳定性。

9.5　结论与启示

9.5.1　主要结论

本章聚焦我国企业国际化研发网络关系稳定性问题，运用扎根理论，构建我国企业国际化研发网络关系稳定性影响因素间的关系模式，再分别建立对等合作关系网络的博弈模型以及不对等合作关系网络的博弈模型，探讨两种情形下，国际化研发网络关系稳定性的问题。在此过程中，主要得到以下结论：

（1）影响我国企业国际化研发网络关系稳定性的因素主要是企业能力禀赋、网络组织特征、后发特征以及网络关系互动四个方面。这四个核心范畴又囊括了16个主轴范畴以及61个副范畴。这四个核心范畴间的故事线连接主要在于：我国国际化研发企业在与其他企业建立良好的关系互动以及提升自身能力禀赋的基础上，选择适当的网络组织结构，突破技术壁垒与政策壁垒，才能构建一个和谐稳定发展的国际化研发网络，并在网络中谋求自身的角色定位，有效地对研发网络进行网络管理。其中，网络关系互动能够在某种程度上决定网络组织结构，正向调节企业自身能力禀赋，良好的关系互动还能降低我国企业在网络中遭受政策壁垒和技术壁垒的可能性。

（2）在对等合作网络的关系模型中，存在一次博弈和重复博弈的情况。在一次博弈的情况，企业无论采取怎样的方式，包括降低产品的单位产品和投入高额的合作成本，均不能得到（遵守承诺，遵守承诺）的纳什均衡。也即，无论采取怎样的补救措施，在一次博弈的情况下，国际化研发网络始终处于高度波动性中，始终不能达到稳定状态。而在重复博弈的模型下，影响对等合作网络关系稳定性的因素主要在于重复博弈的时限以及次数、网络成员间的关系治理、折现系数和网络中成员企业间的信息保障。

（3）在不对等合作网络的关系模型中，影响其稳定性的因素主要在于市场风险的降低系数 p、合作研发的效率 θ、收益分配比率 β、企业所投入的基础资源 V 以及企业独立进行研发的收益 R。这些因素的任一变化，都能影响企业继续合作研发的意愿。

9.5.2　管理启示

（1）我国企业作为后发经济体企业，需要充分认识自身优势与短板，在国际化研发网络中，借助网络优势，尽可能多的累计国际化经验、学习领先企业的技术、积极获取国际化市场，以面对变幻莫测的国际化市场。在国际化研发网络的不同演进时期，网络中的成员企业应当采取不同的进入方式，具有完整研发体系以及足够资金支撑的企业可以选择独立建立海外研发机构的方式，强强企业间的结合可以采取战略联盟的方式，而我国更多的企业适合采取跨国并购的方式，垄断式地吸收优势企业的知识以及技术，快速跨越技术差距。

（2）在国际化研发网络中，若我国企业与合作企业关系对等，双方企业在合作前制定有效合同，提前定好合作的时限或次数，将有效维持国际化研发企业的稳定性；同时，网络成员间良好的关系互动将减少国际化研发网络中不必要的矛盾冲突，促进研发合作良性有序进行，对国际化研发网络的稳定性起积极维护的作用。另外，在国际化研发合作网络中，企业的可接受性越高，企业更愿意在合作期间做出适当地妥协，以维持国际化研发合作的继续推进。

（3）若我国企业与合作企业关系不对等，国际化研发网络中的利益分配机制、网络中成员企业间的合作效率、投入的运作成本等都是影响国际化研发网络稳定性的关键性因素。因此，应当加强对成员企业的约束以防止企业为追求更高的利益放弃合作研发，同时，建立合理的收益分配机制、提高合作的研发效率，以维持国际化研发合作网络的稳定性。

第十章　结论与启示

本研究从国际企业国际化研发的经验借鉴及我国企业的国际化研发网络布局的实践经验出发，尝试通过考察发达国家企业创建国际化研发网络的切入路径和历史演变、国际化研发网络空间特征及其对知识吸收和扩散的影响，以及后发国家(包括20世纪中后期的日本、韩国)企业创建国际化研发网络的切入路径、成功的管理和政策经验中探索适合我国企业在全球开展合作研发、开放创新的可能路径与渠道，并以此为基础探讨了我国企业构建国际化研发网络中面临的全球研发垂直分工体系限制与锁定、东道国进入壁垒与政策性限制等制约因素，进而重点从获取逆向技术溢出绩效的机制、国际化研发投资强度决策、国际化研发网络的区位选择、国际化研发网络中的关系平衡与管理等层面分析了我国企业国际化研发网络构建中的关键问题。得到的主要结论与启示包括：

(1)国际化研发网络的逆向技术溢出绩效获取

第一，研发国际化强度和多样化对创新绩效的影响形式不是单一的线性关系，而是"U"形曲线关系。这说明在海外研发投资初期，企业面临外来者劣势带来的协调、控制成本的增多，国际化经验的缺乏，导致企业研发国际化的增加抑制了企业创新。然而，当企业在海外进行研发投资的强度不断增加，企业设立的研发子公司的区位逐渐分散化，企业积累了丰富的国际化经验，企业与海外供应商和合作伙伴的交流合作成本大大减少，且企业从海外获取更多国内市场无法获得的知识学习机会和丰富的创新资源，使企业的技术吸收能力和吸收效果得到提升，因而最终研发国际化会促进企业创新，使企业研发国际化与创新绩效的关系呈现"U"形曲线状。此外，企业研发国际化强度和多样化对以发明专利数、实用新型专利数和外观设计专利数表示的三种不同类型的创新绩效的影响效果总体上呈现出"U"形曲线状，与总专利回归结果保持一致。且制造业样本企业的回归结果呈现出更加显著的"U"形关系，说明研发国际化的创新效果存在行业差异。对于计算机、通信和其他电子设备等制造业企业而言，其研发国际化类型主要是技术开发型研发国际化，通过在国外设立研发子公司、与国外一流企业进行研发合作以及并购技术型企业的方式开展研发活动，积极学习利用国外顶尖技术，获取国外丰富的研发资源，因而更能显著提高企业技术创新水平。

第二，企业吸收能力对研发国际化强度和多样化与创新绩效的关系具有调节效应。不同类型的吸收能力对研发国际化和创新绩效关系的调节作用并不相同。企业研发能力正向调节研发国际化多样化与企业创新绩效的关系，对研发国际化强度与企业创新绩效的关系的调节效应不显著。企业国际化经验正向调节研发国际化多样化与企业创新绩效的关系，但对研发国际化强度与企业创新绩效关系有显著的负向调节作用。由此，可以看出，企业的吸收能力仍处于较低水平，要充分吸收和整合研发国际化获得的先进技术知识，企业需要注重自身吸收能力的提升，增加研发投入强度，不断积累国际化经验。

(2)国际化研发网络的强度选择

第一，企业战略的市场导向型对国际化研发强度具有显著的抑制作用，而企业战略的技术导向型对国际化研发强度具有显著的激发作用。与发达国家跨国企业的市场寻求型国际化研发投资动机相比，新兴经济体企业国际化研发投资的主要动机是为了充分利用海外市场获取创新资源和进行技术学习(李梅，余天骄，2016)，我国企业还不具备针对国外市场信息及技术信息大规模实施技术应用型国际化研发的能力和条件，我国市场导向型企业在选择研发伙伴时具有劣势，并且收集、获取国外顾客、供应商和竞争者的信息能力不足，因而具有较低的国际化研发强度；而高技术导向型企业因其有更高的创新意愿和技术能力，能够更好地整合和利用国际化研发网络带来的先进技术知识，促进产品生产流程的改进和新技术的开发，从而提高企业的产品创新绩效，因而更倾向提高国际化研发强度。

第二，创新能力禀赋对国际化研发强度具有显著的激发作用，并且在战略的市场导向型与国际化研发强度之间不具有中介作用，而在战略的技术导向型与国际化研发强度之间关系起部分中介作用。创新能力出众的企业，往往在国际化研发过程中探索新知识、开发新知识、应用新知识以及吸收储备外部知识和信息能力上出类拔萃，企业创新能力越强，越易提高国际化研发强度。而中国的很多市场导向型企业一方面过分关注与其所服务的市场中现有顾客和竞争者的信息，忽略企业长期发展所需的新知识和新技术，另一方企业不能完全有效地执行市场导向的概念（Jeong et al.，2006），未能使企业整个创新能力体系适应市场的变化，创新能力禀赋未得到提升。而技术导向型企业注重对创新能力禀赋的培育并且其先前研发经验和流程所积累的丰富技术知识有利于培育创新能力禀赋，并且创新能力禀赋在高技术导向型企业从国际市场获取、配置、吸收技术资源过程中发挥了不可忽视的作用，关系到企业能否获得国际化研发网络的协同效应，实现从"落后跟随者"到"快速跟进者"的重要"跳板"，因此，技术导向型企业可以通过提高企业的创新能力禀赋的水平来增强国际化研发强度，获得国际化研发逆向技术溢出效应，提高技术产业化水平。

第三，企业国际化经验对战略的市场导向与国际化研发强度之间的关系未起到调节作用，而对战略的技术导向与国际化研发强度之间的关系起到正向调节作用。国际化经验虽然有利于市场导向型企业寻求海外市场，然而由于新兴市场企业普遍缺乏国际市场运作经验（Luo，Tung，2007），国际化经验带来的正向影响并不显著或者说还不能抵消新兴经济体企业在海外寻求市场的劣势，从而并不影响市场导向对国际化研发强度的负向关系。而丰富国际化经验有利于技术导向型企业应付复杂和动态的国际环境，快速对国际化研发过程中所获得的资源和学习机会进行识别和有效利用（Elango，Pattnaik，2007），促进技术导向型企业技术进步和创新，技术导向型企业的国际化经验越丰富，国际化研发强度越高。

（3）国际化研发网络的区位选择

第一，与先前的大多数研究一致，本章发现市场规模对我国企业国际化研发选址有显著的正向作用。无论企业的国际化研发动机获取先进技术还是拓张海外市场，市场规模较大意味着东道国的研发合作对象和研发信息的获取更为有效，这为企业降低获取先进技术的时间成本和风险提供了有利条件。因此，企业应当结合自身考虑在市场规模较大的东道国进行研发投资，以便克服外来者劣势从而提升研发效率。

第二，东道国制度质量正向影响我国企业的国际化研发选址。我国企业在构建自身国际化研发网络时，更加注重对已经获得的合作技术的排他性许可以及对自身研发结果的保护。这与之前 Belderbos 认为我国企业的国际化研发倾向于在制度环境不稳定的地区进行国际化研发，以避免高水平制度质量下东道国形成的技术壁垒存在不同（Belderbos，2017）。这种差异可以有如下解释：我国企业的国际化研发已经从"探索阶段"进入"获取阶段"，更加关注东道国制度质量对研发成果的保护。所以在鼓励企业"走出去"的同时，我国政府也应重视与各国建立良好的知识产权保护机制。

第三，东道国研发投入对我国企业的国际化研发网络节点选择作用不显著。Siedschlag 认为企业会为减轻研发活动的经济压力而青睐研发投入较高的东道国进行国际化研发（Siedschlag，2013）。这是由于我国进行国际化研发的企业大多规模较小且研发力度较低，导致了企业对东道国的研发投入敏感度不高。而发达国家企业的国际化研发网络规模更加成熟，更加依赖于东道国的研发投入。在这种背景下，我国企业的国际化研发选址应该注重市场规模和研发投入双高的东道国，以期利用东道国的研发基础设施、知识资源和资本集聚的优势，提高我国企业的研发能力和研发绩效。

第四，集聚效应负向调节东道国研发投入与我国企业国际化研发选址的正向关系，但市场规模与研发选址之间的关系却因集聚效应而加强，从总体来看集聚效应正向影响我国企业的国际化研发选址。这与吴绍玉等从发达国家视角认为集聚效应会稀释东道国研发资源的观点不同（吴绍玉，等，2016）。可以解释的是集聚效应在国际化研发中往往带来两个子效应：稀释企业获得的东道国的研发资源和强化企业之间的合作关系。对于发达国家企业而言集聚效应带来的稀释作用大于强化作用，而我国企业更加注重企业间的合作关系，二者的侧重点的不同使得集聚效应的影响结果发生了变化。我国企业在东道国的集聚效应还远不足以对东道国的研发资源产生稀释，我国企业的国际化研发选址要充分利用集聚效应的外部化优势。

(4)国际化研发网络稳定性与管理

第一，影响我国企业国际化研发网络关系稳定性的因素主要是企业能力禀赋、网络组织特征、后发特征以及网络关系互动四个方面。这四个核心范畴又囊括了 16 个主轴范畴以及 61 个副范畴。这四个核心范畴间的故事线连接主要在于：我国国际化研发企业在与其他企业建立良好的关系互动以及提升自身能力禀赋的基础上，选择适当的网络组织结构，突破技术壁垒与政策壁垒，才能构建一个和谐稳定发展的国际化研发网络，并在网络中谋求自身的角色定位，有效地对研发网络进行网络管理。其中，网络关系互动能够在某种程度上决定网络组织结构，正向调节企业自身能力禀赋，良好的关系互动还能降低我国企业在网络中遭受政策壁垒和技术壁垒的可能性。

第二，在对等合作网络的关系模型中，存在一次博弈和重复博弈的情况。在一次博弈的情况，企业无论采取怎样的方式，包括降低产品的单位产品和投入高额的合作成本，均不能得到（遵守承诺，遵守承诺）的纳什均衡。也即，无论采取怎样的补救措施，在一次博弈的情况下，国际化研发网络始终处于高度波动性中，始终不能达到稳定状态。而在重复博弈的模型下，影响对等合作网络关系稳定性的因素主要在于重复博弈的时限以及次数、网络成员间的关系治理、折现系数和网络中成员企业间的信息保障。

主要参考文献

[1] ACHCAOUCAOU F, MIRAVITLLES P, FIDEL LEÓN – DARDER. Knowledge sharing and subsidiary R&D mandate development: A matter of dual embeddedness[J]. International Business Review, 2014, 23(1): 76-90.

[2] ALEXANDER G, GUIDO R. Globalization of R&D: recent changes in the management of innovation in transnational corporations [J]. Research Policy, 1999, 28(2-3): 251-274.

[3] ALFAROL M, CHEN X Y. Location Fundamentals, Agglomeration Economies, and the Geography of Multinational Firms [J]. Institute for International Economic Policy, 2016, 8(17), 39-80.

[4] ALKEMADE F, HEIMERIKS G, SCHOEN A, et al. Tracking the internationalization of multinational corporate inventive activity: national and sectoral characteristics [J]. Research Policy, 2015, 44(9): 1763-1772.

[5] ANDERSSON U, FORSGREN M, PEDERSEN T. Subsidiary performance in multinational corporations: the importance of technology embeddedness[J]. International Business Review, 2011, 10(1): 3-23.

[6] ARGYRES N S, SILVERMAN B S. R&D, organization structure, and the development of corporate technological knowledge [J]. Strategic Management Journal, 2004, 25(8-9): 929-958.

[7] ARORA A, FOSFURI A, GAMBARDELLA A. Markets for technology in the knowledge economy [J]. International Social Science Journal, 2002, 54 (171): 115-128.

[8] ARVANITIS S, BOLLI T. A comparison of national and international innova-

tion cooperation in five European countries [J]. Review of Industrial Organization, 2013, 43(3): 163-191.

[9]ARVANITIS S, HOLLENSTEIN H. How do different drivers of R&D investment in foreign locations affect domestic firm performance? an analysis based on Swiss panel micro data [J]. Ssrn Electronic Journal, 2011, 20(375): 605-640.

[10]ASAKAWA K. Organizational tension in international R&D management: the case of Japanese firms [J]. Research Policy, 2001, 30(5): 735-757.

[11]ATHUKORALA P, KOHPAIBOON A. Globalization of R&D by US-based multinational enterprises[J]. Research Policy, 2010, 39(10): 1335-1347.

[12] AWATE S, LARSEN M M, MUDAMBI R. Accessing vs sourcing knowledge: A comparative study of R&D internationalization between emerging and advanced economy firms[J]. Journal of International Business Studies, 2015, 46(1): 63-86.

[13]BARANSON J. Transfer of technical knowledge by international corporations to developing economics [J]. American Economics Review, 1996(56): 311.

[14]BARON R M, KENNY D A. The moderator-mediator variable distinction in social psychological research: Conceptual, strategic, and statistical considerations. [J]. J Pers Soc Psychol, 1986, 51(6): 1173-1182.

[15]BAS C L, SIERRA C. "Location versus home country advantages" in R&D activities: some further results on multinationals´ locational strategies[J]. Research Policy, 2002, 31(4): 589-609.

[16]BELDERBOS R, LETEN B, SUZUKI S. Scientific research, firm heterogeneity, and foreign R&D locations of multinational firms[J]. Journal of Economics & Management Strategy, 2017, 26(3): 691-711.

[17]BELDERBOS R, LOKSHIN B, SADOWSKI B. The returns to foreign R&D [J]. Journal of International Business Studies, 2015, 46(4): 491-504.

[18]BELDERBOS R. Entry mode, organizational learning, and R&D in foreign affiliates: Evidence from Japanese firms[J]. Strategic management journal, 2003, 24 (3): 235-259.

[19]BROUTHERS K D, HENNART J F. Boundaries of the firm: insights from

international entry mode research [J]. Journal of Management, 2007, 33(3): 395 -425.

[20] BRUNI D S, VERONA G. Dynamic Marketing Capabilities in Science - based Firms: an Exploratory Investigation of the Pharmaceutical Industry[J]. British Journal of Management, 2009, 20(s1): 101-117.

[21] BUCKLEY P J, TIAN X W. Internalization theory and the performance of e- merging-market multinational enterprises [J]. International Business Review, 2017, 26(5): 976-990.

[22] CANTWELL J, PISCITELLO L. Accumulating technological competence: its changing impact on corporate diversification and internationalization [J]. Industrial & Corporate Change, 2002, 9(1): 21-51.

[23] CANTWELL J. Technological innovation and multinational corporations[M]. Blackwell, 1989.

[24] CHARNLEY J, CUPIC Z. The Internationalization of Chinese Firms: A Case for Theoretical Extension? [J]. Management & Organization Review, 2005, 1 (3): 381-410.

[25] CHEN C J, HUANG Y F, LIN B W. How firms innovate through R&D in- ternationalization? An S - curve hypothesis [J]. Research Policy, 2012, 41 (9): 1544-1554.

[26] CHEN J, ZHAO X T, TONG L. China's R&D internationalization and reform of science and technology system [J]. Journal of Science and Technology Policy in China, 2011, 2(2): 100-121.

[27] CHEN Y. Agglomeration and location of foreign direct investment: The case of China[J]. China economic review, 2009, 20(3): 549-557.

[28] CHENG C C J, HUIZINGH E K R E. When Is Open Innovation Beneficial? The Role of Strategic Orientation[J]. Journal of Product Innovation Management, 2014, 31(6): 1235-1253.

[29] CHESBROUGH H W. Open Innovation: The New Imperative for Creating and Profiting from Technology [J]. Journal of Engineering & Technology, 2004, 21 (3): 240-244.

[30] CHEN Y. Ageelomeration and Location of Foreign Direct Investment: The case of China[J]. China economic review, 2009, 20(3): 549-557.

[31] CHRISTOPHER M, TOWILL D. An integrated model for the design of agile supply chains[J]. International Journal of Physical Distribution & Logistics Management, 2001, 31(4): 235-246.

[32] CHUNG W, ALCÁCER J. Knowledge seeking and location choice of foreign direct investment in the United States [J]. Management Science, 2002, 48(12): 1534-1554.

[33] COE D T, HELPMAN E. International r&d spillovers[J]. European economic review, 1995, 39(5): 859-887.

[34] COHEN W M, LEVIN R C. Empirical studies of innovation and market structure [J]. Handbook of Industrial Organization, 2006, 2(2): 1059-1107.

[35] COHEN W M, LEVINTHAL D A. Absorptive capacity: a new perspective on learning and innovation [J]. Administrative Science Quarterly, 1990(35): 128-152.

[36] COHEN W M, LEVINTHAL D A. Innovation and Learning: The Two Faces of R & D[J]. Economic Journal, 1989, 99(397): 569-596.

[37] CONTIGIANI A, LEVINTHAL D A. Situating the construct of lean start-up: adjacent conversations and possible future directions[J]. Industrial And Corporate Change, 2019, 28(3): 551-564.

[38] [39] COLANTONEI , STANIG P . Global Competition and Brexit[J]. SSRN Electronic Journal, 2016, 42(3): 342-371.

[39] CORDELL A J. Innovation, the multinational corporation: Some implications for national science policy [J]. Long Range Planning, 1973, 6(3): 22-29.

[40] DALTON D H, SERAPIO M G. Globalizing Industrial research and Development [R]. US Department of Commerce Technology Administration office of Technology Policy, 1999.

[41] DANNEELS E. The dynamics of product innovation and firm competences [J]. Strategic Management Journal, 2002, 23(12): 1095-1121.

[42]DAY G S, WENSLEY R. Assessing advantage: A framework for diagnosing competitive superiority. [J]. Journal of Marketing, 1988, 52(2): 1-20.

[43]DE BEULE F, DUANMU J L. Locational determinants of internationalization: A firm-level analysis of Chinese and Indian acquisitions[J]. European Management Journal, 2012, 30(3): 264-277.

[44] DEMIRBAG M, GLAISTER K W. Factors determining offshore location choice for R&D projects: A comparative study of developed and emerging regions[J]. Journal of Management Studies, 2010, 47(8): 1534-1560.

[45]DI MININ A, ZHANG J. An exploratory study on international R&D strategies of Chinese companies in Europe[J]. Review of Policy Research, 2010, 27(4): 433-455.

[46]DIESTREL, RAJAGOPALAN N . Are all"sharks"dangerous? new biotechnology ventures and partner selection in R&D alliances [J]. Strategic Management Journal, 2012, 33(10): 11-19.

[47]DUNNING J H. International Production and the Multinational Enterprise [M]. London: George Allen and Unwin, 1981: 109-142.

[48]EDLER J, MEYER-KRAHMER F, REGER G. Changes in the strategic management of technology: results of a global benchmarking study [J]. R&D Management, 2002, 32(2): 149-164.

[49]ELANGO B, CHEN S. Learning to manage risks in international R&D joint ventures through ownership decisions [J]. Management Decision, 2012, 50(8): 1425-1444.

[50] ELANGO B, PATTNAIK C. Building Capabilities for International Operations through Networks: A Study of Indian Firms[J]. Journal of International Business Studies, 2007, 38(4): 541-555.

[51]FACCIO M, LANG L H P. The ultimate ownership of Western European corporations [J]. Journal of Financial Economics, 2002, 65(3): 365-395.

[52]FAEMS D, LOOY B V, DEBACKERE K. Interorganizational Collaboration and Innovation: Toward a Portfolio Approach[J]. Journal of Product Innovation Management, 2010, 22(3): 238-250.

[53] FALVEY R, TEERASUWANNAJAK K T. Competitive and harmonized R&D policies for international R&D alliances involving asymmetric firms[J]. Review of International Economics, 2016, 24(2): 302-329.

[54] FERNHABER S A, PATEL P C. How do young firms manage product portfolio complexity? the role of absorptive capacity and ambidexterity [J]. Strategic Management Journal, 2012, 33(13): 1516-1539.

[55] FILATOTCHEV I, PIESSE J. R&D, internationalization and growth of newly listed firms: European evidence [J]. Journal of International Business Studies, 2009, 40(8): 1260-1276.

[56] FLORIDA R, KENNEY M. The globalization of Japanese R&D: the economic geography of Japanese R&D investment in the United States [J]. Economic Geography, 1994, 70(4): 344-369.

[57] FORKUO-MINKA A. Knowledge transfer: Theoretical framework to systematically spread best practice[J]. British Journal of School Nursing, 2018, 13(1): 26-35.

[58] FOSTER-MCGREGOR N, PöSCHL J, STEHRER R. The importance of absorptive capacities: productivity effects of international R&D spillovers through intermediate inputs[J]. Economics of Innovation and New Technology, 2017, 26(8): 719-733.

[59] FROST, TONY S. The geographic sources of foreign subsidiaries' innovations[J]. Strategic Management Journal. Strategic Management Journal, 2001, 22(2): 101-123.

[60] GALAN A M. The R&D and the internationalization of business organizations, the case of pharmaceutical companies [J]. Usv Annals of Economics & Public Administration, 2016, 16(1): 154-163.

[61] GARUD R, NAYYAR P R. Transformative capacity: Continual structuring by intertemporal technology transfer[J]. Strategic Management Journal, 1994, 15(5): 365-385.

[62] GASSMANN O, ZEDTWITZ M V. New concepts and trends in international R&D organization [J]. Research Policy, 1999, 28(2-3): 231-250.

［63］GATIGNON H, XUEREB J M. Strategic Orientation of the Firm and New Product Performance［J］. Journal of Marketing Research, 1997, 34(1): 77-90.

［64］GEBYRADZE Z, ROGER G. Globalization of R&D : Recent Changes in the Management of innovation of transnational corporations［J］. Research Policy, 1999 (28): 251-274.

［65］GRIMES S, MIOZZO M. Big pharma's internationalization of R&D to China ［J］. European Planning Studies, 2015, 23(9): 1873-1894.

［66］GRINSTEIN A. The relationships between market orientation and alternative strategic orientations ［J］. European Journal of Marketing, 2008, 8174 (1/2): 466-471.

［67］GUPTA A , HOOPES D G, Knott A M. Redesigning routines for replication［J］. Strategic Management Journal, 2015, 36(6): 851-871.

［68］HAAKONSSON S M, UJJUAL V. Internationalisation of R&D: new insights into multinational enterprises' R&D strategies in emerging markets ［J］. Management Review, 2015, 26(2): 101-122.

［69］HåKANSON L, NOBEL R. Determinants of foreign R&D in Swedish multinationals［J］. Research Policy, 2004, 22(5-6): 397-411.

［70］HAN J K, KIM N, SRIVASTAVA R K. Market Orientation and Organizational Performance: Is Innovation a Missing Link? ［J］. Journal of Marketing, 1998, 62(4): 30-45.

［71］HARZING A W. Acquisitions versus greenfield investments: International strategy and management of entry modes［J］. Strategic management journal, 2002, 23 (3): 211-227.

［72］HE Z L, WONG P K. Exploration vs. exploitation: an empirical test of the ambidexterity hypothesis ［J］. Organization Science, 2004, 15(4): 481-494.

［73］HEGDE D, HICKS D. The maturation of global corporate R&D: Evidence from the activity of U. S. foreign subsidiaries［J］. Research Policy, 2008, 37(3): 390-406.

［74］HITT H A, HOSKISSON R E, KIM H. International Diversification: Effects on Innovation and Firm Performance in Product- Diversified Firms［J］. Academy of Management Journal, 1997, 0(4): 767-798.

[75]HONG J, ZHOU C, WU Y, et al. Technology Gap, Reverse Technology Spillover and Domestic Innovation Performance in Outward Foreign Direct Investment: Evidence from China[J]. China & World Economy, 2019, 27(2): 1-23.

[76]HORROCKS D L. Organic scintillators and liquid scintillation counting [M]. New York: Academic Press, 2001: 879.

[77]HOSONO K, TOMIYAMA M, MIYAGAWA T. Corporate governance and research and development: evidence from Japan[J]. Economics of Innovation and New Technology, 2004, 13(2): 141-164.

[78]HSU C W, LIEN Y C, CHEN H. R&D internationalization and innovation performance[J]. International Business Review, 2015, 24(2): 187-195.

[79] HU Y J, SCHERNGELL T, QU L, et al. R&D internationalisation patterns in the global pharmaceutical industry: evidence from a network analytic perspective [J]. Technology Analysis & Strategic Management, 2015, 27(5): 532 -549.

[80]HUIZINGH E K R E. Open innovation: State of the art and future perspectives [J]. Technovation, 2011, 31(1): 0-9.

[81]HULTMAN M , ROBSON M J. Export Promotion Strategy and Performance : The Role of International Experience[J]. Journal of International Marketing , 2011, 19(4): 17-39.

[82]ITO B, WAKASUGI R. What factors determine the mode ofoverseas R&D by multination -nals ? Empirical evidence[J]. Research Policy, 2007, 36(8): 1275-1287.

[83]IWASA T, ODAGIRI H. Overseas R&D, knowledge sourcing, and patenting: An empirical study of Japanese R&D investment in the US[J]. Research Policy, 2004, 33(5): 807-828.

[84]JAFFE A B. Technological Opportunity and Spillovers of R & D: Evidence from Firms' Patents, Profits, and Market Value[J]. American Economic Review, 1986, 76(5): 984-1001.

[85]JAWORSKI J, KOHLI K, SARIN S. Driving markets: A typology and a

seven – step approach ［J］. Industrial Marketing Management, 2020, 91 (10): 142-151.

［86］JAWORSKI B, KOHLI A. market orientation : Antecedents and consequences ［J］. Journal of Marketing , 1993, 57(7): 53-70.

［87］JEONG I, PAE J H, ZHOU D. Antecedents and consequences of the strategic orientations in new product development: The case of Chinese manufacturers［J］. Industrial Marketing Management, 2006, 35(3): 348-358.

［88］LI J T, XIE Z Z. Governance Structure and the Creation and Protection of Technological Competencies: International R&D Joint Ventures in China［J］. Management International Review, 2016, 56(1): 123-148.

［89］JOHNSON J, YIN E, TSAI H. Persistence and learning: success factors of Taiwanese firms in international markets ［J］. Journal of International Marketing, 2009, 17(3): 39-54.

［90］JONES J. Agglomeration economies and the location of foreign direct investment: A meta-analysis［J］. Journal of Regional Science, 2017, 57(5): 731-757.

［91］KAFOUROS M I, BUCKLEY P J, SHARP J A, et al. The role of internationalization in explaining innovation performance ［J］. Technovation, 2008, 28(1): 63-74.

［92］KATILA R, AHUJA G. Something Old, Something New: A Longitudinal Study of Search Behavior and New Product Introduction［J］. Academy of Management Journal, 2002, 45(6): 1183-1194.

［93］ KEDIA B L, MUKHERJEE D. Understanding offshoring: A research framework based on disintegration, location and externalization advantages ［J］. Journal of World Business, 2009, 44(3): 250-261.

［94］KELLER W. International technology diffusion ［J］, Journal of Economic Literature, 2004, 42(3): 752-782.

［95］KLEINKNECHT A, REIJNEN J O N. Why do firms cooperate on R&D? An empirical study［J］. Research policy, 1992, 21(4): 347-360.

［96］KNIGHT G A, CAVUSGIL S T. Innovation, Organizational Capabilities, and the Born-Global Firm［J］. Journal of International Business Studies, 2004, 35

(4): 334-334.

[97]KNORRINGA P, SCHMITZ H. Learning from Global Buyers. [J]. Journal of Development Studies, 2000, 37(2): 177-205.

[98]KOGUT B, ZANDER U. Knowledge of the firm, combinative capabilities, and the replication of technology [J]. Knowledge in Organisations, 1997, 3(3): 17-35.

[99]KOLERS P A. Some features of visual form [J]. Computer Vision Grophics & Image Processing, 1983, 23(1): 15-41.

[100] KOTABE M, SRINIVASAN S S, AULAKH P S. Multinationality and Firm Performance: The Moderating Role of R&D and Marketing Capabilities[J]. Journal of International Business Studies, 2002, 33(1): 79-97.

[101]KUEMMERLE W . Building Effective R&D Capabilities Abroad[J]. Harvard business review, 1997, 75(2): 61-70.

[102] KUEMMERLE W, BELL M, MARTIN B, et al. Foreign direct investment in industrial research in the pharmaceutical and electronics industries——results from a survey of multinational firms[J]. Research Policy, 1999, 28(2-3): 179-193.

[103]KUMAR N, AGGARWAL A. Liberalization, outward orientation and in-house R&D activity of multinational and local firms: a quantitative exploration for Indian manufacturing [J]. Research Policy, 2005, 34(4): 441-460.

[104]KUMAR N. Determinants of location of overseas R&D activity of multinational enterprises: the case of US and Japanese corporations 1[J]. Research Policy, 2001, 30(1): 159-174.

[105]LAHIRI N. Geographic distribution of R&D activity: how does it affect innovation quality? [J]. Academy of Management Journal, 2010, 53(5): 1194-1209.

[106]LANE P J, KOKA B R, PATHAK S. The reification of absorptive capacity: a critical review and rejuvenation of the construct [J]. Academy of Management Review, 2006, 31(4): 833-863.

[107]LAURENS P, LE BAS C, SCHOEN A, et al. The rate and motives of the internationalisation of large firm R&D(1994-2005): Towards a turning point? [J].

Research Policy, 2015, 44(3): 765-776.

[108] LAURENS P, LEE B C. Internationalisation of European MNCs R&D: deglobalisation and evolution of the locational strategies [J]. Management International, 2015, 19(4): 18-33.

[109] LAVIE D, MILLER S R. Alliance portfolio internationalization and firm performance [J]. Organization Science, 2008, 19(4): 623-646.

[110] LEVIN D Z. Organizational Learning and the Transfer of Knowledge: An Investigation of Quality Improvement [J]. Organization Science, 2000, 11 (6): 630-647.

[111] LI J J. The Formation of Managerial Networks of Foreign Firms in China: The Effects of Strategic Orientations[J]. Asia Pacific Journal of Management, 2005, 22(4): 423-443.

[112] LI J T, XIE Z Z. Governance structure and the creation and protection of technological competencies: international R&D joint ventures in china [J]. Management International Review, 2016, 56(1): 123-148.

[113] LIANG N, STUMP R L. Judgmental heuristics in overseas vendor search and evaluation: A proposed model of importer buying behavior[J]. Thunderbird International Business Review, 2015, 38(6): 779-806.

[114] LIU J, LU K, CHENG S. International R&D spillovers and innovation efficiency[J]. Sustainability, 2018, 10(11): 3974-3997.

[115] LööF H. Multinational enterprises and innovation: firm level evidence on spillover via R&D collaboration [J]. Journal of Evolutionary Economics, 2009, 19 (1): 41-71.

[116] LUO Y, TUNG R L. International expansion of emerging market enterprises: A springboard perspective[J]. Journal of International Business Studies, 2007, 38(4): 481-498.

[117] MAJCHRZAKA, JARVENPAA S L, BAGHERZADEH M. A Review of Interorganizational Collaboration Dynamics[J]. Social Science Electronic Publishing, 2014, 41(5): 117-123.

[118] MANAGEMENT R T. Globalizing Industrial Research and Development-

Update[J]. Supervisory Management, 2000, 28(11): 39-42.

[119]MARTÍ J, ALGUACIL M, ORTS V. Location choice of Spanish multinational firms in developing and transition economies[J]. Journal of Business Economics and Management, 2017, 18(2): 319-339.

[120] MEYER K E, ESTRIN S, BHAUMIK S K, et al. Institutions, resources, and entry strategies in emerging economies[J]. Strategic management journal, 2009, 30(1): 61-80.

[121]MEYER-KRAHMER F, REGER G. New perspectives on the innovation strategies of multinational enterprises: lessons for technology policy in Europe [J]. Research Policy, 1999, 28(7): 751-776.

[122] MILLER S R, EDEN L. Local Density and Foreign Subsidiary Performance[J]. Academy of Management Journal, 2006, 49(2): 341-355.

[123] MININA A D, GAMMELTOFT P. Chinese foreign direct investment in R&D in Europe: a new model of R&D internationalization? [J]. European Management Journal, 2012, 30(3): 189-203.

[124] KIM M. Geographic Scope, Isolating Mechanisms, and Value Appropriation. Strategic Management Journal [J]. Strategic Management Journal, 2016, 37 (4): 19.

[125] MONCADA - PATERNÒ - CASTELLO P, VIVARELLI M, VOIGT P. Drivers and impacts in the globalization of corporate R&D: an introduction based on the European experience [J]. Industrial and Corporate Change, 2011, 20 (2): 585-603.

[126]NEVEN D, SIOTIS G. Technology sourcing and FDI in the EC: an empirical evaluation [J]. International Journal of Industrial Organization, 1996, 14(5): 543-560.

[127]NIETO M J, RODRÍGUEZ A. Offshoring of R&D: Looking abroad to improve innovation performance[J]. Journal of International Business Studies, 2011, 42 (3): 345-361.

[128] ODAGIRI H. Growth through Competition, Competition through Growth: Strategic Management and the Economy in Japan [M]. Oxford: Oxford University

Press, 1994.

[129]OECD. 管理国家创新系统[M]. 北京：学苑出版社, 2000：185.

[130]Office U S G A. U. S. China Economic And Security Review Commission：Actions Needed to Improve Controls over Key Management Functions[J]. Government Accountability Office Reports, 2007(11)：1-75.

[131]OKAFOR G. Locational determinants of us outward fdi into sub-saharanAfrica[J]. The Journal of Developing Areas, 2015, 49(1)：187-205.

[132]GHEMAWAT P. Distance Still Matters-the hard reality of global expansion [J]. Harvard Business Review, 2001, 79(8)：137-140.

[133]PARIDA V, WINCENT J, OGHAZI P. Transaction costs theory and coordinated safeguards investment in R&D offshoring [J]. Journal of Business Research, 2015, 69(5)：1823-1828.

[134] ALMEIDA P. Knowledge sourcing by foreign multinationals：Patent citation analysis in the U. S. semiconductor industry[J]. Strategic Management Journal, 1996, 17(S2)：155-165.

[135]PEARCE, ROBERT D., SINGH S. The Internationalization of Research and Development：A Firm-level Analysis of Determinants. Globalizing Research and Development[J]. Palgrave Macmillan UK, 1992, 18(3)：424-458.

[136]PENG M W, ZHOU J Q. How Network Strategies and Institutional Transitions Evolve in Asia [J]. Asia Pacific Journal of Management, 2005, 22 (4)：321-336.

[137]PENNER-HAHN J, SHAVER J M. Does international research and development increase patent output? an analysis of Japanese pharmaceutical firms [J]. Strategic Management Journal, 2010, 26(2)：121-140.

[138] Peterson Institute for International Economics. The Rise of Global Innovation by US Multinationals Poses Risks and Opportunities [R]. America ：PIIE, 2019.

[139]PETRINI M, POZZEBON M. Managing sustainability with the support of bussiness intelligence：Integrating socio-environmental indicators and organisational context[J]. Journal of Strategic Information Systems, 2009, 18(4)：178-191.

[140] POTTERIE B P, LICHTENBERG F. Does foreign direct investment transfer technology across borders? [J]. Review of Economics and statistics, 2001, 83(3): 490-497.

[141] PROCHER V. Agglomeration effects and the location of FDI: evidence from French first-time movers[J]. The Annals of Regional Science, 2011, 46(2): 295-312.

[142] RACELA O C, MATHUR I, BOOTH G G. Short- and long-run effects of internationalization and R&D intensity on firm performance [J]. Journal of Multinational Financial Management, 2016(34): 28-45.

[143] RAHKO J. Internationalization of corporate R&D activities and innovation performance [J]. Industrial & Corporate Change, 2016, 25(6): 1019-1038.

[144] RASCIUTE S, DOWNWARD P. Explaining variability in the investment location choices of MNEs: An exploration of country, industry and firm effects[J]. International Business Review, 2017, 26(4): 605-613.

[145] ROBERTS E B. Benchmarking global strategic management of technology [J]. Research Technology Management, 2001, 44(2): 25-36.

[146] ROEHL T. The Role of International R&D in the Competence-Building Strategies of Japanese Pharmaceutical firms [M]. Dynamics of Competence-Based Competition, 1996: 377-396.

[147] SAMBHARYA R B. Foreign Experience of Top Management Teams and International Diversification Strategies of U. S[J]. Multinational Corporations. Strategic Management Journal, 1996, 17(9): 739-746.

[148] SANNA-RADACCIO F, VEUGELERS R. Multinational knowledge spillovers with decentralized R&D: a game-theoretic approach [J]. Journal of International Business Studies, 2007, 38(1): 47-63.

[149] SCHILLING M A. Technology Shocks, Technological Collaboration, and Innovation Outcomes[J]. Organization Science, 2015, 26(3): 668-686.

[150] SCHUMPETER J A. Theory of economic development [M]. Routledge, 2017.

[151] SERAPIO M G, DALTON D H. Globalization of industrial R&D: an ex-

amination of foreign direct investments in R&D in the United States [J]. Research Policy, 1999, 28(28): 303-316.

[152]SERAPIO M, DALTON D, YOSHIDA P G. Globalization of R&D enters new stage as firms learn to integrate technology operations on world scale [J]. Research Technology Management, 2000, 43(1): 2-4.

[153]SERAPIOJR M G, DALTON D H. Globalization of industrial R&D: an examination of foreign direct investments in R&D in the United States[J]. Research Policy, 1999, 28(2-3): 303-316.

[154]SHAH S Z A, ANWAR M, HUSSAIN C M. Top managers´a cributes, innovation, and the participation in China-Pakistan Economic Corridor: A study of energy sector small and medium-sized enterprises[J]. Managerial And Decision Economisc, 2020(11): 1-25.

[155]SHAN W, SONG J. Foreign Direct Investment and the Sourcing of Technological Advantage: Evidence from the Biotechnology Industry[J]. Journal of International Business Studies, 1997, 28(2): 267-284.

[156]SHIMIZUTANI S, TODO Y. What determines overseas R&D activities? The case of Japanese multinational firms [J]. Research Policy, 2008, 37 (3): 530-544.

[157]SIEDSCHLAG I, SMITH D, TURCU C, et al. What determines the location choice of R&D activities by multinational firms? [J]. Research Policy, 2013, 42(8): 1420-1430.

[158]SIKIMIC U, CHIESA V, Frattini F. Investigating the Influence of Technology Inflows on Technology Outflows in Open Innovation Processes: A Longitudinal Analysis[J]. Journal of Product Innovation Management, 2016, 33(6): 652-669.

[159]SINGH H, KRYSCYNSKI D, LI X, et al. Pipes, pools, and filters: How collaborationnetworks affect innovative performance[J]. Strategic Management Journal, 2016, 37(8): 1649-1666.

[160]SINGH J. Distributed R&D, cross-regional knowledge integration and quality of innovative output [J]. Research Policy, 2008, 37(1): 77-96.

[161]SINGH S. Globalizing Research and Development [M]. London: Palgrave

Macmillan, 1992: 58 -59.

[162]SLATER S F, NARVER J C. Customer-Led and Market-Oriented: Let's Not Confuse the Two [J]. Strategic Management Journal, 1998, 19 (10): 1001-1006.

[163]SOFKA W. Innovation activities abroad and the effects of liability of foreignness: where it hurts [J]. Social Science Electronic Publishing, 2006(6-29): 86-93.

[164]SUZUKI S, BELDERBOS R, KWON H U. The Location of Multinational Firms´ R&D Activities Abroad: Host Country University Research, University - Industry Collaboration, and R&D Heterogeneity[M]//Advances in Stracegic Management-A Research Annual, 2017, 36: 125-159.

[165]TALLMAN S, LI J. Effects of international diversity and product diversity on the performance of multinational firms [J]. Academy of Management Journal, 1996, 39(1): 179-196.

[166]TAN Y X, TIAN X, ZHANG X D, et al. Privatization and innovation: evidence from a quasi-natural experience in China [J]. Social Science Electronic Publishing, 2014: 175-186.

[167]TANG C, TANG Y, SU S. R&D internationalization, product diversification and international performance for emerging market enterprises: An empirical study on Chinese enterprises[J]. European Management Journal, 2019, 37(4): 529-539.

[168]TEECE D J. Profiting from technological innovation: Implications for integration, collaboration, licensing and public policy[J]. Research Policy, 1986, 15 (6): 0-305.

[169]THOMAS A S, LITSCHERT R J, RAMASWAMY K. The performance impact of strategy manager coalignment: An empirical examination[J]. Strategic Management Journal, 1991, 12(7): 509-522.

[170]TIMMERMANS S, TAVORY I. Theory Construction in Qualitative Research: From Grounded Theory to Abductive Analysis [J]. Sociological Theory, 2012, 30(3): 167-186.

[171] TODO Y, SHIMIZUTANI S. Overseas R&D activities and home

productivity growth: evidence from Japanese firm-level data [J]. Journal of Industrial Economics, 2008, 56(4): 752-777.

[172]TSAI K H. Collaborative networks and product innovation performance: toward a contingency perspective [J]. Research Policy, 2009, 38(5): 765-778.

[173]UZZI B. The Sources and Consequences of Embeddedness for the Economic Performance of Organizations: The Network Effect[J]. American Sociological Review, 1996, 61(4): 674-698.

[174]VAALAND T I, HAKANSSON H. Exploring interorganizational conflict in-complex projects[J]. 2003, 32(2): 127-138.

[175]VON ZEDTWITZ M, GASSMANN O. Market versus technology drive in R&D international -iz ation: four different patterns of managing research and development[J]. Research policy, 2002, 31(4): 569-588.

[176]WACH K, WOJCIECHOWSKI. Determinants of inward FDI into Viseg - rad countries: empirical evidence based on panel data for the years 2000-2012[J]. Economics and Business Review, 2016, 2(1): 34.

[177]WILLIAMSON P J, RAMAN A P. How China reset its global acquisition strategy [J]. Harvard Business Review, 2011, 36(7): 128-138.

[178]WIND J, MAHAJAN V. Issues and opportunities in new product development: An introduction to the special issue [J]. Journal of Marketing Research , 1997, 34(2): 1-12.

[179] WU H L, CHEN C H. An assessment of Outward Foreign Direct Investment from China's transitional economy [J]. Europe-Asia Studies, 2001, 53 (8): 1235-1254.

[180]XU S, FANG W, CAVUSGIL E. Complements or Substitutes? Internal Technological Strength, Competitor Alliance Participation, and Innovation Development [J]. Journal of Product Innovation Management, 2013, 30(4): 750 -762.

[181]MO Y, ANDERSSON U. Subsidiary importance in the MNC: What role does internal embeddedness play? [J]. International Business Review, 2011, 20 (2): 151-162.

[182]YANG C H, HAYAKAWA K. Localization and overseas R&D activity: the case of Taiwanese multinational enterprises in China [J]. R&D Management, 2015, 45(2): 181–195.

[183]YASUNORI I. International asymmetric R&D rivalry and industrial strategy [J]. Journal of Economics, 2017, 122(3): 267–278.

[184]Yiu D, Makino S. The Choice between Joint Venture and Wholly Owned Subsidiary: An Institutional Perspective [J]. Organization Science, 2002, 13(6): 667–683.

[185]YOO D, REIMANN F. Internationalization of developing country firms into developed countries: The role of host country knowledge-based assets and IPR protection in FDI location choice[J]. Journal of International Management, 2017, 23(3): 242–254.

[186]ZAHRA S A, GEORGE G. Absorptive Capacity: A Review, Reconceptualization, and Extension [J]. Academy of Management Review, 2002, 27 (2): 185–203.

[187]ZANFEI A. Transnational firms and the changing organisation of innovative activities[J]. Cambridge Journal of Economics, 2000, 24(5): 515–542.

[188]ZEDTWITZ M V, GASSMANN O. Market versus technology drive in R&D internationalization: four different patterns of managing research and development [J]. Research Policy, 2002, 31(4): 569–588.

[189]ZEDTWITZ M V. Managing foreign R&D laboratories in China[J]. R&D Management, 2004, 34(4): 439–452.

[190]ZHAO X, LYNCH J G, CHEN Q. Reconsidering Baron and Kenny: Myths and Truths about Mediation Analysis[J]. Journal of Consumer Research, 2010, 37(2): 197–206.

[191]ZHOU K Z, GAO G Y, YANG Z, et al. Developing strategic orientation in China: antecedents and consequences of market and innovation orientations[J]. Journal of Business Research, 2005, 58(8): 1049–1058.

[192]ZHOU K Z, LI C B. How strategic orientations influence the building of dynamic capability in emerging economies[J]. Journal of Business Research, 2010,

63(3)：224-231.

[193]ZOBEL A K，LOKSHINB，HAGEDOORN J．Formal and informal appropriation mechanisms：The role of openness and innovativeness[J]．Technovation，2017, 59(11)：331-346.

[194]白洁．基于吸收能力的逆向技术溢出效应实证研究[J]．科研管理，2011, 32(12)：41-45.

[195]白鸥，魏江．技术型与专业型服务业创新网络治理机制研究[J]．科研管理，2016, 37(1)：11-19.

[196]蔡冬青，周经．东道国人力资本，研发投入与我国 OFDI 的反向技术溢出[J]．世界经济研究，2012(4)：76-80.

[197]陈昊，吴雯．中国 OFDI 国别差异与母国技术进步[J]．科学学研究，2016, 34(1)：49-56.

[198]陈健，徐康宁．跨国公司研发全球化：动因、地域分布及其影响因素分析[J]．经济学(季刊)，2009, 8(3)：871-890.

[199]陈劲，景劲松，周笑磊．我国企业 R&D 国际化的影响因素分析[J]．科学学研究，2003, 21(1)：51-57.

[200]陈劲，童亮，戴凌燕．中国企业 R&D 国际化的组织模式研究[J]．科学学研究，2003, 21(4)：391-395.

[201]陈劲，吴沧澜，景劲松．我国企业技术创新国际化战略框架和战略途径研究[J]．科研管理，2004, 25(6)：115-125.

[202]陈劲，朱朝晖．我国企业技术创新国际化的资源配置模式研究[J]．科研管理，2003, 24(5)：76-83.

[203]陈强，刘海峰，汪冬华，徐驰．中国对外直接投资能否产生逆向技术溢出效应？[J]．中国软科学，2016(7)：134-143.

[204]陈岩，徐慧慧，景木南，等．多维政府参与、企业动态能力与海外研发——基于中国创新型企业的实证研究[J]．科研管理，2015(s1)：127-138.

[205]陈岩．中国对外投资逆向技术溢出效应实证研究：基于吸收能力的分析视角[J]．中国软科学，2011, (11)：61-72.

[206]陈衍泰，李欠强，王丽，等．中国企业海外研发投资区位选择的影响因素——基于东道国制度质量的调节作用[J]．科研管理，2016, 37(3)：

73-80.

[207]陈衍泰，吴哲，范彦成，等.研发国际化研究：内涵、框架与中国情境[J].科学学研究，2017, 35(3)：387-395.

[208]陈衍泰，李欠强，王丽，吴哲.我国企业海外研发投资区位选择的影响因素——基于东道国制度质量的调节作用[J].科研管理，2016, 37(3)：73-80.

[209]陈衍泰，罗来军，林泽梁.中国企业海外研发的进入模式与研发强度关系——基于跨案例的研究[J].科学学研究，2011, 29(5)：722-727.

[210]陈衍泰，吴哲，范彦成，戎珂.研发国际化研究：内涵、框架与中国情境[J].科学学研究，2017, 35(3)：387-395+418.

[211]陈兆源.东道国政治制度与中国对外直接投资的区位选择——基于2000—2012年中国企业对外直接投资的定量研究[J].世界经济与政治，2016(11)：129-156+160.

[212]陈志军，王晓静，徐鹏.企业集团研发协同影响因素及其效果研究[J].科研管理，2014, (3)：108-115.

[213]陈子凤，官建成.国际专利合作和引用对创新绩效的影响研究[J].科研管理，2014, 35(3)：35-42.

[214]程聪，谢洪明，陈盈，程宣梅.网络关系、内外部社会资本与技术创新关系研究[J].科研管理，2013, 34(11)：1-8.

[215]楚天骄，杜德斌.跨国公司研发机构与本土互动机制研究[J].中国软科学，2006(2)：127-132.

[216]党兴华，肖瑶.基于跨层级视角的创新网络治理机理研究[J].科学学研究，2015, 33(12)：1894-1908.

[217]丁宋涛，刘厚俊.垂直分工演变、价值链重构与"低端锁定"突破——基于全球价值链治理的视角[J].审计与经济研究，2013, 28(5)：105-112.

[218]杜德斌.跨国R&D投资的宏观区位选择[J].世界地理研究，2001(2)：7-15.

[219]杜德斌.跨国公司海外R&D的投资动机及其区位选择[J].科学学研究，2005, 23(1)：71-75.

[220]杜晓君，杨勃，任晴阳.基于扎根理论的中国企业克服外来者劣势的

边界跨越策略研究[J]. 管理科学, 2015, 28(2): 12-26.

[221] 范兆斌, 苏晓艳. 全球研发网络、吸收能力与创新价值链动态升级[J]. 经济管理, 2008(11): 12-17.

[222] 奉小斌, 张群祥. 质量能力对制造企业升级影响的实证研究——战略导向的联合调节作用[J]. 技术经济, 2017, 36(8): 70-75.

[223] 傅晓霞, 吴利学. 技术差距、创新路径与经济赶超——基于后发国家的内生技术进步模型[J]. 经济研究, 2013(6): 19-32.

[224] 高太山, 柳卸林. 企业国际研发联盟是否有助于突破性创新? [J]. 科研管理, 2016, 37(1): 48-57.

[225] 谷奇峰, 丁慧平. 企业能力理论研究综述[J]. 北京交通大学学报(社会科学版), 2009, 8(1): 17-22.

[226] 郭璐. 中国企业海外投资的东道国监管壁垒——量化、原因与对策[J]. 国际经济合作, 2018(4): 30-34.

[227] 韩秀成, 王淇. 知识产权: 国际贸易的核心要素——中美经贸摩擦的启示[J]. 中国科学院院刊, 2019, 34(8): 893-902.

[228] 贺团涛, 曾德明. 跨国公司 R&D 国际化理论述评[J]. 中国科技论坛, 2008(8): 75-79.

[229] 胡曙虹. 中国企业 R&D 国际化: 区位选择与空间组织[D]. 上海: 华东师范大学, 2018

[230] 胡欣悦, 孙飞, 汤勇力. 跨国企业国际化研发合作网络结构演化——以华为为例[J]. 技术经济, 2016, 35(7): 1-5+26.

[231] 黄亮, 盛垒. 基于"世界城市"理论的国际研发城市判定研究[J]. 经济地理, 2015, 35(8): 1-9.

[232] 霍忻. 中国 TSFDI 逆向技术溢出对国内技术水平提升影响程度研究——基于溢出机制和影响因素的视角[J]. 世界经济研究, 2017(7): 54-63.

[233] 蒋冠宏, 蒋殿春, 蒋昕桐. 我国技术研发型外向 FDI 的"生产率效应"——来自工业企业的证据[J]. 管理世界, 2013, 240(9): 44-54.

[234] 金源, 李东红, 陈东, 金占明. FDI 动机对新兴市场企业 FDI 区位选择的影响——研发能力的调节作用[J]. 技术经济, 2017, 36(1): 41-48+75.

[235] 景劲松, 陈劲, 吴沧澜. 我国企业 R&D 国际化的现状、特点及模式

[J]. 研究与发展管理, 2003, 15(4): 41-47.

[236]雷鹏, 梁彤缨, 陈修德, 冯莉. 融资约束视角下政府补助对企业研发效率的影响研究[J]. 软科学, 2015, 29(3): 38-42.

[237]李柏洲, 罗小芳, 张赟. 产学研合作型企业原始创新中知识生产机制——基于高新技术行业企业的实证研究[J]. 管理评论, 2014, 26(7): 82-91.

[238]李勃昕, 韩先锋, 李宁. 知识产权保护是否影响了中国 OFDI 逆向创新溢出效应?[J]. 中国软科学, 2019(3): 46-60.

[239]李勃昕, 庞博, 张犁. 中国对外直接投资逆向驱动创新效率提升的检验——基于知识产权保护约束的视角[J]. 经济与管理研究, 2019, 40(3): 58-70.

[240]李洪亚, 宫汝凯. 技术进步与中国 OFDI 促进与溢出的双重考察[J]. 科学学研究, 2016(1): 57-68.

[241]李林, 高严瑞, 何建洪. 我国企业战略的技术导向性与国际化研发——国际化研发强度视角下的分析[J]. 企业经济, 2018, 37(6): 32-39.

[242]李林蔚, 蔡虹, 郑志清. 战略联盟中的知识转移过程研究: 共同愿景的调节效应[J]. 科学学与科学技术管理, 2014, 35(08): 29-38.

[243]李梅, 柳士昌. 对外直接投资逆向技术溢出的地区差异和门槛效应——基于中国省际面板数据的门槛回归分析[J]. 管理世界, 2012(1): 21-32 +66.

[244]李梅, 余天骄. 海外研发投资与母公司创新绩效——基于企业资源和国际化经验的调节作用[J]. 世界经济研究, 2016(8): 101-113.

[245]李梅, 余天骄. 研发国际化是否促进了企业创新——基于中国信息技术企业的经验研究[J]. 管理世界, 2016(11): 125-140.

[246]李平, 宋丽丽. FDI 渠道的 R&D 溢出、吸收能力与中国技术进步——基于一个扩展的 LP 方法的实证研究[J]. 山东大学学报(哲学社会科学版), 2009(4): 25-31.

[247]李平, 丁宁. 中国 OFDI 企业绩效的影响因素研究——基于东道国制度环境的视角[J]. 经济与管理评论, 2018, 34(1): 18-30.

[248]李青, 钟祖昌. 海外专利布局对中国对外直接投资的影响——基于

2002-2014 年国别面板数据的实证研究[J]. 管理评论, 2017, 29(5)：40-51.

[249]李巍. 战略导向均衡对产品创新与经营绩效影响研究[J]. 科研管理, 2015, (1)：143-151.

[250]李正卫, 黄益, 潘晓霞, 陶真婵. 中国企业研发国际化影响因素研究——计算机、通信及其它电子设备制造业上市公司实证分析[J]. 科技进步与对策, 2014, 31(21)：70-75.

[251]李自杰, 李毅, 陈达. 国际化经验与走向全球化——基于中国电子信息技术产业上市公司的实证研究[J]. 中国软科学, 2010(8)：126-137.

[252]林润辉, 李康宏, 周常宝, 等. 企业国际化多样性、国际化经验与快速创新——来自中国企业的证据[J]. 研究与发展管理, 2015, 27(5)：110-121+136.

[253]刘凤朝, 马逸群. 华为、三星研发国际化模式演化比较研究——基于USPTO 专利数据的分析[J]. 科研管理, 2015, 36(10)：11-18.

[254]刘锦, 王学军. 寻租、腐败与企业研发投入——来自30 省12367 家企业的证据[J]. 科学学研究, 2014, 32(10)：1509-1517.

[255]刘洋, 魏江, 江诗松. 后发企业如何进行创新追赶？——研发网络边界拓展的视角[J]. 管理世界, 2013(3)：96-110+188.

[256]刘洋, 应瑛. 不对称国际研发联盟中的知识转移机制[J]. 科学学研究, 2016, 34(8)：1195-1202.

[257]刘洋, 魏江, 江诗松. 后发企业如何进行创新追赶？——研发网络边界拓展的视角[J]. 管理世界, 2013(3)：96-110.

[258]鲁万波, 常永瑞, 王叶涛. 中国对外直接投资、研发技术溢出与技术进步[J]. 科研管理, 2015, 36(3)：38-48.

[259]吕萍, 震宁, 王以华. 我国高新技术企业研发国际化的发展与现状[J]. 中国软科学, 2008(4)：109-116.

[260]罗鹏, 史言信. 跨国公司海外 R&D 的区位投资路径与影响因素研究——基于比较视角的面板数据分析[J]. 中央财经大学学报, 2008(11)：84-90.

[261]毛蕴诗, 袁静, 周燕. 中国企业海外 R&D 活动研究——以广东企业为例[J]. 中山大学学报(社会科学版), 2005(2)：1-7+121.

[262]潘清泉，唐刘钊，韦慧民. 高管团队断裂带、创新能力与国际化战略——基于上市公司数据的实证研究[J]. 科学学与科学技术管理，2015，36（10）：111-122.

[263]潘秋玥，魏江，刘洋. 企业研发网络国际化研究述评与未来展望[J]. 外国经济与管理，2013，35(8)：27-35+45.

[264]潘松挺，郑亚莉. 网络关系强度与企业技术创新绩效——基于探索式学习和利用式学习的实证研究[J]. 科学学研究，2011，29(11)：1736-1743.

[265]潘文卿，张晓寒. 知识价值导向政策对产业集群发展的影响——来自湖北自勺经验[J]. 中国软科学，2016(12)：182-192.

[266]潘镇. 中国企业"走出去"的区位选择和选址决策[J]. 改革，2015（1）：140-150.

[267]彭华涛，吴莹. 高技术服务企业跨国战略联盟的研发创新能力、资源共享与新产品市场绩效研究[J]. 科研管理，2017，38(1)：54-61.

[268]彭新敏，吴丽娟，王琳. 权变视角下企业网络位置与产品创新绩效关系研究[J]. 科研管理，2012，33(8)：137-145.

[269]秦令华，井润田，王国锋. 私营企业主可观察经历、战略导向及其匹配对绩效的影响研究[J]. 南开管理评论，2012，15(4)：36-47.

[270]任保全，刘志彪，任优生. 全球价值链低端锁定的内生原因及机理——基于企业链条抉择机制的视角[J]. 世界经济与政治论坛，2016(5)：1-23.

[271]沙文兵. 东道国特征与中国对外直接投资逆向技术溢出——基于跨国面板数据的经验研究[J]. 世界经济研究，2014(5)：60-65+73+89.

[272]申俊喜，陈甜. 中国企业技术寻求型 OFDI 进入模式选择分析——基于华为和吉利案例[J]. 华东经济管理，2017，31(2)：178-184.

[273]沈春苗，郑江淮. 中国企业"走出去"获得发达国家"核心技术"了吗？——基于技能偏向性技术进步视角的分析[J]. 金融研究，2019（1）：111-127.

[274]沈康伟. 中国代工企业的全球价值链"低端锁定"原因与突破策略[J]. 产业与科技论坛，2016，15(10)：109-110.

[275]司月芳，陈思雨，Ingo Liefner，曾刚. 中资企业研发国际化研究——

基于华为 WIPO 专利分析[J]. 地理研究, 2016, 35(10): 1869-1878.

[276]宋渊洋, 李元旭. 控股股东决策控制、CEO 激励与企业国际化战略[J]. 南开管理评论, 2010, 13(4): 4-13.

[277]汤建中, 盛强. 全球对外直接投资的新特点[J]. 世界地理研究, 2000(4): 1-7.

[278]汪斌, 李伟庆, 周明海. ODI 与中国自主创新: 机理分析与实证研究[J]. 科学学研究, 2010, 28(6): 926-933.

[279]王保林, 张遒聪. 本土企业设立海外 R&D 机构决策——能力驱动还是政策驱动? [J]. 科学学研究, 2016, 34(4): 539-547.

[280]王海花, 彭正龙, 蒋旭灿. 开放式创新模式下创新资源共享的影响因素[J]. 科研管理, 2012, 33(3): 49-55.

[281]王启洋, 任荣明. 我国企业海外投资的壁垒及其应对策略——基于东道国与企业的利益博弈模型[J]. 世界经济研究, 2013(10): 55-60+88-89.

[282]王伟光, 冯荣凯, 尹博. 产业创新网络中核心企业控制力能够促进知识溢出吗? [J]. 管理世界, 2015(6): 99-109.

[283]王晓燕, 俞峰, 钟昌标. 研发国际化对中国企业创新绩效的影响——基于"政治关联"视角[J]. 世界经济研究, 2017(3): 78-86.

[284]王砚羽, 谢伟, 李纪珍, 乔元波. 自建与合作: 资源与海外研发机构进入模式研究[J]. 科学学研究, 2016, 34(9): 1360-1370.

[285]魏江, 应瑛, 刘洋. 研发活动地理分散性、技术多样性与创新绩效[J]. 科学学研究, 2013, 31(5): 772-779.

[286]魏江, 寿柯炎, 冯军政. 高管政治关联、市场发育程度与企业并购战略——中国高技术产业上市公司的实证研究[J]. 科学学研究, 2013, 31(6): 856-863.

[287]魏龙, 党兴华. 网络权力、网络搜寻与网络惯例——一个交互效应模型[J]. 科学学与科学技术管理, 2017, 38(2): 136-147.

[288]温忠麟, 张雷, 侯杰泰, 等. 中介效应检验程序及其应用[J]. 心理学报, 2004, 36(5): 614-620.

[289]吴超鹏, 唐菂. 知识产权保护执法力度、技术创新与企业绩效——来自中国上市公司的证据[J]. 经济研究, 2016, 51(11): 125-139.

[290]吴建南, 徐萌萌, 赵志华, 张炜. 变与不变、同与不同: 中美研发经费投入再比较[J]. 科学学研究, 2016, 34(10): 1472-1478+1506.

[291]吴剑峰, 杨震宁, 邱永辉. 国际研发合作的地域广度、资源禀赋与技术创新绩效的关系研究[J]. 管理学报, 2015, 12(10): 1487-1495.

[292]吴绍玉, 汪波, 李晓燕, 王栋. 双重社会网络嵌入对海归创业企业技术创新绩效的影响研究[J]. 科学学与科学技术管理, 2016, 37(10): 96-106.

[293]吴先明, 杜丽虹. 跨国公司对我国电信设备制造业技术创新能力的影响——一个实证研究[J]. 经济管理, 2008(17): 33-38.

[294]吴先明, 高厚宾, 邵福泽. 当后发企业接近技术创新的前沿: 国际化的"跳板用"[J]. 管理评论, 2018, 30(6): 40-54.

[295]吴先明, 苏志文. 将跨国并购作为技术追赶的杠杆: 动态能力视角[J]. 管理世界, 2014(4): 146-164.

[296]武咸云, 陈艳, 李秀兰, 李作奎. 战略性新兴产业研发投入、政府补助与企业价值[J]. 科研管理, 2017, 38(9): 30-34.

[297]冼国明, 杨锐. 技术累积、竞争策略与发展中国家对外直接投资[J]. 经济研究, 1998(11): 56-63.

[298]徐晨, 吕萍. 创新国际化行为对创新绩效的影响研究[J]. 管理评论, 2013, 25(9): 40-50.

[299]徐娜娜, 徐雨森. 资源、创新网络与后发企业逆向创新的协同演化——基于海尔集团的纵向案例研究[J]. 管理评论, 2016, 28(6): 216-228.

[300]许和连, 孙天阳, 吴钢. 贸易网络地位、研发投入与技术扩散——基于全球高端制造业贸易数据的实证研究[J]. 中国软科学, 2015(9): 55-69.

[301]许晖, 李巍. 员工导向与客户关系管理的整合机制研究——基于华泰证券的案例分析[J]. 科学学与科学技术管理, 2011, 32(8): 130-138.

[302]杨风, 李卿云. 股权结构与研发投资——基于创业板上市公司的经验证据[J]. 科学学与科学技术管理, 2016, 37(2): 123-135.

[303]杨武, 杨大飞, 雷家骕. R&D 投入对技术创新绩效的影响研究[J]. 科学学研究, 2019, 37(9): 1712-1720.

[304]杨洋, 魏江, 王诗翔. 内外部合法性平衡: 全球研发的海外进入模式选择[J]. 科学学研究, 2017, 35(1): 73-84.

[305]杨震宁，李东红，王以华. 中国企业研发国际化：动因、结构和趋势[J]. 南开管理评论，2010，13(4)：44-55.

[306]叶红雨，韩东，王圣浩. 中国 OFDI 逆向技术溢出效应影响因素的分位数回归研究——基于东道国特征视角[J]. 经济与管理评论，2017，33(5)：112-120.

[307]易靖韬，蒙双，蔡菲莹. 外部 R&D、技术距离、市场距离与企业创新绩效[J]. 中国软科学，2017(4)：141-151.

[308]尹建华，周鑫悦. 中国对外直接投资逆向技术溢出效应经验研究——基于技术差距门槛视角[J]. 科研管理，2014，35(3)：131-139.

[309]应瑛，刘洋，魏江. 开放式创新网络中的价值独占机制：打开"开放性"和"与狼共舞"悖论[J]. 管理世界，2018，34(2)：144-160+188.

[310]于晓宇. 网络能力、技术能力、制度环境与国际创业绩效[J]. 管理科学，2013，26(2)：13-27.

[311]余长林. 知识产权保护与国际 R&D 溢出[J]. 世界经济研究，2011(8)：70-75+89.

[312]余官胜，都斌. 外商直接投资对企业对外直接投资影响的实证研究[J]. 软科学，2016，30(4)：65-68+79.

[313]余浩. 企业战略导向与技术创新绩效的实证研究[J]. 科学学与科学技术管理，2010，31(9)：62-66.

[314]袁喜娜，王世伟. 论战略导向对企业组织能力的影响[J]. 厦门大学学报(哲学社会科学版)，2013(3)：50-58.

[315]曾德明，刘珊珊，李健. 企业研发国际化及网络位置对创新绩效影响研究——基于中国汽车产业上市公司的分析[J]. 软科学，2014，28(12)：1-5.

[316]曾德明，张磊生，禹献云，等. 高新技术企业研发国际化进入模式选择研究[J]. 软科学，2013，27(10)：25-28.

[317]张炳雷. 国有企业海外投资的困境分析：一个社会责任的视角[J]. 经济体制改革，2011(4)：116-119.

[318]张平，黄智文，高小平. 企业政治关联与创业企业创新能力的研究——高层管理团队特征的影响[J]. 科学学与科学技术管理，2014(3)：117-125.

［319］张妍，魏江. 研发伙伴多样性与创新绩效——研发合作经验的调节效应［J］. 科学学与科学技术管理，2015，36(11)：103-111.

［320］张妍，魏江等. 战略导向、研发伙伴多样性与创新绩效［J］. 科学学研究，2016，34(3)：443-452.

［321］张源媛，仇晋文. 知识产权保护与国际 R&D 溢出实证研究［J］. 世界经济研究，2013(1)：35-40+88.

［322］张悦，梁巧转，范培华. 网络嵌入性与创新绩效的 Meta 分析［J］. 科研管理，2016，37(11)：80-88.

［323］张战仁，杜德斌. 全球研发网络嵌入障碍及升级困境问题研究述评［J］. 经济地理，2016，36(8)：1-7+46.

［324］张战仁，占正云. 全球研发网络等级分工的形成——基于发达国家对全球生产的控制转移视角［J］. 科学学研究，2016，34(4)：512-519.

［325］赵先进，梁璐. 中国制造业上市公司海外研发战略布局分析［J］. 商业研究，2016(9)：32-38.

［326］钟昌标，黄远浙，刘伟. 新兴经济体海外研发对母公司创新影响的研究——基于渐进式创新和颠覆式创新视角［J］. 南开经济研究，2014(6)：91-104.

［327］周瑜胜，宋光辉. 公司控制权配置、行业竞争与研发投资强度［J］. 科研管理，2016，37(12)：122-131.

［328］祝影，路光耀. 跨国公司研发全球化的空间演变与重心迁移［J］. 经济地理，2016，36(9)：10-18.